Association Littéraire & Artistique
INTERNATIONALE

FONDATEURS

Victor HUGO
Louis ULBACH
Louis RATISBONNE
Eugène POUILLET

1878-1908

SECRÉTAIRE PERPÉTUEL

Jules LERMINA

BULLETIN N° 28 — 3e SÉRIE — OCTOBRE 1909

31E SESSION — CONGRÈS DE COPENHAGUE

Du 21 au 26 Juin 1909

Pages

SIÈGE SOCIAL : **117, Boulevard Saint-Germain, Paris**
(HOTEL DU CERCLE DE LA LIBRAIRIE)

1909

Association Littéraire et Artistique Internationale

1909

PROTECTEURS

Le Président de la République Française. — S. M. le Roi d'Angleterre. — S. M. le Roi des Belges. — LL. MM. le Roi et la Reine de Roumanie. — S. M. le Roi de Danemark. — S. A. R. le Grand-Duc de Bade. — S. A. R. le Grand-Duc de Saxe-Weimar. — S. A. R. le Grand-Duc de Hesse. — S. A. S. le Prince de Monaco.

PRÉSIDENTS PERPÉTUELS

Hetzel. — Diercks. — Beernaert. — Massene — Ladislas Mickiewicz. — Ocampo. — Louis Renault.

SECRÉTAIRE PERPÉTUEL

Jules Lermina.

PRÉSIDENTS D'HONNEUR

Auguste Rodin, Nénot, Charles Lyon-Caen, Beauquier (*France*). — Richard Strauss, Sudermann (*Allemagne*). — J. Blockx, de Borchgrave (*Belgique*). — Georges Brandès, Jacobsen (*Danemark*). — Sir Laurence Alma-Tadema, R. A. (*Grande-Bretagne*). — Marco Praga, Tito Ricordi (*Italie*). — Thorwald Solberg (*Etats-Unis*). — Kalinderu, Alexandre Xenopol (*Roumanie*). — Werner von Heydenstam (*Suède*).

PRÉSIDENTS

Georges Maillard (*France*). — Carl Torp (*Danemark*). — Henri Morel (*Suisse*). — G. Djuvara (*Roumanie*). — Wauwermans (*Belgique*). — Ferrari (*Italie*). — A. Osterrieth (*Allemagne*).

VICE-PRÉSIDENTS

Davanne, Layus, Poupinel, Vaunois (*France*). — Mintz, Fuld, Strecker (*Allemagne*). — Rothlisberger (*Suisse*). — Iselin (*Grande-Bretagne*). — Castori, Foa, Chevalier Penso (*Italie*). — Robbers (*Pays-Bas*). — Hoel (*Norvège*).

SECRÉTAIRES GÉNÉRAUX

Jean Lobel, André Taillefer.

TRÉSORIER

Edouard Mack.

SECRÉTAIRES

Harmand, Maunoury, de Clermont, Claro, Dupont-Rougier (*France*). — De Huertas (*Espagne*). — Bock, Strecker fils (*Allemagne*). — Beltjens, Roomann (*Belgique*). — Clausetti (*Italie*).

Association Littéraire et Artistique Internationale

Fondée en 1878 par VICTOR HUGO

SIÈGE SOCIAL : 117, Boulevard Saint-Germain, PARIS
(Hôtel du Cercle de la Librairie)

(31e SESSION)

CONGRÈS DE COPENHAGUE

Du 21 au 26 Juin 1909

COMITÉ D'ORGANISATION

Sous la protection de Sa Majesté le Roi de Danemark

PRÉSIDENTS D'HONNEUR

M. le Président du Ministère royal ;
M. le Ministre royal des affaires étrangères ;
M. le Ministre royal des cultes et de l'instruction publique ;
MM. THOMSEN, président de l'Académie des Sciences ;
V. VON OLDENBURG, préfet de Copenhague ;
M. NYROP, directeur en chef de l'Académie royale des Beaux-Arts ;
GEORG BRANDES, professeur honoraire à l'Université de Copenhague.

MEMBRES DU COMITÉ EXÉCUTIF

PRÉSIDENT

M. CARL TORP, recteur de l'Université de Copenhague, professeur à la Faculté de droit, président de l'Association des Auteurs danois.

VICE-PRÉSIDENTS

Mme EMMA GAD, auteur dramatique ;
M. CARL JACOBSEN, directeur de Musées, docteur honoraire de l'Université de Copenhague.

SECRÉTAIRES

MM. LOUIS BOBÉ, docteur ès lettres, secrétaire de l'Association des Auteurs danois ;
M. V. GLAHN, docteur en droit, secrétaire au Ministère royal des cultes et de l'instruction publique.

MEMBRES

MM. Georg Brandes, professeur honoraire à l'Université ;
L.-A. Grundtvig, professeur à la Faculté de droit de l'Université de Copenhague ;
Chr. Hasselbach, fabricant ;
F.-V. Jessen, rédacteur, président de l'Association des Journalistes ;
Th. Jorgensen, architecte ;
P. Nansen, romancier ;
Carl Nielsen, compositeur, chef d'orchestre de l'Opéra danois, président de l'Association des Compositeurs danois ;
Steph. Sinding, sculpteur, professeur honoraire ;
L. Tuxen, artiste peintre, professeur honoraire.

MEMBRES DU COMITÉ D'ORGANISATION

MM. Vilh Andersen, professeur à la Faculté des Lettres de l'Université de Copenhague ;
B. Bang, professeur en médecine à l'Ecole vétérinaire et d'Agronomie ;
Otto Benzon, auteur dramatique ;
Axel Berg, architecte, président de la Société des Architectes de l'Académie ;
Rasmus Berg, secrétaire général de l'Association industrielle ;
Hjalmar Bergström, auteur dramatique ;
Harald Bing, directeur de la Manufacture de porcelaine ;
V. Bissen, sculpteur, ancien professeur à l'Académie royale des Beaux-Arts ;
Leuning Borch, architecte ;
L. Bramsen, conseiller intime d'Etat.
Mme Karen Bramson, romancier.
MM. Julius Clausen, bibliothécaire de la Bibliothèque royale ;
Kr. Dahl, rédacteur, président du Cercle des Journalistes ;
F. Dalgas, directeur ;
Mme Bertha Dorph, artiste peintre.
MM. N.-V. Dorph, artiste peintre ;
Albert Gnudtzmann, auteur dramatique, président du Cercle des Auteurs dramatiques ;
Angul Hammerich, professeur en Musicologie à l'Université de Copenhague ;
J. Hegel, conseiller d'Etat.
Mlle Marie Henriques, artiste peintre.
MM. Lor. Hinrichsen, artiste peintre, président de l'Association danoise des Artistes ;
P. Johansen, professeur de l'Histoire des Arts et secrétaire de l'Association royale des Beaux-Arts ;
Johan Knudsen, député ;
Arn. Krogn, directeur artistique de la Manufacture royale, professeur honoraire ;
Karl Larsen, romancier, professeur honoraire ;

SOPHIUS LARSEN, directeur en chef de la Bibliothèque de l'Université ;
A.-L. LE MAIRE, général ;
KARL MANTZIUS, intendant du Théâtre-Royal ;
W.-A. MOLLERUP, directeur en chef du Musée National ;
CARL MORTENSEN, sculpteur, président du Cercle danois des Sculpteurs ;
Mme CARL NIELSEN, sculpteur.
MM. M. NYROP, directeur en chef de l'Académie royale des Beaux-Arts, architecte ;
F. POULSEN, docteur ès lettres ;
C.-J. SALOMONSEN, professeur à la Faculté de médecine de l'Université de Copenhague ;
E. SCHOUSTRUP, avocat près la Cour supérieure ;
J. VON STEMANN, chef de bureau au Ministère royal des cultes et de l'instruction publique ;
JOH. STEENSTRUP, professeur d'histoire à l'Université de Copenhague ;
A. WEISS, chef du Théâtre-Royal.

PROGRAMME DES TRAVAUX

Le programme des travaux comportait l'étude des questions suivantes :

1° *Exposé des résultats de la Conférence de Berlin ;*

2° *Revue annuelle de la législation et de la jurisprudence concernant la propriété littéraire et artistique ;*

3° *De l'unification de la durée des droits d'auteur ;*

4° *Du droit d'exécution des œuvres musicales en Danemark ;*

5° *Des phonographes et cinématographes au point de vue de la propriété littéraire et artistique ;*

6° *De la protection des œuvres d'architecture ;*

7° *Des œuvres d'art appliqué à l'industrie ; leur protection nationale et internationale ;*

8° *Du droit moral de l'auteur. (Droit de l'auteur sur son œuvre, indépendamment des droits pécuniaires.)*

EMPLOI DU TEMPS

Lundi 21 juin

8 h. 1/2 soir. — **Réunion amicale au Yacht-Club Royal** (Langelinie Pavillon).

Mardi 22 juin

10 heures matin. — **Séance d'inauguration à l'Université de Copenhague.**

2 h. 1/2. — **Première séance de travail** : La Conférence de Berlin.

8 heures soir. — **Réception à l'Hôtel de Ville.** (Souper).

Mercredi 23 juin

9 h. 1/4. — **Excursion offerte par le Comité d'organisation à Frederiksborg et Elseneur.** (Dîner à Marienlyst).

Jeudi 24 juin

9 h. 1/2. — **Seconde séance de travail** : De l'unification de la durée des droits d'auteur. — Du droit d'exécution des œuvres musicales.

3 heures. — **Réception à la Glyptothèque Ny Carlsberg.**

Vendredi 25 juin

9 h. 1/2. — **Troisième séance de travail** : Des phonographes et cinématographes au point de vue de la propriété littéraire et artistique.

2 h. 1/2. — **Quatrième séance de travail** : Revue annuelle de la législation et de la jurisprudence concernant la propriété littéraire et artistique.

7 heures. — **Banquet, offert par le Comité d'organisation, à l'Établissement "Den kongelige Skydebane".**

Samedi 26 juin

9 h. 1/2. — **Cinquième séance de travail.**

1) De la protection des œuvres d'architecture.
2) Des œuvres d'art appliqué à l'industrie ; leur protection nationale et internationale.

Les Séances de travail ont lieu à l'Université de Copenhague.

BUREAU DU CONGRÈS

Présidents :

Professeur TORP (Danemark) ; GEORGES MAILLARD (France) ; professeur OSTERRIETH (Allemagne) ; professeur WARBURG (Suède).

Vice-Présidents :

Professeur GRUNDVIG (Danemark) ; MM. MINTZ (Allemagne) ; BOISSEAU, DE CAILLAVET, JOUBERT, LAYUS (France) ; CASTORI (Italie) ; AXEL RAPHAËL (Suède).

Secrétaire général :

M. ANDRÉ TAILLEFER.

Secrétaires :

MM. BOBÉ, GLAHN (Danemark) ; DUPONT-ROUGIER, BONNEFOUS (France) ; MITTELSTAEDT (Allemagne).

DÉLÉGUÉS DES GOUVERNEMENTS

Belgique : M. PAUL WAUWERMANS, avocat à la Cour d'appel, membre de la Chambre des Représentants.

Etats-Unis : M. FRANCIS EGAN, Ministre des Etats-Unis à Copenhague.

France : Ministère de la Justice, M. CHAUMAT.

Ministère de l'Instruction publique : MM. POUPINEL et GEORGES HARMAND.

Ministère du Commerce : M. LAYUS.

Italie : Comte CALVI DE BERGOLO, Ministre d'Italie à Copenhague.

Monaco : M. LABANDE.

Norvège : M. FRANCIS HAGERUP, Ministre de Norvège à Copenhague.

Suède : M. GUNTHER, Ministre de Suède à Copenhague.

Bureau international de la propriété intellectuelle à Berne : M. RŒTHLISBERGER, premier Secrétaire du Bureau.

DÉLÉGUÉS DES SOCIÉTÉS

Danemark.

Association des Artistes : M. HINRICHSEN.
Association des Artistes dramatiques : M. LARSEN.
Association des Ingénieurs : M. FABER.
Association des Journalistes : M. VON JESSEN.
Association des Libraires-Editeurs : MM. TILLGE et TRYDE.
Association des Sculpteurs : M. RYDER.
Cercle des Sculpteurs : M. EGGELING.
Cercle des Compositeurs : M. HELSTED.
Société des Architectes danois : M. BERG NOVI.

Allemagne.

Freie Vereinigung Deutscher Schrifstellerinnen : Mmes VERNICKE, HERRMANN, DE HAHN, FINKE.
Genossenschaft Deutscher Tonsetzer : M. OSTERRIETH.
Journalisten Schriftsteller Verein Concordia : M. HANS FELLER.
Verband Bühnenschriftsteller : M. LEHMANN.
Verband Deutsche Kuntsgewerbevereine : M. LEHMANN.

France.

Caisse de défense mutuelle des Architectes . M. MAURICE POUPINEL.
Chambre syndicale de la Photographie : M. ANDRÉ TAILLEFER.
Comité Français des Expositions à l'étranger : M. ESTIEU.
Réunion des Fabricants de bronzes : M. ANDRÉ TAILLEFER.
Société des Architectes diplômés par le Gouvernement : M. MAURICE POUPINEL.
Société des Artistes décorateurs : M. PIERRE SELMERSHEIM.
Société des Arts Réunis : M. LECREUX.
Société des Artistes Français : MM. BOISSEAU et MICHEL.
Société des Auteurs et Compositeurs de musique : MM. COUYBA, JOUBERT, MEUSY.
Société Française de Photographie : M. ANDRÉ TAILLEFER.
Société des Gens de lettres : M. GEORGES LECOMTE.
Société des Auteurs et Compositeurs dramatiques : M. G.-A. DE CAILLAVET.
Syndicat de la Propriété artistique : M. CONSTANT.
Syndicat de la Propriété intellectuelle : M. HETZEL.

Suède.

Société des Auteurs Suédois : Professeur KARL WARBURG, président ; AXEL RAPHAËL, secrétaire ; ERNST DIDRING, poète dramatique ; C. G. LAURIN, critique d'art et de théâtre ; PAUL WAHLIN, critique d'art.

LISTE DES MEMBRES DU CONGRÈS

Allemagne.

M. le Baron *d'Egloffstein*, chambellan de S. A. R. le Grand-Duc de Saxe-Weimar.
Mme *Finke*, déléguée de Freie Vereinigung deutscher Schriftstellerinnen, à Berlin.
Mme *Alice de Hahn*, déléguée de Freie Vereinigung deutscher Schriftstellerinnen, à Berlin.
Mme *Herrmann*, déléguée de Freie Vereinigung deutscher Schriftstellerinen, à Berlin.
M. *Lehmann*, Berlin, délégué du Verband der Bühnenschriftsteller.
Mme *Lehmann*.
M. *Lehnert*, délégué du Verband deutscher Kunstgewerbevereine.
M. *Julius Magnus*, Avocat, Berlin.
M. *Mintz*, Avocat, à Berlin.
Mme *Mintz*.
M. *M. Mittelstaedt*, Avocat, à Leipzig.
Mme *Mittelstaedt*.
M. *Albert Osterrieth*, Professeur, délégué de la Genossenschaft Deutscher Tonsetzer.
Mme *Osterrieth*.
M. *Otto Reich*, Docteur-médecin, Berlin.
Mme *Jadwiga Reich*.
M. *Dagobet Schoenfeld*, Professeur à l'Université d'Iéna.
M. *Eduart Staedel*, Avocat, Berlin.
Mme *Vernicke*, déléguée de Freie Vereinigung deutscher Schriftstellerinnen, à Berlin.

Autriche.

M. *Albert Kraus*, Professeur à l'Université de Prague.

Belgique.

M. *Wauwermans*, Avocat à la Cour de Bruxelles, délégué du Gouvernement.

Danemark.

M. le Comte *Ahlefeldt*, Ministre des affaires étrangères.
M. *B. Bang*, Professeur en médecine à l'Ecole vétérinaire et d'Agronomie.
M. *William Behrend*, Chef de bureau du magistrat de Copenhague.
Mme *Gudda Behrend*, Romancière.
M. *Carl Behrens*, Rédacteur.
M. *Otto Benzon*, Auteur dramatique.
Mme *Otto Benzon*.
M. *Axel Berg*, Architecte, Président de la Société des Architectes de l'Académie.
M. *Rasmus Berg*, Secrétaire général de l'Association industrielle.
Mme *Berg*.

M. *Harald Bing*, Directeur de la Manufacture de porcelaine Bing Grondael.
M. *V. Bissen*, Sculpteur, ancien Professeur à l'Académie royale d[...] Beaux-Arts.
M. *Louis Bobé*, Secrétaire de l'Association des Auteurs danois.
Mlle *Erna Bobé*.
M. *L. Bramsen*, Conseiller intime d'Etat.
Mme *Karen Bramson*, Romancière.
M. *Georg Brandes*, Professeur honoraire à l'Université.
Mme *Brandes*.
M. *C. Brummer*, Architecte.
M. *Tage Bull*, Secrétaire au Ministère du commerce.
M. *F. Bülow*, Avocat près la Cour supérieure.
Mme *Bülow*.
M. *Walter Christmas*, Romancier, Capitaine.
M. *Julius Clausen*, Sous-chef à la Bibliothèque royale.
Mme *Charlotte Clausen*.
M. *Kr. Dahl*, Rédacteur, Président du Cercle des journalistes.
M. *F. Dalgas*, Directeur de la Manufacture royale de porcelaine.
Mlle *E. Depernay*.
Mlle *H. Dohlmann*, Sculpteur.
M. *N. V. Dorph*, Artiste peintre.
Mme *Bertha Dorph*, Artiste peintre.
M. *Alfred Dragsted*, Joaillier, fournisseur de la Maison royale.
M. *Sten Drewsen*, Auteur.
M. *Eggeling*, Sculpteur, délégué du Cercle danois des sculpteurs.
M. *Faber*, Directeur, délégué de l'Association des ingénieurs.
Mlle *Ausa Fraenckel*.
Mme *Emma Gad*, Auteur dramatique.
M. *C. Gamst*, Directeur du « Ritzaus Bureau ».
M. *Kai Glahn*, Sous-chef de bureau au Ministère royal des cultes de l'instruction publique.
Mme *Glahn*.
M. *Louis Glass*, Président de l'Association des compositeurs et mu[...] ciens danois.
M. *L. A. Grundtvig*, Professeur à la Faculté de droit de l'Univers[...] de Copenhague.
M. *Angul Hammerich*, Professeur de musicologie à l'Université Copenhague.
M. *Rolf Harboe*, Chef de bureau des chemins de fer.
M. *Folmer Hansen*, Directeur.
M. *Chr. Hasselbach*, Fabricant.
M. *J. Hegel*, Conseiller d'Etat.
M. *Gustav Helsted*, Président du Cercle des compositeurs danois.
M. *Axel Henriques*, Auteur dramatique.
Mlle *Marie Henriques*, Artiste peintre.
M. *Lor. Hinrichsen*, Artiste peintre, Président de l'Associati[...] danoise des artistes.
M. *A. Hvass*, Avocat près la Cour supérieure.
Mme *Hvass*.
M. *Carl Jacobsen*, Directeur de la « Glyptothèque », Docteur ho[...] raire de l'Université de Copenhague.

Mlle *Elna Jacobsen*, Auteur.
Mlle *Flora Jacobsen*, Sculpteur.
M. *Einar Jespersen*, Editeur de musique.
M. *H. Jespersen*, Libraire-éditeur.
M. *F. von Jessen*, Rédacteur, Président de l'Association des journalistes.
M. *Th. Jorgensen*, Architecte.
Mme *Lily Jorgensen*.
Mme *Clara Kofoed*.
M. *Charles Kohl*, Rédacteur, Lieutenant.
M. *J. Chr. Kofoed*, Architecte.
M. *Arn. Krog*, Directeur artistique de la Manufacture royale de porcelaine, Professeur.
M. *Johan Knudsen*, Député.
M. *Emmanuel Larsen*, Président de l'Association des Artistes dramatiques de Danemark.
M. *Karl Larsen*, Romancier, Professeur honoraire.
M. *Sophus Larsen*, Directeur en chef de la Bibliothèque de l'Université.
Mme *S. Aubert-Lindbæk*, Romancière.
Mlle *Lily Læssoe*, Romancière.
M. *Victor Madsen*, Bibliothécaire de la Bibliothèque royale.
Mlle *Johanne Madsen*, Romancière.
M. *Jules Magnussen*, Auteur.
M. *A. L. Le Maire*, Général.
Mme *Ella Melby*.
M. *Carl Mortensen*, Sculpteur, Président du Cercle danois des sculpteurs.
M. *P. Nansen*, Romancier.
M. *N. Neergaard*, Président du Ministère royal.
M. *Carl Nielsen*, Compositeur, Chef d'orchestre de l'Opéra danois.
Mme *A.-M. Carl Nielsen*, Sculpteur.
M. *M. Cajus Novi*, Secrétaire de la Société des architectes de l'Académie.
M. *M. Nyrop*, Directeur en chef de l'Académie royale des Beaux-Arts.
M. *V. Oldenburg*, Préfet de Copenhague.
M. *Oppermann*, Conservateur de la « Glyptothèque ».
Mme *Edith Philip*.
M. *Gustav Philipsen*, Conseiller municipal.
M. *F. Poulsen*, Docteur ès lettres.
Mlle *Johanne Rasbech*.
M. *Richter*, Libraire-éditeur.
M. *F. Riise*, Membre de la direction de l'Association industrielle.
M. *Ove Rode*, Député et Membre du Conseil municipal.
M. le Baron *Palle Rosenkrantz*, Romancier et Auteur dramatique.
M. *Vilh. Ryder*, Docteur en médecine, délégué de l'Association sculpturesque.
Mme *J. Ryder*.
M. *C. J. Salomonsen*, Professeur à la Faculté de médecine de l'Université de Copenhague.
Mme *Ellen Salomonsen*.

M. *Vald. Schmidt*, Professeur à l'Université de Copenhague.
Mlle *Ingeborg Sick*, Romancière.
M. *Steph. Sinding*, Sculpteur, Professeur honoraire.
M. *Erik Skram*.
Mme *Skram*.
Mlle *Anna Smith*, Peintre artiste.
M. *Joh. Steenstrup*, Professeur d'histoire à l'Université de Copenhague.
M. *Alex. Stoffregen*, Pianiste.
M. *E. Sorensen*, Ministre des cultes et de l'instruction publique.
M. *Holger Tillge*, délégué de l'Association des libraires-éditeurs danois.
Mme *Tillge*.
M. *Thomsen*, Président de l'Académie des sciences.
M. *Carl Torp*, Recteur de l'Université de Copenhague, Professeur à la Faculté de droit, Président de l'Association des auteurs danois.
Mme *Torp*.
Mlle *Torp*.
M. *Ove Tryde*, délégué de la Société des libraires-éditeurs.
Mme *Tryde*.
M. *Vilhelm Tryde*, Président de la Réunion des libraires de Danemark.
Mme *Ellen Tryde*.
Mme *Frederikke Tuxen*.
Mlle *Yvonne Tuxen*.
M. *A. Weis*, Directeur en chef du Théâtre royal.
M. *Wright*, Architecte de la ville de Copenhague.
Mlle *Louise Wright*.

Etats-Unis de l'Amérique.

M. *Maurice Francis Egan*, Ministre, délégué du Gouvernement.

France.

M. *Boisseau*, Statuaire, Délégué de la Société des Artistes français.
M. *Georges Bonnefous*, Avocat à la Cour de Paris, Rédacteur à la *République Française*.
Mme *Bonnefous*.
M. *Bourgeot*, Artiste-décorateur.
Mme *Bourgeot*.
M. *Gaston-A. de Caillavet*, Auteur dramatique, Membre de la Commission de la Société des Auteurs dramatiques.
Mme *de Caillavet*.
M. *Chaumat*, Avocat à la Cour de Paris, délégué du Ministre de la Justice.
M. *Cheminais*, Agent général de l'Exposition française d'art décoratif à Copenhague.
Mme *Cheminais*.
M. *Pierre Dupont-Rougier*, Avocat à la Cour de Paris, Secrétaire de l'Association.
M. *Duthoit*, Artiste décorateur.

M. *Maurice Estieu*, délégué du Comité français des Expositions à l'étranger.

M. *Paul Follot*, Artiste décorateur.

M. *Hetzel*, Editeur, Président honoraire du Cercle de Librairie, délégué du Syndicat de la propriété intellectuelle.

Mlle *Hetzel*.

M. *Joubert*, Editeur, Président de la Société des Auteurs et Compositeurs de musique.

M. *Lambert*, Architecte, Paris.

M. *Layus*, délégué du Ministre du commerce, Président de l'Exposition française d'art décoratif à Copenhague en 1909.

Mme *Layus*.

Mlle *Layus*.

M. *Gaston Lecreux*, Président de la Société « Les Arts réunis ».

Mme *Lecreux*, Secrétaire général du Comité des Dames de l'Union des Arts décoratifs.

M. *Georges Maillard*, Avocat à la Cour de Paris, Président de l'Association.

M. *Maurice Maunoury*, Avocat à la Cour de Paris, Secrétaire de l'Association.

Mme *Maurice Maunoury*.

Mlle *Maunoury*.

M. *Meusy*, Homme de lettres, délégué de la Société des Auteurs et Compositeurs de musique.

M. *Gustave Michel*, Statuaire, délégué de la Société des artistes français.

M. *de Montarnal*, Architecte de l'Exposition française d'art décoratif à Copenhague.

M. *Maurice Poupinel*, Architecte, délégué du Ministre de l'Instruction publique, délégué de la Société des Architectes diplômés par le Gouvernement, délégué de la Caisse de défense mutuelle des Architectes.

Mlle *Jeanne Poupinel*.

Mlle *Marie-Rose Poupinel*.

Mlle *Renée Poupinel*.

M. *Prunières*, Homme de lettres, Chef de service du Cercle de la Librairie.

M. *Pierre Selmersheim*, Vice-Président de la Société des Artistes décorateurs.

M. *André Taillefer*, Avocat à la Cour de Paris, délégué de la Société française de photographie, de la Chambre syndicale de la photographie, de la Réunion des fabricants de bronze, du Syndicat de la propriété intellectuelle, Secrétaire général de l'Association.

Italie.

M. le Comte *Calvi de Bergolo*, Envoyé extraordinaire et Ministre plénipotentiaire de S. M. le Roi d'Italie, délégué du Gouvernement.

M. *de Benedetti*, Avocat à Padoue.

M. *Costantino Castori*, Avocat à Padoue.

Monaco.

M. *Léon-Honoré Labande*, délégué de la principauté de Monaco.
Mme *Labande.*

Norvège.

M. *Francis Hagerup*, Ministre plénipotentiaire, délégué du Gouvernement.
M. *Thomas Krag*, Romancier, délégué de l'Association des Auteurs de Norvège.

Suisse.

M. *Rœthlisberger*, Professeur, délégué du Bureau de la propriété intellectuelle à Berne.

Suède.

M. *Ernst Didring*, Poète dramatique, délégué de la Société des Auteurs de Suède.
M. *Günther*, Ministre plénipotentiaire, délégué du Gouvernement.
Mme *Edle af Klercker.*
M. *Carl G. Laurin*, Critique d'art et de théâtre, délégué de la Société des Auteurs de Suède.
Mme *C. G. Laurin.*
Mme *Ebba Levertin f. v. Redlich*, Stockholm.
M. *Axel Raphael*, délégué de l'Association des Auteurs de Suède.
Mme *Raphaël.*
Mlle *Raphaël.*
M. Professor *Otto Sylwan*, Göteborg.
M. *Wåhlin*, Critique d'art, délégué de la Société des Auteurs de Suède.
M. *Karl Warburg*, Professeur à l'Université de Stockholm, délégué de la Société des Auteurs de Suède.
Mme *Betty Warburg.*

SÉANCE D'INAUGURATION

Mardi 22 Juin, à 10 heures du matin

Dans l'Aula de l'Université de Copenhague

La séance d'inauguration du Congrès a eu lieu, le mardi 22 juin, à dix heures du matin, dans l'Aula de l'Université de Copenhague, en présence de LL. MM. le roi et la reine de Danemark et la princesse Thyra.

Dans l'assistance, on remarquait le président du Conseil, M. Neergaard, et le ministre des cultes, M. Enevold Sœrensen ; le ministre de la justice, M. Hœgsbro ; M. le bourgmestre Jensen ; outre les délégués des gouvernements, M. le comte Horric de Beaucaire, ministre de France, et Mme de Beaucaire ; le comte Henckel von Donnersmark, ministre d'Allemagne.

M. le professeur C. Torp, président du Comité danois d'organisation du Congrès, président de l'Association des Auteurs danois, recteur de l'Université de Copenhague, a prononcé le discours suivant :

Vos Majestés, Votre Altesse Royale,

Mesdames, Messieurs,

Pour la première fois, la Scandinavie a l'honneur d'offrir l'hospitalité au Congrès de l'Association Littéraire et Artistique Internationale, et c'est avec la plus vive satisfaction que nous avons appris qu'en jetant les yeux vers les villes du Nord, c'est Copenhague que vous avez choisi.

Nous en sommes heureux et fiers, car nous voyons dans ce choix l'intention de reconnaître que le Danemark, après avoir donné — un peu tard hélas — son adhésion aux conventions de protection des droits des auteurs, — ce chef-d'œuvre de l'Association — a réformé ses lois dans un esprit moderne et d'une manière assez large pour vous satisfaire.

Je vous prie de croire, Mesdames et Messieurs, que les efforts et les buts de l'Association Littéraire et Artistique Internationale ont eu toujours — et longtemps avant l'adhésion du Danemark à la Convention de Berne — des amis nombreux et sincères dans notre pays. Et comment serait-ce autrement ? Y a-t-il rien de plus international que la littérature et l'art ? Quel sentiment est plus universel que l'amour de la poésie, de la musique, de la peinture et de la sculpture ? Et quelle base meilleure peut-on trouver pour l'appréciation mutuelle des peuples et pour le développement de la fraternité des nations, que cet amour commun des héros de l'esprit ? — Les grands écrivains et artistes ne sont pas la propriété exclusive d'une seule nation. Ils appartiennent à nous tous. Leur lumière brille, les feux de leurs grands cœurs nous réchauffent, leurs noms sont aimés et admirés dans le monde entier.

C'est la loi seule qui a été longtemps assez aveugle pour ne pas savoir évaluer les produits des esprits travaillant pour tous, pour ne pas reconnaître le droit sacré de l'auteur sur son œuvre. Elle a permis de s'approprier — non les pensées, toujours libres — mais les œuvres mêmes, de priver les bienfaiteurs du monde de ce qu'ils ont créé — souvent avec le sang de leur cœur. Des siècles après qu'on a puni partout le vol ordinaire, le vol des objets matériels — même si le propriétaire était un étranger — on a laissé sans protection les œuvres de l'esprit, si l'auteur appartenait à une autre nation.

C'est ici que l'Association Littéraire et Artistique a fait une révolution vraiment civilisatrice. Elle a été la propagatrice des idées, en même temps pratiques et idéales. Elle a poursuivi un double but : faire triompher la justice et lier les peuples du monde civilisé par les chaînes valides de la fraternité universelle.

Son but pratique, l'Association l'a clairement exprimé dès le jour de sa naissance, en proclamant dans sa première résolution que le droit de l'auteur sur son œuvre n'est pas une concession de la loi, mais qu'elle est une des formes de la propriété, que le législateur doit garantir. Et les trente années de l'existence de notre Association ont été une lutte incessante pour arracher à l'injustice et à l'exploitation déloyale d'autrefois la protection de plus en plus complète de l'auteur, ce qui n'est que la conséquence naturelle de cette idée, que ceux qui, grâce à l'élévation de leur pensée et grâce au feu sacré de leur cœur, nous préparent les joies les plus intenses, ont le droit absolu et incontestable sur leur production : le droit du créateur.

Mais, pour ce but pratique, les fondateurs de l'Association n'ont jamais oublié sa tâche idéale, qui a été, elle aussi, dès son origine, proclamé par ces mots de l'article premier de ses Statuts : « En défendant les intérêts des écrivains et des artistes de tous pays, elle établit entre eux des liens de confraternité. »

En se faisant le chevalier de cette idée, si essentiellement civilisatrice, en propageant le triomphe de la fraternité spirituelle, de la solidarité des nations, de la paix universelle, par les armes douces de la poésie et de l'art, l'Association Littéraire et Artistique a conquis et a bien mérité la reconnaissance et l'applaudissement non seulement des écrivains et des artistes, mais du peuple entier, de toutes les nations. Et comme ses tâches sublimes lui ont assuré partout l'accueil le plus cordial, elles lui doivent avant tout assurer la plus vive reconnaissance des petites nations, dont l'existence et la liberté, dans un moment donné, n'auront peut-être aucune meilleure garantie que la victoire de ces idées du droit international et de la fraternité de toute l'humanité civilisée.

Mesdames et Messieurs, nos chers hôtes et chers amis de l'Association, ces mêmes idées, dont vous êtes les représentants, ont inspiré à mes compatriotes des sentiments de joie sincère et la plus vive satisfaction en vous voyant dans notre ville. C'est en reconnaissant la grande valeur de vos travaux et de vos principes élevés que le Danemark entier vous souhaite la bienvenue — la Cour, l'Université, les hommes de lettres, les artistes, les jurisconsultes, tout le grand public lettré. Sa Majesté le Roi, qui suit toujours avec le plus grand intérêt les progrès de la science et de la justice, a bien voulu témoigner son appréciation de vos efforts humanitaires en acceptant le patronage de ce Congrès et en honorant cette séance d'inauguration par sa haute présence et celle de la famille royale. Les applaudissements de cette Assemblée représentative vous indiqueront la chaleur de nos sentiments, la cordialité de notre salutation.

Mesdames, Messieurs, j'ai l'honneur de déclarer le Congrès ouvert.

Le comte AHLEFELDT-LAURVIG, ministre des affaires étrangères de Danemark, a ensuite pris la parole en ces termes :

VOS MAJESTÉS, VOS ALTESSES ROYALES,
MESDAMES, MESSIEURS,

J'ai reçu la mission très agréable de saluer au nom du Gouvernement danois les délégués de l'Association Littéraire et Artistique, et de vous dire combien nous sommes heureux de vous voir parmi nous. Nous sommes vivement flattés de ce que vous avez, cette fois-ci, choisi Copenhague comme lieu de réunion, et nous espérons de tout cœur que votre séjour en Danemark marquera un nouveau pas vers le but élevé que l'Association Littéraire et Artistique poursuit avec tant de succès pour le bien des écrivains et artistes du monde entier.

Il ne m'appartient pas de vous donner une appréciation de vos confrères chez nous. Notre littérature et nos arts sont vieux comme notre pays et en même temps bien modernes. Heureux comme nous sommes de tout ce qui aide à augmenter la gloire du Danemark, nous sommes surtout fiers de la manière dont la littérature et les arts, non seulement danois mais aussi étrangers, ont pénétré dans la masse de la population. Grâce à l'éducation générale, à nos écoles supérieures, et surtout à notre tendance démocratique, un nombre relativement plus grand que dans bien d'autres pays profite des œuvres que vous, mesdames et messieurs, avez créées. Si le temps vous le permet, je vous engage à aller visiter une petite ferme à la campagne, et vous serez étonnés, j'en suis sûr, de voir quelle littérature sérieuse vous y pouvez trouver, comme la plupart même de nos ouvriers suivent les événements à l'étranger, et dans quelle proportion les inventions scientifiques sont utilisées.

Pour un pays, ce n'est pas son étendue qui compte, mais c'est la possibilité qu'a le plus grand nombre possible de ses habitants de vivre heureux.

J'espère donc, Mesdames et Messieurs, que votre séjour en Danemark vous sera non seulement agréable et utile pour vos travaux, mais que vous rapporterez un souvenir bienveillant d'un pays qui de son mieux cherche à tenir un rang honorable parmi ceux qui marchent à l'avant pour le progrès de l'humanité et pour le bonheur de ses habitants.

La parole a ensuite été donnée à M. GEORG BRANDÈS, professeur honoraire à l'Université, qui a prononcé le discours suivant :

Schiller raconte dans une de ses poésies que Jupiter dit un jour aux hommes : « Partagez-vous la terre. Je vous la donne en propriété et en héritage. » Tous, à l'instant, de prendre à pleines mains. Le cultivateur s'adjuge les produits des champs, le hobereau part à la chasse, le marchand remplit ses magasins, l'abbé choisit le bon vin, le prince soumet ponts et routes au péage, et lève la dîme. Sur le tard, cependant, bien après que le partage fut terminé, arriva le poète : « Malheur à moi ! s'écria-t-il, seul je suis oublié, moi le plus dévoué de tes fils. » Et le rêveur se jeta à genoux devant le trône de Jupiter. « — Où donc étais-tu, demanda le dieu, pendant qu'on se partageait le monde ? » « — J'étais, répondit le poète, auprès de toi, et là, j'ai perdu de vue les choses de la terre. » « Que faire ? dit le dieu. Tout est distribué. Mais si tu veux vivre avec moi dans le ciel, il te sera ouvert aussi souvent que tu viendras. »

La compensation que Schiller esquisse en ces termes pour les écrivains et les artistes ne saurait guère leur suffire de nos jours. Lui-même, elle ne lui a pas suffi : C'est avec joie qu'en 1791 il recevait une subvention du Gouvernement danois, qui eut le bonheur de pouvoir soulager par là sa misère, alors que, débile et malade, il était hors d'état de gagner son pain.

I

« Mon ciel te reste ouvert », répondait Jupiter. Le ciel lui reste ouvert, telle était l'opinion courante sur la place qui revient au travailleur de la pensée, — après qu'on eut bien longtemps tenu grandes ouvertes pour lui les portes des prisons.

L'idée que se faisaient d'abord de l'écrivain les autorités et la société, quand l'invention de l'imprimerie lui eut permis de répandre ses pensées au large et au loin, c'était partout la même. Cet homme est un danger, il faut nous défendre contre lui ; endiguons, contrôlons son activité !

Ainsi, pour publier le moindre livre, il lui fallait une autorisation spéciale. On le craignait pour toutes sortes de raisons, tantôt politiques, tantôt et surtout religieuses. Les châtiments corporels, voire la peine de mort, frappaient souvent l'auteur imprudent ou séditieux. Pour un oui, pour un non, on l'attachait au pilori, on lui coupait les oreilles ou les mains, on le mettait à la torture, on l'enfermait en prison pour des années.

C'était les diverses églises surtout qui faisaient la guerre à la littérature. Il suffira de rappeler les quatorze années passées au cachot par Rodger Bacon, la captivité de Galilée, le sort de Giordano

Bruno, de Campanella, de Servet. Balthazar Bekker se vit expulser de Hollande pour ses observations sur la croyance aux sorciers et aux sorcières. En Angleterre, on interdit jusqu'à une trigonométrie (on y découvrit des opinions hérétiques sur la Trinité) ; jusqu'à un ouvrage d'entomologie, parce qu'on y aperçoit des allusions aux jésuites, dont le nom compte le même nombre de lettres que celui des insectes.

La politique intervient fréquemment dans tous les pays. Au dix-septième siècle, on exécuta en Angleterre, Algernon Sidney pour quelques phrases d'un manuscrit inédit qu'on avait trouvé chez lui. Au dix-huitième siècle, le duc Charles de Wurtemberg tenait Christian Schubart incarcéré pendant dix années, pour quelques vers satiriques, bien innocents, et, en même temps — « c'est ainsi qu'on fonde les bonnes maisons » — il touchait deux à trois milliers de florins comme « droit d'éditeur » pour les poésies du prisonnier, dont quelques-unes, écrites par ordre, célèbrent l'oppresseur comme bienfaiteur de son peuple.

Plus encore que les propos hérétiques ou séditieux, la satire éveilla la crainte et encourut le châtiment. Voltaire en fit encore l'expérience dans ses rapports avec le Régent, aussi bien qu'avec Louis XV et Frédéric II.

Peu après l'invention de l'imprimerie, la censure préventive se trouvait établie de fait par toute l'Europe. Parmi les nombreuses preuves de l'avance que Milton avait sur son temps, on peut citer ce fait que, dès 1644, il réclamait la suppression complète de la censure. Cinquante ans plus tard, la censure préventive est abolie en Angleterre, mais pour être suivie bientôt d'une répression d'autant plus rigoureuse. Il devait s'écouler en Angleterre encore cent longues années exactement, avant qu'en 1794 tous les délits de presse ressortissent au jury. Aux Etats-Unis, la liberté de la presse existait depuis quatre ans déjà. En France, elle fut proclamée à peu près en même temps pendant la grande Révolution, mais pour disparaître sous Napoléon et revivre seulement après sa chute.

En Allemagne, la guerre de l'Indépendance n'entraînait pour la presse aucune liberté. En 1819, on y établit partout la censure préventive et en 1835 on ne se contentait pas de mettre en interdit les livres de Henri Heine et de la jeune Allemagne, mais en Prusse, cette prohibition s'étendait à toutes les productions à venir de l'auteur du *Livre des Chansons*. On défendit même d'imprimer son nom, comme cela se fait encore en Russie pour les écrivains à qui l'on en veut.

Partout, pendant les années de réaction qui vinrent après 1850, il surgit pour la presse de nouvelles difficultés. Toute circonstance politique extraordinaire suscitait des lois d'exception.

II

Tant qu'on traita ainsi l'écrivain en être dangereux et nuisible, tant que l'on crut avoir à se prémunir contre son action dissolvante, destructive ou infectieuse, la question de lui assurer la subsistance resta naturellement le moindre des soucis. Dans bien des cas, sans doute, il produisit, au sens purement économique, des valeurs. Mais on n'estimait point qu'il en résultât pour lui des droits ou des titres à un profit quelconque. Le Code romain ne reconnaît aucun droit aux auteurs, le moyen âge non plus. Mais, après l'invention de l'imprimerie, le besoin se fit sentir d'une garantie contre les reproductions. Longtemps, néanmoins, l'éditeur resta tout aussi bien sans défense que l'auteur. Un livre avait-il quelque succès, il en paraissait aussitôt des contrefaçons. Luther s'en plaint et il émet déjà l'idée d'un droit de l'auteur. L'empereur d'Autriche, Joseph II, si éclairé qu'il fût, à tant d'égards, refusait encore de poursuivre la contrefaçon, qu'il trouvait parfaitement légitime.

On reconnaît pourtant une sorte de propriété littéraire au commencement du dix-huitième siècle en Grande-Bretagne, vers la fin du siècle seulement, en France et en Prusse.

Exception faite du siècle dernier, l'homme de lettres ou de science ne pouvait donc compter que sur la générosité d'un mécène. Faute d'honoraires on vivait de dédicaces.

Il n'en allait pas autrement chez les Romains. Mécène protégeait Horace, qui, en retour, l'a rendu immortel, au point que ce nom de Mécène a fourni un mot à toutes les langues.

Chez Homère déjà, nous voyons le poète célébrer le prince, dont les exploits servent de matière à ses chants. C'est encore ainsi que dans l'antiquité noroise, les Scaldes de Norvège, du Danemarck et d'Irlande chantent les rois scandinaves et irlandais et reçoivent en récompense anneaux d'or et manteaux d'écarlate. En perse également, Hafis et Saadi vivent de la faveur du prince. Walter von der Vogelweide est investi d'un petit fief par le grand empereur Frédéric II. Dante, pendant son exil, trouve un refuge auprès des podestats de Vérone et de Ravenne. Lope de Vega dédie sa *Corona Tragica* au pape Urbain VIII.

A l'aube des temps modernes, les poètes se trouvaient en piètre posture, quand ils n'avaient pas du sang princier dans les veines, comme Charles d'Orléans. Son grand contemporain, plus grand à vrai dire, le pauvre Villon, tâta plusieurs fois du cachot, pour de menus « larcins de rôt ou de fromage » ; il frisa même la corde pour semblables méfaits de miséreux. C'est grâce à l'indulgence de Louis II pour les petites gens qu'il esquiva la potence. L'existence des poètes dépendait de la bienveillance des grands.

Son plus proche successeur, Clément Marot, fut placé par François Ier comme valet de chambre chez sa sœur, Marguerite de Valois, et il engagea par suite un commerce poétique des plus actifs avec cette princesse, si bien douée et si vivante. Il avait été prisonnier de guerre. Accusé d'hérésie par une amie perfide, il fut encore jeté en prison ; une troisième fois, il se vit emprisonner pour avoir arraché un malheureux aux mains des archers. Le roi seul put le délivrer.

Molière devint aussi valet de chambre, mais chez le roi lui-même. Et bien lui en prit quand on l'empêcha de représenter *Tartuffe*. S'il gagna largement sa vie, c'est tout simplement qu'il unissait en sa seule personne — comme Shakespeare — acteur, directeur de théâtre et auteur dramatique.

Autrement, les livres n'étaient une source de revenus que pour les imprimeurs, les éditeurs et les relieurs, — à savoir quand des privilèges royaux ou princiers leur assuraient ces avantages — non pour les écrivains. Bien plus tard même, c'étaient uniquement des privilèges — comme nous en voyons en tête des œuvres de Goethe et de Schiller — qui garantissaient un profit aux auteurs. Sous Louis XIV encore, ceux-ci regardaient comme indigne de retirer un gain de leur travail. Boileau écrit :

> Mais je ne puis souffrir ces auteurs renommés
> Qui, dégoûtés de gloire, et d'argent affamés,
> Mettent leur Apollon aux gages d'un libraire
> Et font d'un art divin un métier mercenaire.

Tels étaient encore les sentiments de Byron aux débuts de sa carrière, quand il refusait ses honoraires, dont, plus tard, il se garda bien de faire fi, et pour cause.

Quand on veut citer une époque où rois et princes regardaient comme un devoir de venir en aide aux génies et aux talents, on choisit de préférence le temps de Louis XIV, parce que l'idée avait alors prévalu qu'il seyait d'octroyer une pension aux écrivains et aux artistes. Combien pourtant, en mainte et mainte circonstance, la situation du génie n'était-elle pas lamentable ! Combien un La-bruyère n'était-il pas à plaindre pendant son séjour dans l'hôtel de Condé, d'abord comme précepteur du duc Louis de Bourbon, puis comme « gentilhomme de Monsieur », mais toujours comme humble subalterne ! On n'a pas oublié comment mourut son compagnon de domesticité, le poète Santeuil, du tabac à priser que le noble duc avait par plaisanterie jeté dans son verre !

Corneille, qui s'était jadis aliéné la faveur du cardinal pour s'être permis quelques changements dans le plan d'une tragédie qu'il avait à compléter, Corneille était si pauvre dans sa vieillesse qu'un ami le vit apporter lui-même dans une échoppe, à l'âge de soixante-treize ans, son unique paire de chaussures pour la faire raccommoder. Oui:

> Au coin du carrefour, auprès d'un savetier,
> Pieds nus, le grand Corneille attendait son soulier.

Et pourtant, il n'avait pas été négligé par Louis XIV. On sait combien Racine prit à cœur sa disgrâce, quand il eut indisposé le vaniteux souverain par son attachement au jansénisme et par ses idées politiques.

Le poète de cour prend rang à peine avant le bouffon de la cour, sur la même ligne que l'astrologue du roi.

Même s'il ne perd pas la tête à la cour comme le Tasse, ou qu'il n'en soit pas chassé comme Camoens, même si on l'y honore, encore faut-il du moins qu'il paie la faveur dont il jouit par des insipides poésies de circonstance, comme celles qui, même dans l'œuvre d'un Goethe, occupent une si grande place.

Au commencement de la Renaissance, les conditions étaient plus saines pour les arts plastiques. Ce sont les corporations de France qui font des commandes à Donatello, les magistrats de la Cité qui mettent au concours la décoration de l'Hôtel de Ville. Mais, à l'apogée de la Renaissance, les artistes ont affaire aux papes et aux princes. Nous voyons Michel-Ange, au service de Jules II, travailler au milieu de difficultés continuelles pour obtenir l'argent qui lui est dû et dont il a besoin, et, plus tard, au service de Médicis, travailler pour ceux qu'il regarde comme le fléau de sa ville natale, comme les assassins de la liberté florentine. Le peintre ne peut se passer de protecteurs qui lui donnent de quoi payer ses ustensiles de travail. Le Titien reçoit comme prix de la Madona di ca Pesaro 96 ducats pour le tableau et 6 expressément pour la toile. Le grand Velasquez ne pouvait subsister que comme peintre de cour, et il lui fallait peindre beaucoup de portraits qui l'ennuyaient terriblement, pour se voir de temps en temps accorder le loisir de peindre ce qui bon lui semblait.

Cependant, s'il n'avait pas été, lui, comme le Titien, Holbein, Rubens et van Dyck, attaché de la sorte à l'élite de la société, il n'aurait pu peindre ces portraits des personnalités maîtresses de leur temps, qui sont pour nous si intéressants. Les classes inférieures n'offraient pas de ces individualités marquées. Il est vrai qu'en revanche il faut nous accommoder de tableaux bien conventionnels comme ceux que Rubens exécute pour Henri IV.

Mais, à côté des artistes qui avaient la chance d'obtenir une protection ininterrompue, combien n'y en avait-il pas, et des plus grands, qui finissaient par languir dans la pauvreté ! Qui ne se rappelle le sort de Rembrandt ? Qu'il était dérisoire, le prix qu'il touchait, même dans son bon temps, pour ces tableaux, dont un seul vaut aujourd'hui plus d'argent que toutes les œuvres du peintre ne lui en rapportèrent de son vivant, alors que d'autres, comme la *Ronde de Nuit*, n'ont même pas de prix, parce que le gouvernement hollandais ne voudrait les vendre à aucun prix, ni ne pourrait décemment se le permettre ! Plus tard, à l'apogée de son génie, il se trouva démodé, éclipsé par des peintres dont on ne saurait prononcer le nom à côté du sien ; il se vit contraint de tout vendre, et mourut dans un complet dénuement.

Si grands que soient les progrès réalisés depuis son temps, si grandes que soient les améliorations dues avant tout à l'Association, que nous avons aujourd'hui l'honneur et la joie de recevoir ici, il n'en reste pas moins un mal auquel ne peut remédier la législation la plus perfectionnée, je veux dire la sottise fondamentale du genre humain. Les contemporains sont incapables d'apprécier le génie à sa juste valeur.

Dans un siècle plus rapproché du nôtre, si Voltaire amassa une fortune, ce n'est pas à ses écrits qu'il la devait, malgré leur vente énorme pour le temps. Non, il commença par toucher, à titre de précepteur, 1,200 francs par an du duc d'Orléans, quatre ans plus tard, 2,000 francs du roi, trois ans après 1,500 francs de la reine, pour apprendre enfin à s'enrichir par des spéculations.

Si Rousseau resta si pauvre, c'est, en partie, qu'il refusa toute pension, en partie que la vente de ses écrits, comme suspects d'hérésie, fut interdite.

Cette pauvreté n'a pas cessé de peser jusqu'à une époque toute récente sur les musiciens du plus grand génie. C'est Mozart, qui meurt tout pauvre ; c'est Beethoven, qui accepte avec reconnaissance une légère subvention de son élève princier, l'archiduc Rodolphe ; c'est Schubert, qui périt tout jeune dans le dénuement. Quelle vie, harcelée de dettes, que celle de Richard Wagner, jusqu'au moment où le roi Louis II s'intéresse à lui !

Le poète lyrique est peut-être, de tous les artistes, le plus à plaindre. A dix-sept ans, Chatterton se tue, dans le désespoir de la misère, et c'était pourtant, si l'on tient compte de son âge (comme l'a dit un éminent critique anglais), le génie le plus extraordinaire que le monde ait jamais vu. La tragédie d'Alfred de Vigny a fait connaître sa triste destinée en dehors de l'Angleterre.

Le meilleur poète lyrique du Danemark au commencement du dix-huitième siècle, Ambrosino Stub, passait sa jeunesse dans les châteaux de la noblesse comme scribe méprisé et maître des plaisirs, renvoyé sans merci, dès qu'il cessa de plaire, et il finit ses jours comme maître d'école dans une ville de province. Voilà comment, pour subsister, le poète pauvre devait jouer le rôle de maître de musique et de parasite.

Ewald, le plus grand poète danois de la fin du dix-huitième siècle, était si pauvre qu'il écrivait sans cesse poésies de circonstance et épithalames contre espèces sonnantes, et que les visiteurs, venus pour le voir comme une des curiosités de Copenhague, déposaient en partant une pièce d'argent sur son lit.

La situation économique des écrivains était si mal réglée au dix-huitième et au dix-neuvième siècle, que les deux plus grands auteurs de notre pays — ceux dont les statues se dressent à l'entrée du Théâtre Royal de Copenhague — furent quelque temps leurs propres éditeurs : Holberg, pendant qu'un certain sieur Phenixberg contrefaisait ses comédies, vendait ses livres chez lui ; la femme d'Oehlenschlœger allait en personne porter aux souscripteurs la tragédie commandée.

III

A partir du moment où les écrivains se sentirent plus en sûreté contre les contrefaçons, ils commencèrent à se demander s'il ne serait pas possible de leur conserver la propriété de leurs œuvres dans les traductions en langues étrangères, où on les regardait comme appartenant au domaine public. Pour les écrivains des grandes nations, il n'y avait là qu'un intérêt assez considérable sans doute, mais pourtant secondaire ; ils ont pour lecteurs de leurs œuvres dans le texte original et les nombreux millions de leurs compatriotes et les millions d'étrangers qui comprennent leur langue, tandis que les lecteurs des traductions n'approchent guère d'un chiffre aussi élevé. Mais, pour l'auteur qui écrit dans un idiome peu répandu, c'est là une question capitale ; ses œuvres comptent bien plus de lecteurs dans les traductions que dans le texte original, et ses pièces atteignent des recettes beaucoup plus fortes sur les nombreuses scènes étrangères que dans les quelques théâtres de sa patrie.

Pendant longtemps, néanmoins, ce sont surtout les gouvernements et les parlements des petits pays qui ont refusé de conclure un arrangement avec l'étranger, sous prétexte, tantôt que ce serait là un marché de dupe, puisqu'on importe bien plus de littérature qu'on en exporte traduite, — tantôt qu'on mettrait ainsi un obstacle à la diffusion si nécessaire de la culture intellectuelle — raisonnement qu'on tient encore en Russie.

Tant que le droit de l'auteur sur son œuvre ne lui est pas garanti par une convention, il court encore de tout autres risques que de ne rien gagner sur la traduction de ses livres. Je connais des cas où l'éditeur étranger ne s'est pas contenté d'accaparer tout le profit du travail d'un écrivain, mais s'est encore permis de changer les titres des livres, de les couper en deux, et d'en vendre les morceaux comme ouvrages complets, voire d'ajouter des notes qui contenaient des recommandations répétées de ses autres publications, que notre auteur n'avait même pas vues. Je connais des cas où des pirates de l'espèce se sont tout à fait légalement approprié l'œuvre d'une vie entière, sans donner à l'auteur ni un sou, ni même un exemplaire.

L'Association qui, à notre grande joie, tient cette année son congrès annuel à Copenhague et dont nous voyons ici les membres au milieu de nous, l'Association littéraire et artistique internationale poursuit le noble but d'établir pleine justice sur un terrain où il est — plus que partout ailleurs — difficile d'y réussir.

Les difficultés étaient avant tout — comme je l'ai indiqué — d'ordre extérieur : la question de droit fut écartée par des considérations soi-disant plus hautes, par des considérations d'utilité. Le droit de l'auteur fut mis de côté par l'opportunisme, qui, malgré tout ce qu'on peut dire en sa faveur, n'est pas moins un des ennemis de la justice, sinon le pire, du moins presque le plus dangereux.

Il y avait ensuite des difficultés intrinsèques : la propriété intellectuelle, à un point de vue purement théorique, ne se laisse pas si aisément préciser que la propriété matérielle. On l'a contestée bien longtemps. C'est assez tard seulement qu'on a remplacé cette notion par celle du droit d'auteur, du droit de créateur, et qu'on a défini ce droit. En réalité, comme un des présidents de l'Association, M. Albert Osterrieth, l'a montré avec beaucoup d'esprit, c'est le procès Millar-Taylor de 1763, en Angleterre, à propos des *Saisons* de Thomson, qui représente dans l'histoire de la question le tournant décisif.

L'Association internationale a cependant surmonté toutes ces difficultés, intérieures comme extérieures ; elle a obtenu, en 1886, la convention de Berne, qui, dans une union d'Etats européens et autres, a établi la base de tout effort à venir, pour assurer complètement la justice dans le domaine des lettres et des arts. Cette union, le Danemark s'y est rallié, bien que tardivement, il y a aujourd'hui six ans, et, s'il s'est longtemps tenu à l'écart, il est maintenant tout à fait converti.

La propriété intellectuelle, comme on l'appelle avec une concision expressive, a donné lieu à toute une législation nouvelle, et sans cesse il se présente de nouveaux problèmes à résoudre. Il n'y a rien de plus instructif que de parcourir le volumineux ouvrage, de mille grandes pages, rédigé par Eugène Pouillet, et tenu au courant par M. Charles Claro et par le distingué président de l'Association Internationale, M. Georges Maillard, qui nous honore de sa présence.

On lit dans la préface les belles paroles que voici : « Qui eût soupçonné jadis ces droits, à présent incontestés, qui naissent du seul travail de l'intelligence ? Qui aurait osé rêver que ce monde, créé par la seule pensée humaine, infini comme elle, était susceptible d'une appropriation aussi certaine que l'appropriation dont est susceptible ce monde matériel que nous mettons notre gloire à conquérir tous les jours ? Le droit n'emprunte-t-il pas un peu de la grandeur des choses dont il règle la propriété ? Sous cette forme nouvelle, le droit n'est-il pas porté à d'incomparables hauteurs ? Il exige tous les jours une somme plus grande de connaissances. »

Il se présente sans cesse de nouveaux problèmes à résoudre. Il s'agit d'assurer le droit de l'auteur avec une précision si judicieuse qu'il devienne impossible de tourner la loi. Il s'agit, en même temps, de ne pas pousser le rigorisme à l'absurde. Imaginez-vous un article de loi qui eût interdit à Schumann d'emprunter l'air de la *Marseillaise* dans *Les Deux grenadiers*. Représentez-vous un article défendant à la postérité d'introduire dans l'œuvre des changements qui, en la rajeunissant, lui conservent sa vitalité.

Il y aura donc sans cesse de nouvelles questions à trancher. Tous les ans, il surgit des découvertes, des inventions, des progrès qui nécessitent de nouvelles dispositions et une protection nouvelle. Ainsi, on est arrivé aujourd'hui à reproduire par le cinématographe le jeu des acteurs et à rendre en même temps leur diction par le phonographe, invention qui pourra enlever leur gagne-pain à bien des acteurs médiocres ; mais elle doit, en revanche, donner aux bons artistes dramatiques un droit à de nouveaux profits.

IV

Les hommes d'intelligence éclairée dont se compose l'Association Internationale sont bien certainement les premiers à se rendre compte qu'il y a des limites à leurs efforts dans l'intérêt de la justice, des limites qu'ils ne sauraient franchir.

Ce n'est guère qu'en Russie, de nos jours, que les livres, regardés comme nuisibles, sont condamnés au bûcher et brûlés par le bourreau (je connais un auteur qui s'est attiré cette honte — ou cet honneur). Partout encore, cependant, tout auteur qui n'écrit pas ce que tout le monde s'accordait auparavant à admettre, tout artiste qui s'écarte des chemins battus, se trouve dans une situation difficile et précaire, même au pays de l'avenir, en Amérique, où Edgar Allan Poe, l'auteur le plus original peut-être de sa patrie, est mort dans la misère.

Aussi voyons-nous des hommes de lettres trahir leurs convictions et se vendre pour gagner leur vie. Nous en voyons d'autres sacrifier leur tranquillité, leur santé même, à un travail qui ne doit leur rapporter qu'une renommée posthune.

Par suite du nombre considérable des livres qui paraissent, la concurrence est devenue si âpre, que, pour la percer, il faut de l'énergie, de la vigueur et de la chance. Une critique haineuse ne nuit pas seulement à la réputation, elle diminue encore le gain matériel. La véritable critique, la critique de bon aloi, est d'ailleurs en train de disparaître, surtout dans la presse des grandes nations. La critique s'achète sous forme de réclame, cette réclame qui devient de plus en plus une puissance sociale, et quand on est trop fier pour y recourir, on en pâtit. La vogue démocratique du goût populaire monte sans cesse, et, celui qu'elle ne porte pas, est en grand danger de sombrer. C'est une tâche ingrate que de travailler à des œuvres de choix.

Les revenus des artistes et des savants, malgré toute l'habileté judiciaire et toute la bonne volonté de l'Association Internationale, ne pourront donc jamais correspondre à la valeur intrinsèque de leurs œuvres. Les genres populaires, tels que le roman-feuilleton et la farce, rapporteront toujours plus que les genres élevés. Le style ne se paye pas, le style qui, en art, est tout. La science pure ne rapportera jamais autant que la vulgarisation ou la science appliquée, utilitaire.

Ce n'est pas avec de l'argent qu'on peut rémunérer l'exquise et suprême beauté, mais par l'honneur. Et plus l'évolution de la société atteindra haut, plus il y aura de justice dans la répartition de l'honneur.

Encore, l'honneur n'est-il pas la meilleure récompense, même quand il consiste dans l'éloge des juges compétents.

Son œuvre même, voilà pour l'artiste et le savant le vrai salaire.

M. Georges Maillard, président de l'Association Littéraire et Artistique Internationale, a répondu en ces termes :

Le but de l'Association Littéraire et Artistique Internationale, dès sa fondation, en 1878, lorsque Victor Hugo lui donna le baptême, était d'aller de pays en pays pour prêcher la fraternité internationale entre les écrivains et les artistes, leur donner l'occasion d'apprendre à se connaître, créer entre eux un lien durable, faire proclamer leurs droits dans tous les pays, convaincre tous les gouvernements, toutes les nations, de cette vérité que l'écrivain et l'artiste doivent avoir, sans distinction de nationalité, le droit de faire respecter leurs œuvres et d'en tirer tout le profit qu'elles peuvent produire.

Entraîner les écrivains et les artistes à ces réunions annuelles n'était pas chose facile : ils aiment, pour la plupart, ne voyager qu'au gré de leur fantaisie et ne se soucient pas d'abandonner le travail commencé pour se mettre en route à des dates fixées d'avance ; il fallait étudier les diverses questions en se plaçant au-dessus des intérêts particuliers de tel ou tel groupe, réunir dans une même pensée les représentants des arts et des genres les plus variés, rechercher les moyens pratiques de réaliser la protection souhaitée et d'aboutir, un jour plus ou moins lointain, à l'unification des lois dans le domaine de la propriété littéraire et artistique.

Quelques hommes de lettres dévoués à l'intérêt général se mirent à la besogne ; parmi eux, et le premier, Jules Lermina, le romancier français populaire, le journaliste militant, qui fut l'instigateur de l'Association et que ses travaux et sa santé ont seuls fait reculer cette année devant la longueur du voyage, c'est la seconde fois seulement qu'il manque à nos Congrès. Des juristes, avocats et professeurs, apportèrent leur concours ; à leur tête, Eugène Pouillet, qui fut notre président pendant plus de dix années et dont la mort, depuis quatre ans, nous laisse encore sous le coup d'une douleur que chaque année ravive. Autour d'eux se sont groupées la plupart des Associations d'écrivains, d'artistes et d'éditeurs, bientôt nous pourrons dire toutes ; chaque année, elles désignent des délégués qui suivent nos travaux et y participent ; elles nous font connaître leurs désirs, elles nous renseignent sur leurs besoins, et l'Association se trouve ainsi, suivant son but, le lien international qu'elle doit être entre tous les intéressés.

Depuis 1878, elle a chaque année son Congrès. Nous sommes allés tour à tour en Angleterre, au Portugal, aux Pays-Bas, en Belgique, en Suisse, en Autriche, en Italie, en Allemagne, en France, en Roumanie.

Dès le Congrès de Rome, l'Association émit le vœu qu'en attendant le progrès des législations intérieures, au lieu d'avoir recours uniquement à des traités particuliers, on élaborât une convention d'union, qui liât par un même texte le plus grand nombre d'Etats et assurât aux auteurs la plus large et la plus simple protection possible ; c'est par l'Association que fut établi l'avant-projet qui servit de base à la convention d'union de Berne et c'est l'Association qui, de Congrès en Congrès, recueillit les matériaux et prépara les esprits pour les revisions de la convention d'union à Paris en 1896, et à Berlin l'an dernier.

En même temps, l'Association mettait à l'étude les nombreuses questions qui se posent dans le domaine de la propriété littéraire et artistique ; elle rédigeait ensuite, d'après l'ensemble de ses travaux, une sorte de projet de loi-type vers lequel il est à souhaiter que toutes les législations convergent pour arriver à l'unification désirable et elle s'efforce d'influer en ce sens sur les lois intérieures.

Pourquoi, dans nos pérégrinations successives, n'étions-nous pas venus encore en Scandinavie ? Ce n'était pas le désir qui nous manquait.

En 1878, les pays scandinaves paraissaient bien loin de nous, bien inabordables, bien étrangers à nos idées. Pourtant, nous avions pris contact.

Dès le début, le journaliste norvégien Bœtzmann avait été des nôtres ; c'est au jour le jour, avec nous, dans une collaboration de plusieurs années, qu'il prépara les travaux d'où sortit la loi norvégienne et qui permirent à la Norvège, en 1896, d'adhérer à la convention d'union. On sait qu'une entente avait été projetée pour élaborer une législation sur le droit d'auteur qui fût commune aux trois Etats scandinaves, ou, tout au moins, des principes qui devraient être adoptés dans les trois législations. C'est à cette occasion que nous entrâmes en relation, au Congrès de Dresde, avec le professeur Torp, qui enseignait à ses élèves de l'Université de Copenhague les principes de la propriété littéraire et avait pris une part active aux travaux de la commission chargée de préparer la loi danoise sur le droit d'auteur.

Mais il y eut un temps d'arrêt dans le progrès des idées, pas bien long, puisqu'en 1902 le Danemark adoptait la nouvelle loi et, ensuite, adhérait à l'Union de Berne, même au texte amélioré par la Conférence de Paris.

Aujourd'hui, le Danemark est prêt à se placer parmi les nations qui accordent aux auteurs la plus large protection de leurs droits. Récemment, il vient, suivant l'exemple de la France, de proclamer, par une loi du 28 février 1908, que les œuvres d'art appliqué à l'industrie sont protégées comme toutes les œuvres d'art, les céramiques de Copenhague comme les tableaux n'ayant d'autre but que d'être accrochés dans des musées ; on comprend mal qu'il ait jamais pu en être autrement dans le pays des Skovgaard, des Krog et des Willumsen.

Cette fois, l'heure était bien venue de tenir un Congrès à Copenhague, particulièrement l'année où, sous la présidence d'un de nos amis chers, Lucien Layus, allait s'ouvrir une Exposition d'art décoratif français.

A Copenhague, nous sommes au seuil de la Scandinavie, c'est là que nous devions venir rendre hommage à l'exemple que le Danemark a donné et exprimer nos vœux aux deux pays voisins, dont l'un est déjà tout gagné à notre cause, dont l'autre, par les amis nouveaux qu'il nous envoie, éveille en nous bien des espérances.

Quelles raisons légitimes pourraient s'opposer à la réalisation de nos vœux ?

Que demandons-nous ? Que l'auteur ne soit plus à la merci d'une aumône ou d'un privilège ; qu'il ait sur les fruits de son travail un droit naturel consacré par la loi et ne dépendant d'aucune formalité ; que ce droit s'applique à toutes les œuvres, quelle que soit leur qualité ; qu'il s'étende à toutes les formes de l'œuvre, que l'œuvre d'art soit reproduite par la gravure, par la photographie, que l'œuvre littéraire soit reproduite en traduction, que le roman soit adapté au théâtre, que l'œuvre dramatique soit reproduite par le cinématographe, l'œuvre musicale par le phonographe.

Le droit de traduction a été souvent, jusqu'ici, la pierre d'achoppement pour le progrès des législations ; il vient d'être proclamé sans restrictions par la Conférence de Berlin, mais tous les Etats ratifieront-ils ?

Cependant, quoi de plus juste ? Partout on reconnaît à l'auteur d'un tableau le droit exclusif de le faire graver ; la traduction est analogue à la gravure de l'œuvre, elle en permet la jouissance à une catégorie plus étendue de personnes, celles qui n'ont pas le bonheur de voir l'œuvre originale, de lire dans le texte primitif ; traduire sans autorisation, c'est porter atteinte à la pensée de l'auteur, qui risque d'être déformée dans cette translation, c'est priver l'auteur du bénéfice, à l'étranger, de l'exploitation de son œuvre.

La seule raison que l'on donne pour restreindre le droit de traduction, c'est que le public a besoin de connaître la littérature étrangère, et que pour cela il faut que les éditeurs puissent s'en emparer. C'est une illusion ; jamais le droit de l'auteur sur la traduction n'empêchera la diffusion de l'œuvre, au contraire, elle la facilitera. Ce n'est pas le droit à payer à l'auteur qui augmentera, pour le public, le prix de l'exemplaire. M. Hoel (de Christiania) l'a admirablement montré dans une note qui sera soumise au Congrès ; la baisse de prix qui s'est produite dans ces dernières années, le développement des éditions à 1 franc, s'est porté sur les œuvres qui font l'objet d'un droit exclusif de reproduction, comme sur les œuvres du domaine public. Les causes de diffusion d'une œuvre à l'étranger sont tout à fait indépendantes de la liberté de traduction.

Les œuvres danoises, comme les suédoises, sont presque toujours traduites et deviennent populaires en Allemagne, certaines presque au même titre que les œuvres nationales, il en fut ainsi pour Œhlenschlœger, il en est de même pour Gustave Wied, un des auteurs comiques le plus appréciés à Berlin (1) ; elles ne le sont pas moins lorsque l'éditeur doit rétribuer l'auteur, et l'éditeur a intérêt à éditer, parce qu'il sait trouver des lecteurs en Allemagne pour la littérature danoise. Si les œuvres de qualité inférieure passent moins d'une langue à l'autre, tant mieux, ce n'est pas de celles-ci que le public a besoin ; le droit exclusif de traduction réservé à l'auteur sera particulièrement bienfaisant au public s'il sert, en quelque sorte, de filtre pour retenir la médiocrité de la production étrangère.

En France, le doute dans lequel on pouvait être sur le droit des auteurs danois n'en a pas multiplié les traductions et ne leur a pas trouvé un public. Tandis que les œuvres des artistes danois sont universellement répandues, votre littérature reste fermée à quiconque ne lit pas le danois ou l'allemand.

Qui ne connaît les céramiques de la manufacture royale de Copenhague ou de Birg et Frondael ? Elles sont une joie dans nos maisons, elles y apportent par la beauté de la matière, par la douceur harmonieuse des tons, par la sobriété des décors, par la grâce des formes ou la sérénité des lignes, quelque chose du charme de votre contrée et de votre race.

Vos peintres, les Otto Bache, les Tuxen, les Viggo Johansen, les Hammersjöh, on les connaît en France parce qu'ils y sont venus à l'école de l'indépendance, s'y sont habitués à voir par leurs yeux et ont longtemps exposé à la Société des Artistes Français ou à la Nationale.

Fröhlich, avant d'être un de vos peintres d'histoire, fut, pour les petits Français, l'illustrateur de *Mademoiselle Lili*, de la *Comédie enfantine*, et un des dessinateurs préférés de la maison Hetzel, de cette collection qui fut et qui demeure une des jolies de l'enfance.
son Hetzel, de cette collection qui fut et qui demeure une des joies de l'enfance.

Par Kroyer, nous connaissions l'ensorcellement des nuits bleues de votre pays, telles que cette douce nuit que nous goûtions hier ; les *Pêcheurs de Skagen* étendus sur la grève, dans cette lumière qui nous semblait de rêve et que nous savons vraie, sont pour nous des images chères, des vieux amis dont nous ne perdons pas la mémoire.

Il suffit de venir à Copenhague et l'on fait vite connaissance avec les Eckersberg, les Marstrand, les Zartman, avec tous ces artistes qui, par les moyens dont ils disposaient alors et qui nous paraissent peut-être un peu rudimentaires aujourd'hui, ont fait comprendre, eux aussi, les aspects et les coutumes de leur pays. Thorwaldsen serait qualifié maintenant de sculpteur mondial, et, dans le temple qui lui a été élevé à Copenhague, on évoque des souvenirs de tous les musées d'Europe ; Sinding, un de vos compatriotes d'adoption, a conquis un peu partout des admirateurs, qui s'éprendront ici de

(1) On a joué cette saison à Berlin de nombreuses pièces danoises : outre le répertoire de Gustav Wied (surtout 2×2=5 et *Thummelümsen*), plusieurs pièces danoises, entre autres *Le Mariage pendant la Révolution*, de Sophie Michaelis, *le Testament de Tante Cramer*, de Edgar Hoyer.

Terre Maternelle, et la Société des Artistes Français n'a point été avare de ses récompenses pour les sculpteurs suédois.

L'hôtel de ville de Copenhague glorifie, à tous les yeux, son architecte, Nyrop, et tant de monuments et de maisons de styles divers témoignent de l'abondance et de l'originalité de l'architecture danoise.

Des œuvres de Niels Gade sont demeurées au répertoire de nos concerts ; des comédiennes, des chanteuses, ont fait admirer une grâce et un art, dont la saveur était particulière.

Quant à la littérature danoise, faute de traductions, elle n'a guère été lue en France.

Un seul écrivain danois y est populaire, mais c'est uniquement par ses contes. Il est à remarquer que la littérature qui doit plaire aux enfants pénètre plus facilement d'une langue à l'autre. La jeunesse de tous les pays vit dans la familiarité des mêmes personnages légendaires : c'est don Quichotte, un Espagnol, Gulliver et Robinson Crusoë, des Anglais, le baron de Münchhausen, un Allemand ; les contes de Grimm, les contes d'Hoffmann, les contes de Perrault ont empli toutes les imaginations enfantines.

Les contes d'Andersen ont eu la même fortune. Il n'est pas de pays où les petits n'aient rêvé d'être le jeune garçon, incompris de ses parents, qui revient en homme de génie au foyer familial ; toutes les fillettes ont pleuré avec la petite Sirène, préludant par ces sanglots-là aux chagrins d'amour de leur jeunesse ; les grands et les grandes ont eu dans l'œil le fragment du miroir qui ne laisse plus voir que la laideur des choses et oblige à dire aux gens ce qui peut leur être le plus désagréable, beaucoup l'ont gardé toujours.

Xavier Marmier, par ses études scandinaves, a donné, un temps, la curiosité de lire les comédies de Holberg et les tragédies d'Œhlenschlæger, mais ce fut une curiosité vite passée et qui ne laissa pas de trace, faute d'éditions courantes.

Depuis que la protection internationale s'affermit, les traductions sont plus fréquentes et se font dans des conditions plus favorables ; les éditeurs importants publient plus volontiers des traductions en se préoccupant de la valeur de l'œuvre, de la qualité de la traduction, et font des efforts de lancement parce que, munis de l'autorisation de l'auteur, ils sont assurés d'un monopole et bénéficieront plus longtemps du succès de l'œuvre, tandis que, sous le régime de la liberté de traduction, sauf les cas où l'attention publique a été fortement attirée par la presse, ce sont le plus souvent des éditeurs de moindre importance qui publient des traductions, en rémunérant peu le traducteur, qui travaille à la hâte, pas du tout l'auteur, et sans avoir les moyens d'action nécessaires pour faire connaître, comme il le faudrait, des écrivains nouveaux et étrangers ; actuellement, avec le prurit d'écriture qui gagne tout le monde, hommes et femmes, avec l'amoncellement des publications, l'absence de véritable critique littéraire, il faut un effort vigoureux ou une autorité acquise pour imposer un livre au public.

Deux ouvrages récents ont été traduits avec succès : le *Molière* de Karl Mantzius et le *Saint François d'Assise* de Johannes Jœrgensen ; l'un, précieux pour les Moliéristes, car Molière était traité, — et cela est neuf — surtout en homme de théâtre par un homme de théâtre : l'autre qui avait un public tout prêt de fervents du

Poverello, et la publication de l'œuvre religieuse de Jœrgensen éveillait des traducteurs pour ses œuvres profanes (1). D'Edouard Brandès on a pu lire ou voir quelques pièces.

Mais qui connaît en France Jens Peter Jacobsen, l'auteur de *Niels Lyhne* et de *Marie Grubbe*, l'écrivain sincère et poignant qui a conté tous les espoirs de la jeunesse, toutes les désillusions de l'âge d'homme, tout le néant de la vie, et qui sait rendre, comme pas un autre, le mystère de la réalité ! Une traduction française de *Niels Lyhne* a paru, elle se perdit dans le tas des livres ignorés.

D'Hermann Bang, quelques-uns ont pu lire *Tine*, un roman de rut, de sang et de nerfs, un roman à la Zola, où la nature fait son œuvre de vie au milieu des désastres de la guerre ; si d'autres traductions ont été faites des ouvrages abondants et passionnants du même auteur, elles ne sont pas faciles à découvrir.

L'exemple le plus caractéristique est celui de Georges Brandès. Voilà un admirable critique dont l'influence a été prodigieuse dans les pays scandinaves ; il a écrit la seule histoire générale que nous ayons, de la littérature au dix-neuvième siècle, il a tout su, tout compris ; il a été le propagateur des idées modernes avec ardeur, avec enthousiasme, avec violence, avec l'intensité du printemps danois, feuilles et fleurs tout ensemble, il a écrit d'inoubliables portraits des grands penseurs de ce temps. Certes, son nom est fort illustre en France, on sait la portée de son œuvre, on le connaît par des polémiques, on le fête ; mais demandez à lire ses livres en traduction française, vous trouverez un seul volume de ses « Grands courants de la littérature au dix-neuvième siècle », quelques publications de moindre importance et c'est à peu près tout.

Et dans les pays où on traduit ses ouvrages sans son autorisation et sans lui payer de redevance, il a parfois à se plaindre des traducteurs plus que du silence ; ils vont jusqu'à lui donner l'amère surprise de contempler sous son nom et sous un titre imprévu un ouvrage qu'il n'a point écrit et qui n'est qu'une compilation de fragments de ses œuvres.

Lorsque le droit de traduction sera partout reconnu, l'auteur n'en retirera pas seulement un profit pécuniaire, il en aura le profit moral, il pourra contrôler les traductions et faire respecter sa pensée.

Voilà ce que nous allons partout répéter, ce que partout, peu à peu, nous obtenons.

Notre cercle d'amitiés s'agrandit chaque année.

L'Association ne fut, à l'origine, qu'un groupe français autour duquel s'étaient réunies quelques personnalités étrangères. Tour à tour, en Belgique, en Italie, en Allemagne, aux Pays-Bas, en Roumanie, nos forces se multiplièrent, les adhérents nous vinrent en groupes, les principales Associations nationales d'écrivains, d'artistes, de journalistes, se joignirent à nous.

Le gouvernement belge nous invita, en 1885, à tenir un Congrès à Anvers, pour étudier le projet de loi qu'élaborait le Parlement et

(1) Une traduction du roman *Eve* a paru dans le *Journal des Débats*.

qui allait devenir la loi belge de 1886, inspirée, dans sa forme définitive, par l'admirable mémoire qu'avait écrit Eugène Pouillet comme rapporteur de l'Association.

La plupart de nos idées ont pénétré dans la récente législation allemande sur le droit d'auteur et sur les œuvres des arts figuratifs, par l'heureux effort de notre ami Osterrieth.

Le projet de loi italien, qui sera bientôt soumis au Parlement, a été rédigé par deux de nos collaborateurs fidèles, Augusto Ferrari, Moïse Amar, et a pour base notre projet de loi-type.

Le projet de loi déposé par le gouvernement roumain au lendemain de notre Congrès de Bucarest et arrêté momentanément par les troubles agraires qui eurent pour conséquence la démission du ministère, était dû à l'un des nôtres, Trandafir Djuvara.

Parmi ces hommes de diverses nationalités et de professions diverses, une entente amicale se forme dans le travail en commun vers un même but, les idées s'échangent, se modifient au contact les unes des autres, l'unification se fait, entre eux, qu'ils réaliseront ensuite dans leurs pays respectifs.

Si le Congrès d'aujourd'hui a la réussite que nous souhaitons, ce sont de nouveaux collaborateurs, de nouveaux amis, que nous aurons laissés après nous dans les pays scandinaves.

En tous cas, nous repartirons, fidèlement attachés à la nation danoise, gagnés déjà par votre accueillante hospitalité.

Ce n'est pas en vain que tous ces Congrès se succèdent ; ils produisent leurs effets au delà du but directement visé. Ces voyageurs, qu'ils mettent en mouvement, apprennent à comprendre et apprécier des races qui leur étaient étrangères, sont soustraits peu à peu à l'égoïsme étroit des nationalités, sans rien perdre, pour cela, de l'amour du sol natal ; leur patriotisme ne s'éteint pas, il est désormais plus conscient, moins tracassier, il se dégage de toute morgue et respecte le patriotisme des autres ; le désir s'éveille de connaître la littérature des pays où l'on vient, cela rénove et vivifie le fonds commun des traditions nationales, en facilitant l'essor des originalités ; ces artistes, ces écrivains, ces juristes, ces diplomates, arrivés en curieux, s'en retournent un peu autres, le souvenir qu'ils emportent crée d'invisibles liens et ils deviennent, presque sans le vouloir, presque sans le savoir, d'utiles messagers de la paix.

Ce rôle pacifique des Congrès, on ne saurait le célébrer mieux que dans ce pays du Danemark, qui a, dans son passé, souffert si profondément et si longuement de la guerre, et qui, dans ces quarante dernières années, sous un chef vénéré de tous et dont la tradition n'a pas faibli entre les mains de son fils, est devenu un des plus puissants foyers d'où rayonne la paix à travers le monde.

M. André Taillefer, secrétaire général, a alors donné lecture de la liste des délégués désignés par les gouvernements pour suivre les travaux du Congrès et des délégués des Associations et Sociétés. (V. *supra*, p. 7 et 8.)

Puis, MM. Chaumat, délégué du ministre de la justice de France, Wauwermans, délégué du gouvernement belge,

Gunther, délégué du gouvernement suédois, ont successivement pris la parole et dit l'intérêt que prenaient leurs gouvernements aux travaux du Congrès, les vœux qu'ils formaient pour la protection internationale, toujours plus étendue et plus efficace, des auteurs et des artistes.

M. Albert Osterrieth, au nom des congressistes allemands, s'exprime ainsi :

Euere Majestät ! Im Namen der Deutschen Teilnehmer des Kongresses bringe ich Euerer Majestät unseren ehrfürchtvollsten Dank dar für das wohlwollende Interesse, das Euere Majestät durch Ihre Anwesenheit für die Bestrebungen des Kongresses und für den Internationalen Schutz der Autoren bekunden.

Empfindungen eigener Art müssen einen Deutschen beschleichen, wenn er auf Dänemarks Boden einem Kongress beiwohnt, der dem Ausbau des internationalen Schutzes der Urheber gewidmet ist. In dem unvergleichlichen Museum heimatlicher Geschichte, im Schlosse Rosenborg, finden wir die Bildnisse zweier dänischen Herrscher, deren Namen mit der Geschichte der Deutschen Literatur eng verknüpft sind. Dank der Hochherzigkeit Friedrichs V. hat unser Klopstock, von dringender Sorge um seine Existenz befreit, seine ganze Kraft dem grossen Werke seines Lebens, dem Messias, widmen können. Und unser Schiller hat in Zeiten der Not und der Krankheit von dem Kronprinzer Frederik, dem späteren König Friedrich VI, eine in warmherziger und zartester Weise dargebotene Hilfe erfahren, die ihm Kraft und Mut zu weiterem Schaffen gab.

Solange die Namen Klopstock und Schiller an unserem Dichterhimmel leuchten, wird im Herzen des deutschen Volkes das Gefühl des Dankes für diese beiden dänischen Herrscher fortleben.

Mit diesem Dank mischt sich das Gefühl des Schmerzes, dass vor kaum hundert Jahren unsere Dichter und Künstler derart recht-und schutzlos waren, dass ihre Schöpfungen, die inzwischen Gemeingut des Volkes geworden sind, ihnen nicht einmal das Nötige zum Leben eintrugen. Ob es Klopstock und Schiller besser gegangen wäre, wenn es in jenen Zeiten schon ein Urheberrecht gegeben hätte, will ich nicht sagen, aber das können wir aussprechen, dass heute die Schätzung des Schriftsteller, Komponisten und Künstler eine andere geworden ist, das ihr ideales und materielles Interesse an ihren Werken richtig erkannt und geschätzt wird, und dass der geistige Schöpfer heute von der Gesamtheit des Volkes als sein gutes Recht fordern kann, was ihm vor Zeiten die Gunst weitblickender und hochherziger Fürsten gewährte.

Diese Erinnerungen müssen uns anfeuern, alle Kräfte an den Ausbau des Urheberrechts zu setzen. Dass Sie uns hier für diese gemeinsame Arbeit eine gastliche Stätte geboten haben, dafür danken wir Ihnen alle von Herzen. Unser Dank richtet sich an den Ausschuss, der diesen grossartigen Empfang vorbereitet hat, an die Königliche Regierung, die uns einen so warmen und verständnisvollen Willkommen geboten hat, und an Herrn Georg Brandes, dessen wundervoller Vortrag uns zeigt, dass wir hier ein reges Interesse für unsere Sache und die aufrichtige Bereitschaft finden, gemeinsam mit uns an dem grossen Werke zu arbeiten.

M. ERNEST RÖTHLISBERGER, délégué du Bureau international de la propriété intellectuelle à Berne, pense que ce n'est certainement pas sans malice que le Comité d'organisation du Congrès a fixé cette session de l'Association Littéraire et Artistique Internationale au lendemain du solstice d'été, comme s'il voulait convier le Congrès d'avance à mettre beaucoup de jour dans ses délibérations et à ne voir pas trop sombre dans ses critiques et ses réclamations :

« Puisque la lumière envahit si puissamment le domaine de la nuit, à laquelle elle enlève, du reste, toute frayeur, il y a doublement lieu de rappeler le rôle bienfaisant et lumineux joué par le Danemark en ce qui concerne la protection du patrimoine le plus noble de l'effort intellectuel humain. Le Danemark a été le berceau de la réciprocité en matière de droit d'auteur ; c'est lui qui, le 7 mai 1828, a proclamé officiellement, et sur un terrain franchement international, ce principe fécond que la Suisse avait introduit tout d'abord, en 1709, dans sa législation, mais que des événements politiques adverses ne lui permirent pas d'établir. Aussi, dans les annales mémorables de la propriété intellectuelle, où brillent les dates de 1709, 1793, 1852 et 1886, l'année 1828 occupe-t-elle une place d'honneur que je ne manque jamais de signaler, dans mes cours universitaires, avec un sentiment particulier de receuillement et de reconnaissance ; cette année désigne l'œuvre de souverains éclairés, la conquête d'un petit pays qui a introduit une maxime heureuse dans le droit européen, de même qu'il a scellé, dès le 27 novembre 1879, dans sa capitale, l'entente des trois pays scandinaves pour la défense des droits de leurs auteurs, et notamment pour la reconnaissance complète du droit de traduction quant aux trois langues nationales. Cette sorte d'union restreinte mise en vigueur dès le commencement de 1880 a ainsi été la devancière de l'Union internationale de 1886, qui abrite aujourd'hui seize Etats, et dont le bureau international de Berne est le gardien permanent. »

L'orateur salue ensuite chaleureusement le peuple danois, en sa qualité de Suisse et de représentant de l'Association de la presse suisse, qui, dans son pays, réunit fraternellement journalistes, littérateurs, écrivains et éditeurs :

« Vous vous rappelez le récit émouvant que, dans l'immortel *Tell* de Schiller, Stauffacher fait, au *Rütli*, de ce que la légende conte au sujet de la patrie primitive du peuple suisse : « du Nord, de ces parages, est descendu un peuple fier et rude, qui a trouvé au pied des Alpes une nouvelle patrie, une nature âpre et sauvage, il est vrai, mais que la volonté des immigrants a su dompter ». Cette légende interprète des affinités secrètes de langue et de caractère, des conceptions communes du problème de la vie. Vos poètes, Baggesen surtout, ont glorifié, par un merveilleux instinct de divination, nos montagnes et nos sites ; ils nous ont révélé des beautés et des trésors d'émotions sentimentales que nous étions en partie à ignorer encore ; ils ont vivifié et fortifié nos esprits et nous ont fait ainsi du bien, car c'est par un travail de saine émulation dans les choses de l'intelligence que les petits peuples, tels que le Danemark et la Suisse, affirment leur droit à l'existence et leur utilité dans la vie internationale, si souvent troublée. A cet égard, le Danemark et la Suisse, qui entendent être des neutres et s'abritent sous les mêmes couleurs nationales, se sentent solidaires.

« Le salut de la Suisse va donc au Danemark, pays d'exploitation sage des forces naturelles de la terre et d'échanges internationaux intenses de produits, pays d'instruction générale, point de départ du mouvement universitaire populaire, nation dont la production intellectuelle est particulièrement riche et qui, par une discipline morale volontairement et librement acceptée, est un centre de propagande d'idées progressives, salutaires pour l'humanité tout entière. »

La séance d'inauguration a pris fin à onze heures trois quarts.

Le Secrétaire général :

ANDRÉ TAILLEFER.

PREMIÈRE SÉANCE DE TRAVAIL

Mardi 22 juin 1909, après midi

La séance est ouverte à midi et demi sous la présidence de M. GEORGES MAILLARD.

Le PRÉSIDENT propose au Congrès, avant d'aborder l'ordre du jour, de constituer le bureau.

M. TAILLEFER, secrétaire général, propose de désigner comme membres du bureau :

Présidents : MM. TORP (Danemark), GEORGES MAILLARD (France), OSTERRIETH (Allemagne), WARBURG (Suède).

Vice-présidents : MM. GRUNDVIG (Danemark), MINTZ (Allemagne), BOISSEAU, JOUBERT, DE CAILLAVET, LAYUS (France) ; CASTORI (Italie), AXEL RAPHAEL (Suède).

Secrétaire général : M. ANDRÉ TAILLEFER.

Secrétaires : MM. BOBÉ, GLAHN (Danemark), MITTELSTAEDT (Allemagne), BONNEFOUS, DUPONT-ROUCHER (France).

Cette liste est adoptée par acclamations.

Le SECRÉTAIRE GÉNÉRAL donne lecture au Congrès de différentes lettres d'excuses, notamment de MM. RODIN (1), GEORGES LECOMTE, président de la Société des Gens de Lettres de France ;

(1) *Extrait de la lettre de M. Rodin :* « Je suis très heureux que vous ayez « réussi à organiser le Congrès de Copenhague avec l'appui de M. Jacobsen : « je vous souhaite bonne chance et grand succès. Il ne me sera pas possible « malheureusement de me joindre à vous à cause de mes occupations et enga- « gements. »

Duhem (1), de la Société Nationale ; Nénot, président de la Société des Artistes français : Constant, Harmand, Couyba, sénateur ; Karl otto Isidore Bonnier.

M. BOISSEAU, au nom de M. Nénot et de la Société des Artistes français, fait la déclaration suivante :

Messieurs,

M. Nénot, président de la Société des artistes français, membre de l'Institut, m'a prié de vous exprimer tous ses regrets de n'avoir pu se rendre personnellement au Congrès de Copenhague, pour prendre part à l'étude des questions qui sont soumises au jugement de l'imposante et solennelle assemblée qui se trouve réunie ici ; mais il a accepté avec empressement le titre de Président d'honneur qu'a bien voulu lui conférer l'Association.

La Société des artistes français, qui suit avec grand intérêt les importants travaux de l'Association Littéraire et Artistique Internationale, a voulu répondre à l'invitation qui lui a été faite par son estimable et dévoué Président, Mº Maillard ; aussi, à défaut de son Président, le Comité m'a-t-il chargé, en ma qualité de Vice-Président, ainsi que mon collègue Gustave Michel, Président du Jury de sculpture du Salon de cette année, de suivre les études des intéressantes questions présentées au Congrès.

Nous sommes très flattés de remplir cette mission, qui nous procure l'honneur de l'agréable réception que vous voulez bien faire aux délégués de la Société des artistes français.

Le PRÉSIDENT rappelle en termes émus la mémoire des collègues disparus pendant l'année qui s'est écoulée, et notamment de M. Beaume, avocat à la Cour de Paris, auteur dramatique apprécié, qui fut, pendant de longues années, un fidèle de l'Association ; il propose d'adresser, au nom du Congrès, des télégrammes à Mme POUILLET, en souvenir de notre président inoubliable Eugène Pouillet ; à Jules LERMINA, notre secré-

---

(1) *Extrait de la lettre de M. Duhem :* « J'aurais eu aussi, et d'abord, le vif « plaisir de vous revoir avec vos collaborateurs d'élite et généreux dans la « besogne effective, ayant conservé d'eux et de vous-même le présent souvenir. « J'eusse ensuite, le cas échéant, raconté volontiers, dans un milieu d'art « étranger et sympathique, ce que je pense et ai écrit du maître Rodin auquel « m'unissent des liens de vive amitié. Et enfin, peut-être au nom des nôtres, « eussé-je trouvé les mots aptes à faire sentir aux artistes danois la profonde « confraternité des nôtres ; pour ma part chaque jour les bols de Copenhague « me racontent sur la table leur tendresse compréhensive par le vol d'hiron- « delles bleues dans l'émail bleuté de la rare qualité de celui de nos plus pré- « cieux Rouen.

« Dites-le leur si vous voulez bien, de ma part, comme délégué de la Natio- « nale et puissent ces quelques lignes vous exprimer, comme à vos confrères, « la réalité de mon regret, c'est mon vif désir. Veuillez, s'il vous plaît aussi, « recevoir ici l'affirmation de mes sentiments bien dévoués.

HENRI DUHEM.

taire perpétuel, qui, pour la seconde fois seulement depuis la fondation de l'Association, n'assiste pas au Congrès, et à M. Henri MOREL, directeur du Bureau de la Propriété Intellectuelle à Berne, qu'une fatigue, que tous ses amis espèrent passagère, a empêché de se rendre à Copenhague.

Il en est ainsi décidé (1).

L'ordre du jour appelle l'exposé des résultats de la Conférence de Berlin.

EXPOSÉ DES RÉSULTATS DE LA CONFÉRENCE DE BERLIN

M. ALBERT OSTERRIETH, l'un des délégués de l'Allemagne à la Conférence de Berlin, donne lecture du rapport suivant :

Messieurs,

Le traité d'union pour la protection internationale des œuvres littéraires et artistiques, signé à Berne le 9 septembre 1886, constitue le premier essai d'une loi internationale pour régler les rapports entre les divers pays, au point de vue de la protection des droits des auteurs. Déjà, au moment de la signature de la Convention de Berne, les gouvernements se sont bien rendu compte du fait que la Convention primitive ne pouvait pas être parfaite et qu'elle serait susceptible d'être améliorée dans des intervalles périodiques. Les auteurs de la Convention ont, par conséquent, prévu, dans le traité même, des conférences périodiques, destinées à reviser la Convention et à la développer selon les progrès de la science et les besoins pratiques. La première de ces conférences a eu lieu en 1896 à Paris, seulement huit ans après la mise en vigueur de la Convention. Elle a réalisé des progrès considérables, mais elle n'a pu y apporter des modifications fondamentales. Les effets de la Convention sur la législation des pays unionistes, à cette époque, commençaient seulement à se faire

---

(1) Les dépêches suivantes ont été envoyées au nom du Congrès :

« *Madame Pouillet, rue des Grès, Sèvres (France).*

« Association Littéraire Artistique Internationale, avec une émotion que chaque Congrès renouvelle, adresse à Madame Pouillet son profond hommage. »

« *Jules Lermina, rue Saint-Georges, Paris.*

« Congressistes réunis à Copenhague adressent à leur cher secrétaire perpétuel leurs affectueux souvenirs ; un Congrès où il manque reste toujours incomplet, si brillant soit-il. »

« *Henri Morel, directeur, Neuchâtel (Suisse).*

« Congrès de Copenhague, auquel votre présence eût été si précieuse, vous envoie tous ses vœux de complet rétablissement. »

sentir ; la diversité des lois était encore trop grande pour permettre de faire des progrès réels dans la voie de l'unification du droit d'auteur. Le résultat le plus important de la Conférence de Paris, au point de vue du développement futur, se manifesta dans les divers vœux exprimés par la Conférence et qui devaient indiquer les améliorations dont la réalisation fut confiée à l'avenir.

Depuis 1896, la situation a changé dans beaucoup de pays. De nouvelles lois furent adoptées en Luxembourg, au Japon, en France, en Suède, en Danemark et en Allemagne. Dans toutes ces lois, nous pouvons constater l'influence de la Convention de Berne, la contagion du bien que comportait — selon l'expression de notre président inoubliable, Me Pouillet — l'existence d'un arrangement international dans le domaine du droit d'auteur.

Dans le même intervalle, nous avons pu saluer l'accession du Japon, du Danemark et de la Suède.

Le lieu de la deuxième Conférence de revision devait être Berlin, selon la décision de la Conférence de Paris. Le soin de préparer la Conférence de Berlin a été confié au gouvernement allemand ; il a trouvé, dans l'accomplissement de cette tâche, un concours précieux auprès du Bureau de Berne.

Avant de convoquer la Conférence de Berlin, l'Allemagne a tenu à réformer sa propre législation. Ce travail a abouti aux lois du 19 juin 1901, concernant la protection des œuvres littéraires et musicales, et du 9 janvier 1907, concernant la protection des œuvres des arts figuratifs. Ces deux lois sont empreintes d'idées avancées et libérales. Vous trouverez, d'ailleurs, dans ces lois les traces de l'influence que notre Association Littéraire et Artistique Internationale a exercée, par ses efforts inlassables, dans presque tous les pays de l'Union.

Depuis des années déjà, l'Association avait étudié les améliorations à apporter à la Convention. Le tableau des vœux émis par les divers Congrès et Assemblées, composé par le Bureau de Berne, et qui fut distribué avec une certaine anticipation aux gouvernements des pays représentés à la Conférence de Berlin, prouve dans quelle mesure et de quelle façon complète l'Association a étudié les questions qui offraient un intérêt au point de vue de la revision de la Convention. L'été dernier, les propositions du gouvernement allemand furent publiées. Est-il besoin de vous rappeler que l'Association saisit l'occasion de les examiner et discuter — au Congrès de Mayence — encore en temps utile pour pouvoir soumettre à la Conférence les résultats de ces délibérations. Souvent, pendant les travaux de la Conférence, les propositions et contre-propositions de l'Association furent citées et prises en considération sérieuse.

Les travaux de la Conférence ont pris plus de quatre semaines. Elle fut ouverte le 14 octobre ; le 13 novembre, l'acte de Berlin a été signé. Tous les Etats unionistes, sauf Haïti, étaient représentés à la Conférence. Même cette absence n'a laissé aucun vide, puisque le gouvernement haïtien avait, avant l'ouverture de la Conférence, annoncé au gouvernement allemand qu'il accepterait purement et simplement toutes les résolutions de la Conférence.

Comme aux conférences précédentes, les gouvernements des pays non unionistes avaient été également invités à la Conférence de Berlin. Il est intéressant de constater que les pays suivants se sont fait représenter : l'Argentine, le Chili, la Chine, la Colombie, l'Equateur, les Etats-Unis de l'Amérique, la Grèce, le Guatémala, Libéria, le Mexique, Nicaragua, les Pays-Bas, le Pérou, la Perse, le Portugal, la Roumanie, la Russie, le Siam, l'Uruguay et le Venezuela. Je dois ajouter que plusieurs de ces délégations de pays non unionistes ont profité de l'occasion pour exprimer leur intérêt et leur sympathie pour les travaux de la Conférence, notamment celles des Pays-Bas, de la Russie, des Etats-Unis et de la Grèce.

La Conférence de Berlin a tenu cinq séances plénières, qui ont servi principalement aux délégations présentes à faire des déclarations officielles. Le véritable travail de la Conférence, la discussion des propositions qui lui étaient soumises, a été fait en commission ; en outre, il a été nommé une sous-commission pour l'étude de la question des instruments mécaniques ; une deuxième sous-commission a été chargée de l'examen d'une proposition allemande en vue de la formation d'une caisse de retraite en faveur des fonctionnaires du Bureau de Berne. J'ajoute immédiatement — et je le fais avec une joie particulière — que la Conférence a accepté cette proposition, et que, par cette décision, les Etats unionistes ont assuré l'avenir des fonctionnaires du Bureau de Berne, juste et équitable rétribution des grands services qu'ils n'ont cessé de rendre à la cause des auteurs et des artistes de tous les pays.

La commission a été présidée par M. Renault, qui, en même temps, fut son rapporteur. Il m'est une grande satisfaction de pouvoir rendre, au sein de notre Association, à M. Renault l'hommage de notre admiration et de notre profonde gratitude de la façon intelligente et énergique dont il a dirigé les débats de la commission, et de son rapport magistral, qui restera pour toujours un monument digne de la conférence de Berlin et fait en même temps honneur au pays qu'il a représenté. C'est un hommage que nous rendons en même temps à la France, pays qui, le premier, a proclamé l'idée générale de protéger les auteurs, à quelque nation qu'ils appartiennent, et qui, depuis plus d'un demi-siècle, est resté le porte-drapeau de la grande idée d'une protection uniforme dans tous les pays.

La tâche de la Conférence était difficile et délicate. Le gouvernement allemand, en rédigeant ses propositions, s'était inspiré d'une tendance double : d'un côté, tendance à étendre la protection des droits des auteurs dans la voie de l'unification ; de l'autre côté, tendance à simplifier la protection internationale et à la rendre plus efficace. Or, la diversité des législations des différents pays en général, des particularités s'expliquant par l'évolution historique de la protection des droits d'auteur, la divergence des conceptions juridiques, la nécessité de tenir compte de certains intérêts particuliers, toutes ces circonstances semblaient s'opposer à l'accord désiré, et sincèrement désiré par tous les gouvernements et tous les intéressés. Malgré toutes ces difficultés, la Conférence a réussi à formuler des résolutions qui furent signées par les représentants de tous les pays de l'Union.

C'est un succès dont nous devons nous féliciter, bien que cet accord ait été payé d'un sacrifice, qui peut-être ne trouvera pas l'approbation de tout le monde. Je reviendrai plus tard sur cette question.

La Conférence de Paris avait ajouté à la Convention primitive les actes de Paris, savoir : l'acte additionnel de 1896 et une déclaration interprétative. Pour que les textes à consulter ne fussent pas multipliés par les conférences ultérieures, la Conférence de Paris avait déjà émis le vœu : « Il est désirable que des délibérations de la prochaine Conférence sorte un texte unique de convention. »

La Conférence de Berlin, en se conformant à ce vœu, a rédigé un texte unique, dans lequel ont été refondus le texte de la convention primitive, les actes de Paris et les nouvelles dispositions adoptées à Berlin. Le gouvernement allemand avait, d'ailleurs, déjà soumis à la Conférence le projet d'une convention idéale, qui a servi de base aux travaux de la commission de rédaction.

En vous faisant l'exposé des nouvelles dispositions, adoptées à Berlin, je citerai les articles dans l'ordre de la convention revisée à Berlin, en me reportant, pour plus de clarté, aux articles correspondants de la convention primitive.

La première question qui a occupé la conférence, a été celle de déterminer quelles seront *les œuvres susceptibles de la protection conventionnelle*. L'article premier l'indique : ce sont *les œuvres littéraires et artistiques*. L'article 4 de la convention primitive expliquait la portée de ce terme général par une énumération de diverses catégories d'œuvres. Cette énumération avait des lacunes, dont quelques-unes ont été comblées par la Conférence de Paris ; elle a assuré la protection conventionnelle aux œuvres d'architecture et aux photographies, en tant que la législation intérieure de chaque pays accordait une protection aux œuvres nationales similaires. Une protection analogue — c'est-à-dire déterminée par la législation de chaque pays — était prévue, dans le protocole de clôture de la convention primitive, pour les œuvres chorégraphiques.

A la Conférence de Berlin, le gouvernement allemand proposa d'ajouter à l'énumération de l'article 4 les œuvres d'art appliqué. Cette proposition fut appuyée par la délégation française, qui, de son côté, proposa d'y ajouter encore la formule préconisée depuis longtemps par notre Association : « quels que soient leur mérite et leur destination. » La proposition d'assimiler aux œuvres protégées les œuvres d'art appliqué souleva des objections de la part de la Grande-Bretagne et de la Suisse.

La discussion de cette question a fait surgir une controverse fort intéressante au sujet de la portée de l'énumération de l'article 4 de la convention primitive : cette énumération a-t-elle un caractère impératif dans ce sens que les œuvres y mentionnées doivent être protégées dans tous les pays, que la législation intérieure leur accorde une protection ou non ? ou faut-il admettre que la protection intérieure de ce pays prévoit une protection pour la même catégorie d'œuvres ? Chacune de ces deux thèses a été soutenue à la conférence. D'un côté, on a fait remarquer que l'énumération des œuvres protégées serait sans aucun intérêt pratique et illusoire si leur protection devait dépendre de la loi de chaque pays ; de l'autre côté, on a demandé quelle serait la sanction de la protection conventionnelle d'une œuvre, si la loi intérieure se refusait à la reconnaître comme susceptible de protection. Je résiste, messieurs, à la tentation d'entamer l'examen de cette question si intéressante, car l'échange des diverses opinions à la Conférence de Berlin a eu l'heureux résultat de la résoudre d'une façon nette et précise. L'énumération des œuvres susceptibles de la protection conventionnelle — énumération qui figure à l'article 2 de la convention revisée — aura, selon la décision de la Conférence, un caractère impératif. Le paragraphe 3 de l'article 2 dit expressément : « Les pays contractants sont tenus d'assurer la protection des œuvres mentionnées ci-dessus. » Cela implique, pour chaque pays, l'obligation de compléter sa législation si celle-ci ne contient pas la sanction nécessaire pour réaliser la protection.

C'est un résultat que nous avons toute raison de saluer avec joie ; mais, hélas ! cette solution heureuse a une conséquence déplorable : les œuvres d'art appliqué ont été exceptées de l'énumération ayant un caractère impératif. J'ai déjà indiqué que la Suisse et la Grande-Bretagne s'opposaient à mentionner les œuvres d'art appliqué parmi les œuvres protégées. La délégation britannique a expliqué son attitude en disant que la plupart des œuvres que visait l'expression « d'art appliqué » ne rentraient pas dans le domaine de l'art, qu'elles constituaient des créations industrielles, dont la protection était assurée, même internationalement, par les lois et par les traités concernant les dessins et modèles industriels. Je me suis proposé de m'abstenir dans mon exposé de toute critique. Je me permettrai cependant de faire remarquer qu'il y a certainement eu à Berlin un malentendu entre la délégation britannique et les délégués des autres pays, au point de vue de la portée de l'expression « art appliqué ». L'adjonction aux œuvres protégées des œuvres de l'art appliqué était devenue nécessaire dans plusieurs pays, — je cite la France et l'Allemagne — parce que leur jurisprudence ou la loi refusait une protection aux créations artistiques qui avaient une destination industrielle ou qui constituaient un objet d'usage. Pour supprimer cette restriction, on a dû étendre la protection à toute œuvre qui révèle un caractère artistique, quelle que soit sa destination, sans vouloir d'ailleurs attribuer le caractère d'une œuvre d'art à des créations industrielles qui ne sont pas du domaine des arts figuratifs. En Grande-Bretagne, une semblable restriction n'existe pas : les lois anglaises permettent déjà aujourd'hui de protéger, par exemple, une peinture appliquée à une assiette ou une sculpture formant un objet d'éclairage, ce qui n'était pas le cas en Allemagne, avant la nouvelle loi de 1907. Il est vrai que la délimitation des œuvres d'art appliqué et des dessins et modèles industriels est encore sujette à discussion ; mais, jusqu'au moment où nous aurons une réglementation internationale au point de vue de la protection des dessins et modèles industriels, cette question sera réglée par la loi ou la jurisprudence de chaque pays. Il me semble, par conséquent, que la législation britannique actuelle ne formerait pas obstacle à ce que la Grande-Bretagne acceptât d'insérer les œuvres d'art appliqué dans l'énumération ayant un caractère impératif, puisque les tribunaux anglais pourraient toujours décider qu'un simple dessin industriel dépourvu d'un certain caractère artistique ne constitue pas une œuvre d'art appliqué ; cette interprétation serait d'autant plus admissible que la Conférence de Berlin n'a pas pu se décider à accepter l'adjonction de la formule : « quels que soient leur mérite et leur destination. »

Si nous regrettons la place à part qui a été faite à l'art appliqué, nous pouvons nous féliciter, d'un autre côté, de ce que l'*architecture* ait trouvé la place qui lui revient (c'est-à-dire entre la peinture et la sculpture) ; la délégation suédoise seule a formulé une réserve à ce sujet, tandis que la Société des architectes danois diplômés par le gouvernement et les présidents des Sociétés de Bergen, Christiania et Trondhjem, ont adressé une pétition à la conférence, demandant la protection complète des œuvres d'architecture.

Les œuvres *photographiques* ont également obtenu une protection complète : l'article 3 dit expressément que : « les pays contractants sont tenus d'en assurer la protection. »

En ce qui concerne les œuvres *chorégraphiques*, le gouvernement allemand avait proposé de les protéger, en tant que leur mise en scène serait fixée par écrit. La délégation italienne s'étant opposée à cette dernière restriction, on est tombé d'accord pour assurer une protection complète à toutes « les œuvres chorégraphiques et aux pantomimes dont la mise en scène est fixée par écrit *ou autrement* ».

Des œuvres chorégraphiques, il n'y a qu'un pas pour arriver à une catégorie d'œuvres qui, jusqu'à présent, ne figuraient pas encore parmi les œuvres littéraires et artistiques, mais qui, néanmoins, offre un intérêt particulier. Sur la proposition de la délégation française, la Conférence de Berlin a accepté d'insérer dans l'article 14 la disposition suivante : « Sont protégées comme œuvres littéraires ou artistiques, les *productions cinématographiques* lorsque, par les dispositifs de la mise en scène ou les combinaisons des incidents représentés, l'auteur aura donné à l'œuvre un caractère personnel et original. Cette résolution de la Conférence nécessitera probablement dans tous les pays une modification de la législation intérieure : ce sera par le cinématographe ; nous aurons à étudier la protection de la mise en scène d'une pièce de théâtre, d'un spectacle de théâtre de variétés, de music-hall, d'un spectacle hippique, du jeu d'un acteur ; nous aurons à étudier les rapports entre la protection de la mise en scène et la protection de la voix du chanteur ou de la récitation de l'auteur. C'est un terrain neuf à déblayer et à préparer pour y cultiver les droits d'auteur.

Jusqu'à présent, nous ne nous sommes occupés que des œuvres originales. Suivant une proposition allemande, la Conférence a inséré dans la Convention une disposition établissant le principe — reconnu d'ailleurs dans toutes les législations — que les *reproductions* d'une œuvre qui en elles-mêmes ont un caractère personnel, littérature ou artistique, jouissent de la même protection que des œuvres originales. Le paragraphe 2 de l'article 2 de la Convention revisée cite expressément : « les traductions, adaptations, arrangements de musique et autres reproductions transformées d'une œuvre littéraire ou artistique ».

La Convention primitive ne mentionnait que les traductions, et encore seulement les traductions licites. La Conférence de Berlin a supprimé le mot « licites », de sorte que la protection sera accordée, que la reproduction ait été faite avec ou sans l'autorisation de l'auteur de l'original.

Enfin, la Conférence a ajouté aux œuvres protégées *les recueils de différentes œuvres*, c'est-à-dire des œuvres littéraires qui forment un ensemble et qui, dans le choix et l'arrangement des pièces, constituent une œuvre personnelle. La Conférence n'a fait que confirmer un principe reconnu dans tous les pays.

En ce qui concerne les *personnes* qui peuvent invoquer la protection conventionnelle, la Conférence de Berlin n'a apporté aucun changement à l'état actuel. Comme auparavant, ce seront les auteurs ressortissant à l'un des pays de l'Union et les auteurs ne ressortissant pas à l'un des pays de l'Union, mais qui publient pour la première fois leurs œuvres dans un de ces pays, qui jouiront de la protection. Les auteurs ressortissant à l'un des pays de l'Union seront protégés pour les œuvres non publiées et les œuvres publiées pour la première fois sur le territoire de l'Union. Il est vrai que la délégation belge, par la voix de notre distingué ami, M. de Borchgrave, avait proposé, en ce qui concerne les auteurs unionistes, d'écarter la condition que l'œuvre soit publiée pour la première fois sur le territoire de l'Union. « Mais il a paru, dit M. Renault dans son rapport, que la convention était assez libérale et qu'il fallait au moins que le territoire de l'Union eût l'avantage d'une publication à laquelle elle assure une protection efficace, sans compter que la modification proposée aurait pour résultat de favoriser les éditeurs des pays non unionistes ».

Par contre, la Conférence a tenu à préciser la situation des auteurs d'œuvres publiées simultanément dans un pays étranger à l'Union et dans un pays de l'Union. Suivant une proposition britannique, la Conférence a décidé que dans un cas pareil le pays de l'Union serait considéré comme pays d'origine, de sorte que le fait de publier l'œuvre en même temps en dehors de l'Union ne privera pas l'auteur de la protection.

Nous abordons maintenant la question de savoir quelle sera la *nature et l'étendue de la protection* accordée en vertu de la convention. A ce point de vue, des modifications importantes ont été apportées à la Convention primitive.

Je parlerai d'abord des *principes généraux* s'appliquant à toutes les catégories d'œuvres. Le principe fondamental de la Convention actuelle est celui de l'assimilation de l'auteur unioniste aux nationaux, et, par conséquent, l'application de la loi territoriale. Ce dernier principe subit, actuellement, une exception : la protection conventionnelle est subordonnée au fait que l'œuvre soit protégée au pays d'origine. Il est vrai que la Convention primitive (art. 2) ne fait dépendre la protection que de l'accomplissement des formalités et conditions prescrites au pays d'origine ; mais dans presque tous les pays, l'application de la loi du pays d'origine est encore requise au point de vue des éléments constitutifs de l'œuvre, de sorte qu'une œuvre qui n'est pas protégée au pays d'origine est dépourvue de protection dans les autres pays.

Abstraction faite des conditions de protection, c'est la loi territoriale qui régit la protection. Le principe de l'application de la *loi territoriale* a été maintenu et même étendu. La Conférence de Berlin, sur la proposition du gouvernement allemand, a supprimé, dans le régime de la convention, toute nécessité de l'accomplissement d'une formalité quelconque ; elle a établi le principe de l'indépendance de la protection. L'alinéa 2 de l'article 4 de la Convention revisée dit expressément : « La jouissansce et l'exercice de ces droits ne sont subordonnés à aucune formalité ; cette jouissance et cet exercice sont indépendants de l'existence de la protection dans le pays d'origine de l'œuvre. » Cette modification importante d'un principe fondamental de la convention a été introduite principalement pour des considérations d'ordre pratique. La nécessité de prouver l'existence d'une protection dans le pays d'origine forme souvent un obstacle à la poursuite de contrefaçons dans les autres pays, notamment lorsqu'il s'agit d'une œuvre provenant d'un pays où la loi ne contient pas une clause spéciale relative aux éléments constitutifs de l'œuvre et où il faut recourir à la jurisprudence — souvent variable et contradictoire — pour connaître les principes du droit applicable dans l'espèce. Ces considérations l'ont emporté sur les objections du gouvernement espagnol, selon lequel « on conçoit mal l'absence de protection dans le pays d'origine, se combinant avec une protection dans les autres pays ».

Dans l'idée du gouvernement allemand, le principe de l'indépendance de la protection devait s'appliquer aussi bien aux conditions de la naissance du droit qu'à son maintien. Cependant, la Conférence y a apporté une restriction, qui, d'ailleurs, avait été déjà indiquée par le Congrès de Mayence de notre Association. Les délégations française, belge, italienne et suédoise ont déclaré ne pas pouvoir accepter l'indépendance au point de vue de la durée du droit, si la *durée de protection* ne devait pas être réglée d'une façon uniforme pour toute l'Union ; elles ont combiné avec cette objection la proposition d'adopter comme durée uniforme le délai de cinquante ans après la mort de l'auteur. La réalisation de cette proposition nécessiterait une modification fondamentale de la législation des pays à durée plus courte : ces pays sont l'Allemagne, la Suisse et le Japon, — où la durée est fixée jusqu'à trente ans après la mort de l'auteur — et la Grande-Bretagne, où les délais de protection varient selon les différentes catégories d'œuvres et sont encore bien plus courts. Une pareille modification de la législation intérieure ne pourrait s'effectuer sans l'approbation du Parlement ; aucun gouvernement de ces quatre pays ne pouvait, par conséquent, donner une déclaration définitive sur la proposition nouvelle introduite au cours de la conférence. Néanmoins, l'idée semble avoir prévalu que l'adoption d'un délai de protection uniforme constitue la condition essentielle de l'unification vivement désirée par tous les pays, et que le délai uniforme ne pourrait être que celui adopté par la majorité des Etats unionistes. Pour ces raisons a été voté le premier alinéa de l'article 7 qui dit :

« La durée de la protection accordée par la présente Convention comprend la vie de l'auteur et cinquante ans après sa mort. »

Cependant, quelques délégations ont été obligées de faire des réserves, notamment la délégation britannique, qui a déclaré : « En ce qui concerne l'article 7, le gouvernement britannique, en nous autorisant à signer la convention, n'entend pas donner une approbation de principe à la stipulation qui fixe la durée de la protection à la vie de l'auteur et cinquante ans après sa mort. » L'Allemagne, la Suisse et le Japon se trouvent dans la même situation. La décision définitive, dans tous ces pays, appartiendra aux Parlements de ces pays.

Etant donné que la durée uniforme ne pouvait pas être acceptée par tous les pays, le principe de l'indépendance de la protection a dû subir une restriction. Elle se trouve au deuxième alinéa de l'article 7, qui dit :

« Toutefois, dans le cas où cette durée ne serait pas uniformément adoptée par tous les pays de l'Union, la durée sera réglée par la loi du pays où la protection sera réclamée et elle ne pourra excéder la durée fixée dans le pays d'origine de l'œuvre. Les pays contractants ne seront, en conséquence, tenus d'appliquer la disposition de l'alinéa précédent que dans la mesure où elle se concilie avec leur droit interne. »

La même règle a été déclarée applicable à la protection des œuvres photographiques, des œuvres posthumes, anonymes et pseudonymes, les représentants des différents pays n'ayant pas pu s'entendre sur un délai uniforme pour ces catégories d'œuvres.

Abstraction faite de la question de la durée, c'est la loi territoriale de chaque pays — je le répète — qui régira la protection. Mais il est bien entendu que cette loi ne sera pas applicable lorsqu'elle est contraire aux clauses spéciales de la convention même. Au point de vue des questions qui sont réglées par la convention, celle-ci déroge, dans le régime de l'Union, aux lois intérieures. C'est ce qui est expressément dit dans la dernière phrase du premier alinéa de l'article 4 de la convention revisée. Il est toutefois bien entendu, dit l'article 19, que les dispositions de la convention n'empêchent pas de revendiquer l'application de dispositions plus larges qui seraient édictées par la législation d'un pays de l'Union en faveur des étrangers en général. Par cette disposition, qui est due à l'initiative de la délégation belge, il a été établi que la Convention ne comporte qu'un *minimum de protection*.

Deux questions d'ordre général restent à être mentionnées.

La première question est celle de savoir quelle sera la protection dans le pays de première publication lorsque l'auteur appartient à un autre pays de l'Union. La Conférence a décidé que la protection dans ce dernier pays, qui est considéré comme pays d'origine, ne tombe pas sous le régime de la Convention, l'œuvre devant être considérée et protégée comme œuvre nationale.

La solution analogue a été adoptée, en ce qui concerne une œuvre publiée pour la première fois dans un pays de l'Union, mais dont l'auteur n'est pas ressortissant d'un pays unioniste. On pourrait croire que la protection d'une telle œuvre dans le pays d'origine échapperait aux effets de la Convention, ce traité prévoyant uniquement une protection dans les pays autres que le pays d'origine. Mais pour éviter qu'en vertu de la législation du pays d'origine, l'œuvre ne soit pas protégée du tout dans ce pays, la Conférence a statué expressément dans l'article 6 que les auteurs ne ressortissant pas à l'un des pays de l'Union et qui publient une œuvre pour la première fois dans l'un de ces pays, jouissent dans ce pays des mêmes droits que les auteurs nationaux.

J'arrive maintenant aux dispositions spéciales établissant un droit uniforme, au point de vue de *l'étendue de la protection* des diverses catégories d'œuvres.

En ce qui concerne les œuvres *littéraires*, je dois mentionner le droit de traduction et la protection des articles de journaux.

Le droit de *traduction*, droit le plus important au point de vue de la protection internationale des œuvres littéraires, a passé par une évolution, qui est l'illustration même des progrès successifs réalisés dans l'Union internationale. Dans la Convention primitive, protection de dix ans ; à Paris, en 1896, le droit de traduction est assimilé au droit général de reproduction, sous la condition qu'une traduction autorisée paraisse dans les dix ans à partir de la première publication. A Berlin, le gouvernement allemand propose l'assimilation pure et simple ; cette proposition a été adoptée par la grande majorité des pays unionistes. Il est notamment intéressant à constater que la Norvège, le seul pays qui n'avait pas signé l'acte de Paris, a fait déclarer par son sympathique représentant, notre ami M. Hoel, que les raisons qui avaient motivé en 1893 son attitude réservée n'existent plus, et que le gouvernement norvégien a résolu de faire un double pas en avant en acceptant la proposition allemande. J'ajoute avec un plaisir particulier que M. Hoel a expliqué à la commission — cela résulte du rapport de M. Renault — que les éditeurs danois consultés par M. Hoel, sur l'effet produit dans leur pays par l'extension du droit de traduction, lui ont déclaré qu'il y avait grand avantage à être protégé contre des traductions concurrentes et que, d'ailleurs, les auteurs n'avaient pas l'habitude de montrer des prétentions exagérées. Ce fait prouve aussi bien la justesse du principe général du droit de traduction que l'esprit sage et éclairé des éditeurs danois. Je dois avouer que, malheureusement, certains pays ne se sont pas laissés convaincre par les arguments si probants de M. Hoel, et que les délégations espagnole et japonaise ont déclaré que leur gouvernement désirait maintenir le *statu quo*. Le gouvernement japonais avait même proposé de supprimer le droit de traduction dans les rapports entre le Japon et les autres pays de l'Union. Je n'aurai pas besoin d'expliquer pour quelles raisons la Conférence n'a pas cru pouvoir accepter cette proposition. Je dois mentionner encore que la délégation néerlandaise et la délégation russe ont présenté à la conférence l'observation qu'une nouvelle extension du droit de traduction formerait un nouvel obstacle à l'accession de ces pays à la convention de Berne.

Les *articles de journaux* tiennent une place à part dans la Convention de Berne. Bien que ce soient des œuvres littéraires, on a cru devoir restreindre leur protection, pour ne pas mettre des entraves au fonctionnement de la presse périodique. Le régime actuel de la Convention à ce sujet est le suivant : 1° les romans-feuilletons et les nouvelles sont protégés pleinement sans condition aucune ; 2° les articles de discussion politique et les nouvelles du jour et les faits divers ne jouissent d'aucune protection ; ils peuvent être librement reproduits ; 3° les autres articles de journaux ou de recueils périodiques sont protégés lorsqu'il ont été pourvus d'une interdiction de reproduction. La proposition allemande d'étendre la protection des articles de journaux a donné lieu à de longues discussions. M. Renault dit avec une légère ironie que « la Conférence de Berlin n'a rien eu à envier à ses devancières sur ce point ». Des propositions multiples qui avaient été soumises à la commission, aucune n'a trouvé une approbation unanime. On est arrivé à la fin à une solution transactionnelle, qui constitue certainement un progrès vis-à-vis de l'état actuel.

Le paragraphe premier de l'article 9 de la convention revisée établit d'abord le principe général que « les romans-feuilletons, les nouvelles et toutes autres œuvres, soit littéraires, soit scientifiques, soit artistiques, quel qu'en soit l'objet, publiés dans les journaux ou recueils périodiques d'un des pays de l'Union ne peuvent être reproduits dans les autres pays de l'Union sans le consentement des auteurs. »

Vient ensuite une restriction pour les articles de journaux proprement dits, mais avec indication de la source. La restriction ne s'applique ni aux romans-feuilletons ou nouvelles, ni aux articles publiés dans des périodiques autres que les journaux. En ce qui les concerne, l'autorisation de les reproduire sera présumée, de sorte que la reproduction en sera libre à moins d'une interdiction expresse

Enfin, il est dit, dans le troisième alinéa de l'article 9, que la protection de la convention ne s'applique pas aux nouvelles du jour ou aux faits divers qui ont le caractère de simples informations de presse, c'est-à-dire qui sont dépourvus de toute forme littéraire.

L'Allemagne avait proposé de rechercher les moyens de supprimer les abus commerciaux qui se commettent trop souvent par la reproduction de l'information pure et simple. La Conférence a été cependant l'avis qu'une protection pareille, qui viserait plutôt une répression d'actes de concurrence déloyale, ne rentrait pas dans le cadre de la Convention de Berne. Je dois ajouter que la délégation belge a formulé le vœu « que les législations internes des pays de l'Union recherchent et adoptent des dispositions efficaces et pratiques pour mettre un terme à des abus qui ne sont que trop réels et gravement dommageables aux journaux qui s'imposent le plus de sacrifices pour assurer au public l'information la plus rapide et la plus complète. » C'est un vœu auquel nous pourrons nous associer de tout cœur.

Je passe maintenant aux *œuvres musicales.*

En premier lieu, je dois signaler à votre attention la suppression de la *mention de réserve* comme condition de l'exercice du droit d'exécution. L'article 11 de la Convention revisée dit, en effet, à l'alinéa 3 :

« Pour jouir de la protection du présent article », c'est-à-dire du droit exclusif de représenter une œuvre dramatique ou dramatico-musicale, « les auteurs, en publiant leurs œuvres, ne sont pas tenus d'en interdire la représentation ou l'exécution publique ».

La proposition allemande, rédigée dans ce sens, avait rencontré au début une opposition de la part de la Suisse et de la Suède, qui avaient demandé la maintien du *statu quo.* Mais, comme l'indique M. Renault, les délégations de ces pays ont retiré leur opposition dans un esprit de conciliation. Elles ont, par ce fait même, acquis un juste titre à notre reconnaissance, car, certainement, le droit d'exécution devait rester lettre morte aussi longtemps qu'il suffisait d'échapper aux conséquences d'une exécution illicite, dès que le défendeur ou le prévenu pouvait produire des notes non pourvues d'une mention de réserve. La délégation britannique a déclaré accepter la formule que je viens de vous lire, après que M. Renault eût, dans son rapport, dissipé quelques inquiétudes qui préoccupaient cette délégation, quant à la question de savoir si des personnes, qui, sous l'empire d'anciennes habitudes, croiraient de bonne foi pouvoir exécuter des œuvres musicales sur lesquelles elles ne verraient pas de mention de réserve, seraient exposés à être sévèrement punis. M. Renault a fait justement remarquer que la législation de chaque pays aurait à se prononcer sur la sanction à donner au droit d'exécution et, le cas échéant, sur les restrictions jugées nécessaires pour éviter des entraves aux habitudes musicales d'un pays. En ce qui concerne ces restrictions, il n'est pas douteux que chaque pays a le droit de statuer que des exécutions d'un genre déterminé, par exemple, des concerts de bienfaisance, ne tombent pas sous le coup du droit du compositeur. Néanmoins, une disposition légale rendant le droit d'exécution illusoire serait contraire à l'esprit de la convention.

La deuxième question concernant les œuvres musicales, traitée à la conférence de Berlin, est la question des *instruments mécaniques*.

Vous savez que le droit exclusif de reproduire une œuvre musicale a subi en 1886 une infraction grave en faveur des fabricants d'instruments de musique. Ce privilège accordé à un groupe d'industriels, au préjudice des intérêts moraux et matériels de l'auteur, avait été considéré depuis longtemps comme excessif, d'autant plus que cette industrie, qui, en 1886, était limitée à la fabrication des boîtes à musique, a pris dans les derniers vingt ans un développement extraordinaire. Une tentative, à la Conférence de Paris en 1896, pour faire modifier le n° 3 du protocole de clôture de la Convention de Berne, disposition qui établit cette restriction des droits des compositeurs, avait échoué, certains pays opposant aux réclamations des auteurs l'intérêt de leur industrie. A la Conférence de Berlin, on a pu constater sur ce point un revirement heureux des idées. Tous les pays — sauf la Suisse, qui dans cette question aussi demandait le *statu quo* — étaient d'accord pour reconnaître en principe le droit absolu de l'auteur. La Conférence a adopté, par conséquent, le premier paragraphe de l'article 13 qui dit :

« Les auteurs d'œuvres musicales ont le droit exclusif d'autoriser : 1° l'adaptation de ces œuvres à des instruments servant à les reproduire mécaniquement ; 2° l'exécution publique des mêmes œuvres au moyen de ces instruments. »

Cette disposition constitue un progrès considérable puisqu'elle rétablit le principe du droit absolu de l'auteur, en supprimant le n° 3 du protocole de clôture qui impliquait la négation de ce droit. Cependant, plusieurs pays ont cru devoir tenir compte, dans une certaine mesure, des intérêts de leur industrie d'instruments mécaniques. Ainsi, l'Allemagne se préoccupait du danger de voir les grands fabricants se créer des monopoles au détriment des petits industriels. La France et l'Angleterre redoutaient surtout les inconvénients résultant de l'effet rétroactif de la disposition que je viens de lire. L'Italie, par contre, s'opposait à toute restriction du droit des auteurs, invoquant sur ce point sa législation intérieure, interprétée par la jurisprudence. Malgré les efforts de la délégation italienne, les autres pays n'ont pas renoncé à apporter au principe général de la reconnaissance pleine et entière du droit une restriction sauvegardant les intérêts de leurs industriels. Seulement, ils n'ont pu s'entendre sur les moyens propres à atteindre ce but. L'Allemagne avait proposé un système de licences obligatoires, que les autres pays ont déclaré inacceptable. La Grande-Bretagne proposait d'exempter de la protection toutes les œuvres parues avant l'entrée en vigueur de la convention revisée. Le résultat d'une discussion longue et laborieuse a été condensée dans la disposition que voici :

L'alinéa 2 de l'article 13 dit :

« Des réserves et conditions relatives à l'application de cet article pourront être déterminées par la législation intérieure de chaque pays, en ce qui le concerne ; mais toutes réserves et conditions de cette nature n'auront qu'un effet strictement limité au pays qui les aurait établies. »

Enfin, sur la proposition de la délégation française, qui déclarait l'insertion d'une disposition de ce genre comme étant une condition *sine qua non* de tout arrangement sur cette matière, il a été statué, à l'alinéa 3, que :

« La disposition de l'alinéa premier n'a pas d'effet rétroactif et, par suite, n'est pas applicable, dans un pays de l'Union, aux œuvres qui, dans ce pays, auront été adaptées licitement aux instruments mécaniques avant la mise en vigueur de la présente convention. »

Il en résulte que dans un pays où l'adaptation d'œuvres musicales à un genre d'instruments était libre, le fait d'avoir reproduit une certaine œuvre par ce genre d'instruments, aura la conséquence de placer cette œuvre en dehors de la protection de la nouvelle Convention.

Au sujet de cette restriction de l'effet rétroactif, une controverse a surgi, déjà, à la Conférence de Berlin. Il s'agit de savoir si l'alinéa 3 de l'article 13, que je viens de lire, constitue la limite de la restriction de l'effet rétroactif admissible, ou s'il serait possible que, par exemple, l'Angleterre étende le principe de non-rétroactivité à toutes les œuvres parues avant l'entrée en vigueur de la Convention revisée. Au nom de la délégation italienne, M. Ottolenghi, le chef distingué du service de la propriété industrielle, a fait la déclaration que, selon sa ferme conviction, la non-rétroactivité doit sauvegarder seulement les intérêts relatifs aux œuvres adaptées licitement sous l'empire des lois intérieures et de la Convention de Berne, et que des réserves ultérieures, tendant à exclure toutes les œuvres publiées des avantages du traitement nouveau, seraient en contradiction avec le principe proclamé et ne sauraient être admises. Par contre, M. Renault a dit, dans son rapport : « Il est d'ailleurs entendu que la faculté laissée au pays de l'Union par l'alinéa 2 s'étend au règlement de l'effet rétroactif. » Il serait, à mon avis personnel, déplorable qu'un pays voulût exclure de la protection de la nouvelle Convention toutes les œuvres publiées préalablement, aucune raison ne pouvant justifier d'abandonner aux intérêts de l'industrie toutes les œuvres existantes, même celles qui, jusqu'à présent, n'ont jamais été l'objet d'une appropriation de la part de l'industrie. Mais, ayant été le rapporteur de la sous-commission à la Conférence de Berlin, je dois déclarer que je n'ai aucun doute que la sous-commission a entendu donner à chaque Etat la faculté de restreindre l'effet rétroactif de la nouvelle convention, en ce qui concerne les instruments de musique, même au delà de la clause de l'alinéa 3 de l'article 3. La commission et la Conférence pleinière, en adoptant le texte proposé par la sous-commission, n'ont certainement pas voulu en changer le sens. J'estime, par conséquent, que la déclaration de la délégation italienne n'est pas fondée. En ce qui concerne les instruments de musique, je tiens encore à signaler à votre attention que notre ami Wauwermans a exprimé, au nom de la légation belge, le vœu que les législations internes établissent les dispositions nécessaires pour accorder aux fabricants des instruments de musique une protection contre la reproduction illicite de leur disques et cylindres. Nous devons féliciter l'auteur de cette idée qui répond à un besoin urgent et qui est certainement digne d'être examinée très sérieusement par notre Association.

Il ne me reste qu'à vous parler, Messieurs, de la *reproduction cinématographique des œuvres littéraires et artistiques*. Je vous ai déjà dit que la Conférence a ajouté aux œuvres protégées les arrangements susceptibles d'être reproduits au moyen du cinématographe. Ce n'est que la conséquence logique de ce principe que la conférence, sur la proposition de la délégation française, a assuré (art. 14, alinéa premier) aux auteurs d'œuvres littéraires, scientifiques ou artistiques, le droit exclusif d'autoriser la reproduction publique de leurs œuvres par la cinématographie. Ce principe a été reconnu déjà par la jurisprudence française. Nous ne pouvons qu'applaudir à la décision de la Conférence de le proclamer par un texte formel de la Convention.

Je passe sous silence quelques dispositions qui ne nous intéressent qu'au point de vue juridique, ainsi que la nouvelle rédaction de la disposition sur l'effet rétroactif de la Convention et des Actes de revision, et d'autres questions d'ordre secondaire.

J'aborde immédiatement la **question des effets** *de la Convention nouvelle en ce qui touche les actes conventionnels antérieurs et la situation des pays qui adhéreront dans l'avenir, à la Convention.*

L'article 27 de la Convention revisée dit à l'alinéa second :

« Les Etats signataires de la présente convention pourront, lors de l'échange des ratifications, déclarer qu'ils entendent, sur tel ou tel point, rester encore liés par les dispositions des conventions auxquelles ils ont souscrit antérieurement. »

Dans le même ordre d'idée, l'article 25, qui prévoit l'accession de nouveaux Etats à la convention, permet aux pays adhérents « d'indiquer les dispositions de la convention du 9 septembre 1886 ou de l'acte additionnel du 4 mai 1896, qu'ils jugeraient nécessaire de substituer, provisoirement au moins, aux dispositions correspondantes de la présente convention. »

Messieurs, j'ai dû vous dire, à maintes reprises, que tel ou tel Etat avait formulé des réserves au sujet de certaine question. Il est d'ailleurs bien compréhensible, vu les modifications considérables que la Conférence a adoptées, que certains pays ne soient pas à même de ratifier la nouvelle convention dans son intégralité.

Ce fait aura fatalement pour conséquence l'alternative suivante : ou bien la Conférence de Berlin ne sera pas ratifiée du tout, elle n'aura pas d'effet pratique ; ou bien l'on devra admettre un régime différentiel.

La première alternative équivaudrait à renoncer complètement et définitivement à tout progrès à réaliser dans le régime de la convention, car il y aura toujours des Etats qui ne voudront ou ne pourront pas accepter telle ou telle modification.

Le système différentiel est donc le seul qui permette de développer et d'étendre la protection internationale sans que les pays qui ne sont pas à même de suivre cette marche en avant, soient obligés de se retirer de la Convention, ou, en ce qui concerne les pays non-unionistes, de rester à l'écart de l'Union internationale.

Le système différentiel, c'est le système des Unions restreintes, qui a été adopté déjà dans l'Union créée par la Convention de Berne — depuis 1896, tous les pays unionistes, sauf la Norvège, qui n'avaient pas signé l'acte de Paris (et ultérieurement la Suède qui n'y a pas non plus adhéré), formaient une Union restreinte — et dans l'Union fondée par la Convention de Paris pour la protection de la propriété industrielle, sous la forme des deux arrangements de Madrid.

En étudiant ce système d'Unions restreintes, nous devons faire une distinction entre les Unions restreintes de fait et les Unions restreintes constituées par un acte formel. Par les deux arrangements de Madrid (1891), certains pays de l'Union principale, fondée par la Convention de Paris pour la protection de la propriété industrielle, se sont intentionnellement groupés dans une Union dont l'objet et le régime conventionnel sont nettement définis. Au contraire, l'Union restreinte annexe à l'Union créée par la Convention de Berne n'est pas basée sur un acte semblable, elle a pris existence par le fait même que la Norvège et, plus tard, la Suède n'ont pas signé l'Acte additionnel de Paris et que, par conséquent, le régime conventionnel établi entre tous les pays unionistes, y compris la Norvège et la Suède, est différent de celui existant entre les pays unionistes, à l'exclusion de la Norvège et de la Suède.

Lorsque, à la Conférence de Berlin, on s'est rendu compte du fait que certains pays ne pourraient adopter toutes les résolutions proposées par la majorité des pays unionistes, on a dû envisager les deux systèmes, celui d'une Union restreinte formelle et le système d'Unions restreintes de fait.

Chacun des deux systèmes a ses avantages et ses inconvénients. L'Union restreinte constituée par un acte formel offre l'avantage de déterminer nettement les questions au point de vue desquels le régime de l'Union restreinte sera différent de celui de l'Union principale. A Berlin, on aurait pu constituer, par exemple, une Union restreinte au point de vue du droit de traduction et du droit d'exécution des œuvres musicales, et peut-être encore au point de vue des instruments de musique. Mais, si un Etat avait voulu accepter l'extension du droit de traduction et maintenir le *statu quo* au point de vue de la mention de réserve relative au droit d'exécution, la Conférence serait arrivée à créer deux Unions restreintes, ou, étant donnée la divergence des idées sur beaucoup de questions, des Unions restreintes multiples, une pour chacune des questions où l'accord général n'était pas possible. Abstraction faite de ce qu'on aurait créé un appareil formidable pour des objets d'un intérêt relativement limité, ce système d'Unions restreintes formelles aurait eu le grand inconvénient d'être trop rigide.

Nous espérons — l'exemple de la Norvège justifie cette façon de penser — que tous les Etats accepteront, dans un avenir qui ne sera pas trop éloigné, toutes les résolutions de la Conférence de Berlin. Or, l'existence de différentes Unions formellement constituées compromettrait l'abandon successif des différentes réserves qu'un pays pourrait faire aujourd'hui. Elle comporterait le danger d'éterniser le régime différentiel qui, d'après nous, ne peut être qu'un régime provisoire. La préoccupation principale de la Conférence de Berlin devait donc être de faciliter à tous les pays l'accession à toutes les modifications de la Convention. Dans cet ordre d'idées, le système à choisir ne pouvait être que celui qui offre la plus grande souplesse. C'est précisément le système que la Conférence a adopté, et qui a été sanctionné par la disposition de l'article 27, alinéa 2.

Chaque Etat unioniste pourra accéder aux modifications qui lui paraissent acceptables ; quant à celles qui ne le sont pas à ses yeux, il peut déclarer maintenir le *statu quo*, qui est le régime de la Convention de Berne, ou de celle revisée à Paris. Il aurait été peut-être désirable que la Conférence eût indiqué les quelques questions bien déterminées, pour lesquelles des réserves seraient admissibles. Mais il paraît que les délibérations, au sein de la sous-commission, ont fait voir une divergence d'idées sur tant de questions qu'il aurait été difficile d'en choisir quelques-unes. A ce point de vue aussi, le système adopté est le plus flexible.

Ce système a été, depuis la publication des résultats de la Conférence, l'objet de maintes critiques. Vis-à-vis de ces critiques, je me permettrai de présenter deux observations :

La première est que la Conférence a dû nécessairement admettre un système différentiel, puisqu'elle se voyait dans l'impossibilité absolue de faire adopter par tous les pays même les modifications les plus importantes dont la réalisation est le plus vivement désirée.

La deuxième observation vise l'objection que la liberté laissée à chaque Etat d'accéder à telle modification et de maintenir, quant aux autres, le *statu quo* serait contraire à la tendance d'unification ; la nécessité d'accepter ou de rejeter la totalité des modifications apportées au texte de la Convention aurait exercé une pression sur beaucoup de pays hésitants, et, dit-on, le système adopté à Berlin enlève à l'Acte adopté cette puissantce de pression ; les différents Etats n'auraient plus d'intérêt à adopter leur législation à la Convention de Berne, ils seraient tentés de renoncer à suivre les progrès indiqués par la Conférence de Berlin, même sur des questions où ils auraient accepté les résolutions de celle-ci, s'ils avaient été obligés soit d'accepter, soit de rejeter le tout.

Ceux qui ont formulé cette objection me semblent s'exagérer l'importance de l'action coercitive brutale de la Convention et ne pas tenir suffisamment compte de l'action morale qu'elle exerce. Cette objection serait fondée si l'on pouvait croire que les différents pays de l'Union sont au fond réfractaires à toute idée de progrès, et qu'ils opposeront aux justes réclamations des auteurs certains intérêts particuliers de leur pays, intérêts commerciaux ou autres. Mais pareille façon de voir les choses n'est pas justifiée par les faits. J'ai la ferme conviction que tous les gouvernements des pays unionistes représentés à la Conférence ont la meilleure volonté de développer la Convention et qu'ils sont pénétrés de la nécessité de poursuivre le but d'unifier sur les points essentiels les lois en matière de droit d'auteur.

Je répète le mot que Me Pouillet a prononcé, le mot de la contagion du bien que l'existence de l'Union internationale pour la protection des œuvres littéraires et artistiques comporte. Elle a fait ses preuves dans le passé ; elle les fera dans l'avenir.

Cela s'applique aussi bien aux pays qui appartiennent déjà à la Convention qu'aux pays dont l'adhésion est espérée. Facilitons à la Russie, à la Hollande, à la Grèce et à tous les autres la résolution de franchir le seuil de l'Union. Une fois qu'ils seront les nôtres, la contagion du bien se fera remarquer ; ils auront bientôt rattrapé la distance qui les sépare encore aujourd'hui des pays à législation plus avancée.

M. Jules Cambon, vice-président de la Conférence, dans son discours d'adieu, a exprimé la même idée ; il a ajouté : « et l'on peut dire qu'en vous montrant ainsi respectueux de la diversité des institutions et des mœurs, vous avez agi en législateurs soucieux du succès final. »

Je dois pourtant convenir d'une chose : l'état créé par l'acte de Berlin n'est pas l'idéal.

Il pourra arriver que, dans tel ou tel pays, des préoccupations différentes, d'ordre politique ou autre, empêchent les gouvernements et les Parlements d'étudier les questions de la protection internationale des auteurs avec le soin qui nous paraît nécessaire pour comprendre que la protection la plus efficace des auteurs nationaux et étrangers est le plus grand bénéfice pour la littérature et l'art national et pour les industriels et les intermédiaires intéressés à l'exploitation commerciale de la littérature et des arts.

Il peut arriver que des préjugés ou le respect des habitudes traditionnelles semblent s'opposer à adopter telle ou telle modification. Mais l'idée de la protection des auteurs est en marche, et — Victor Hugo, le fondateur de notre Association, l'a bien dit — personne ne l'arrêtera.

Notre Association a été fondée dans le but de propager cette idée, d'éclairer les esprits. Nous allons de pays en pays, en apôtres, comme disait M. Pouillet, pour étudier en commun avec les auteurs, les éditeurs, les juristes de tous les pays, les bons principes et les meilleurs moyens pour les réaliser. Ce sera aussi la tâche de notre Association de faire tous ses efforts pour que l'acte de Berlin soit ratifié par les gouvernements de tous les pays de l'Union, pour que le moins de réserves soient faites, et pour que tous les pays civilisés qui sont aujourd'hui à l'écart de l'Union adhèrent à la Convention dont la fondation est notre œuvre. Ayons confiance en nous-mêmes, en la puissance de notre parole et de notre action et les craintes du malheur qui pourrait résulter du système différentiel adopté par la Conférence de Berlin se dissiperont.

Comme conclusion de mon rapport, Messieurs, je vous propose de voter la résolution suivante :

I. L'Association Littéraire et Artistique Internationale

salue les progrès considérables réalisés par la Conférence de Berlin, et, tout en maintenant les vœux des congrès antérieurs, auxquels la Conférence de Berlin n'a pas donné satisfaction, exprime le vœu que tous les pays de l'Union ratifient, dans le délai prévu à l'article 28, les actes de Berlin sans faire aucune des réserves admises par le deuxième paragraphe de l'article 27 de la Convention revisée à Berlin.

II. Le Congrès charge le comité de l'Association d'adresser au gouvernement de chacun des Etats unionistes un mémoire spécial dans lequel sera exposé l'intérêt du pays de ratifier les actes de Berlin dans leur intégralité, en insistant notamment sur les questions qui pourraient donner lieu dans ce pays à une réserve quelconque.

III. Le Congrès charge le comité de faire auprès des intéressés et notamment auprès des sociétés de chaque pays unioniste des démarches pour les engager à appuyer les efforts de l'Association.

Le Président remercie le professeur Osterrieth de son intéressant travail et donne la parole à M. André Taillefer, qui a été chargé d'indiquer au Congrès les critiques et les déceptions auxquelles ont donné lieu dans les milieux français l'acte de Berlin.

M. André Taillefer commence par rendre hommage aux efforts faits à Berlin et se félicite des progrès incontestables qui ont été obtenus ; il signale que, néanmoins, le texte de Berlin a soulevé dans certains milieux intéressés, et notamment en France, une vive émotion, et, il faut bien le dire, une grande déception. Cette émotion a trouvé son écho dans les travaux du Syndicat de la propriété intellectuelle, qui comprend des délégués de la plupart des Sociétés s'occupant des questions de propriété littéraire ou artistique (1). Ces différentes Sociétés, à l'exception de la Société des Gens de Lettres et de la Société des Auteurs et Compositeurs dramatiques, s'inquiètent des résolutions prises à Berlin ; elles ne croient pas qu'elles aient la portée bienfaisante que certains esprits sont enclins à leur attribuer ; elles estiment que certains intérêts très respectables ont été sacrifiés et pensent même que le système adopté à Berlin peut constituer un sérieux danger pour l'avenir.

(1) Un rapport *confidentiel* destiné à faciliter aux membres du Syndicat la discussion des résultats des travaux de Berlin avait été préparé par M. Taillefer, secrétaire du Syndicat. Ce rapport a été vivement critiqué dans une brochure due à la plume de M. de Borchgrave et mise par lui à la disposition des congressistes. Cette brochure visant un travail confidentiel, non destiné à la publicité, il n'a pas paru que le travail de M. de Borchgrave pût prendre place dans le *Bulletin de l'Association*.

M. Taillefer fait ressortir tout d'abord le danger pouvant résulter de ce qu'on a autorisé les Etats signataires, par l'article 27, et les nouveaux Etats adhérents dans l'avenir, par l'article 25, à faire, pour leur usage personnel, un choix entre les articles des textes votés à Berlin en 1908, à Paris en 1896, à Berne en 1886, et à décomposer ainsi la Convention, qui jusqu'ici formait une loi internationale uniforme pour tous, en une série de conventions particulières que chaque Etat adaptera à sa taille, établissant ainsi pour son usage personnel une sorte de prolongement de sa loi interne, applicable aux étrangers unionistes, la seule restriction apportée à son libre choix étant l'obligation de prendre les articles de la Convention, dans l'un des trois textes de Berne, de Paris ou de Berlin. Une multiplicité de combinaisons étant possible, l'unité actuelle indispensable au progrès et instrument puissant d'unification pour les législations internes, risquera de disparaître pour faire place à une situation voisine de l'anarchie et accentuée encore par le numérotage différent des anciens textes et du texte de Berlin, plusieurs articles de même numéro, empruntés à des instruments différents, pouvant se retrouver dans la Convention qu'un des Etats contractants aura ainsi forgé pour son usage personnel. Le système de réserves prévu à Berlin, une fois adopté, il semble que, du moins, on eût dû s'appliquer à élaborer une convention comportant un texte précis, orthodoxe, ne prêtant à aucune critique de principe et à aucune difficulté d'interprétation, un modèle idéal, *speculum perfectionis*, proposé ainsi à la généreuse émulation de tous les Etats. Malheusement, il n'en a pas été ainsi, et, la plupart du temps, le premier paragraphe de chaque article pose un principe excellent dont les paragraphes suivants viennent obscurcir le sens et rétrécir la portée, si bien que, dans ces conditions, on comprend que l'unanimité des participants aient pu signer le texte élaboré, car, en réalité, en le faisant, ils ne s'engageaient à rien ! C'est ainsi que, malgré l'article 27, on a exclu, alors que rien ne peut justifier pareille mesure, de la protection obligatoire, les œuvres d'art appliqué, en sanctionnant ainsi dans un acte officiel une distinction impossible à faire entre l'art et l'art dit industriel ; on a réglé la protection de la photographie, dans un article spécial, sans fixer à son égard un minimum de protection ; on a entouré de restrictions l'unification de la durée, tout en accueillant la suppression des formalités, mais sans parler des conditions, et l'indépendance des droits, alors que, logiquement et économiquement, ces différentes dispositions constituaient un tout indivisible. Le projet élaboré par l'Association et recommandé par elle à l'attention des gouvernements a été ainsi gravement amputé. Le principe de la territorialité et de l'indépendance des droits, qui a été sanctionné, aura pour conséquence d'obliger les Etats dont la législation est généreuse et avancée à donner tout, sans rien recevoir, en échange, des Etats dont la législation est défectueuse et que rien désormais n'incitera à l'améliorer. C'est ainsi que l'adaptation d'une œuvre française sera permise en Angleterre, tandis que l'adaptation d'une œuvre anglaise devra être interdite en France ; les œuvres d'art appliqué seront toujours protégées en France, tandis que les œuvres d'art appliqué françaises, si importantes, resteront encore, dans beaucoup de pays, exposées aux vols et aux spoliations ; les portraits photographiques allemands seront largement protégés en France, tandis que les portraits photographiques français, par suite de restrictions de toutes sortes de la loi allemande, seront, en fait, dénués de protection, etc. Ainsi, toute légitime réciprocité disparaît et les améliorations bilatérales entre pays contractants deviennent pratiquement impossibles. Les pays progressistes demeurent pour ainsi dire punis de leur libéralité et les pays rétrogrades n'éprouveront aucun stimulant pour améliorer leur législation... Sans qu'il soit nécessaire d'insister et de multiplier les exemples, on peut comprendre maintenant pourquoi en France, sans nier les avantages plutôt théoriques qu'effectifs apportés sur certains points par la Conférence de Berlin, on a éprouvé en général un vif sentiment de déception ; aussi est-on tombé d'accord qu'il faudrait tout au moins, si la Convention telle qu'elle a été revisée à Berlin, doit être ratifiée, que, au moment de cette ratification, un protocole fût rédigé pour faire disparaître dans la mesure du possible les inconvénients signalés et assurer aux divers articles une interprétation aussi libérale que possible.

M. Taillefer termine en donnant lecture de la lettre adressée par le Syndicat de la propriété intellectuelle aux pouvoirs publics français (ministère des affaires étrangères, de l'intérieur, de la justice, de l'instruction publique et du commerce) et leur faisant connaître les réponses des Sociétés consultées par lui sur la portée de l'acte de Berlin (1). Cette lettre est ainsi conçue:

(1) On consultera aussi la note critique de M. Albert Vaunois, publiée par l'Association des Inventeurs et Artistes industriels.

Monsieur le Ministre,

Le Syndicat a cru devoir demander aux diverses Associations qu'il représente leur avis sur le texte voté à la Conférence de revision de Berlin et les conséquences que pourrait avoir son adoption au point de vue des intérêts français.

J'ai l'honneur de vous adresser ci-joint les réponses qui ont été envoyées au Syndicat.

De l'ensemble de ces réponses, il ressort que les diverses Associations représentées au Syndicat sont unanimes à reconnaître non seulement le dévouement et la science dont les délégués français ont fait preuve dans la défense des intérêts généraux de la propriété intellectuelle, mais encore l'importance des améliorations qui pourraient résulter des articles 7, 8, 9, 11 et 13 du projet de convention, notamment au point de vue de la durée de la protection, de l'exercice du droit de traduction, etc.

Mais en même temps, la plupart des Associations regrettent vivement la disposition du dernier paragraphe de l'article 2 relatif à l'art appliqué, l'insertion des articles 4, 25 et 27 dans le projet de Convention élaboré à Berlin. A leur avis, ces articles pourraient rendre pratiquement illusoires, non seulement les progrès que les autres dispositions du projet tendent à réaliser, mais encore la garantie que la propriété intellectuelle trouve dès à présent dans les Conventions existantes. Ils risqueraient de substituer en fait à l'œuvre de Berne, c'est-à-dire à une Union internationale véritable, conférant les mêmes droits et imposant les mêmes obligations à tous les contractants, une sorte d'assemblage confus de Conventions restreintes et disparates. Enfin, ils exposeraient en particulier la France à faire jouir les œuvres littéraires et artistiques étrangères des avantages de sa législation protectrice sans aucune garantie de réciprocité pour les œuvres françaises à l'étranger.

Dans ces conditions, il semble très désirable qu'avant de soumettre à l'approbation des Chambres le projet de Convention voté à Berlin, le gouvernement veuille bien, soit par des négociations diplomatiques directes, soit par une nouvelle réunion de la Conférence, provoquer une étude complémentaire de la question, en vue de remédier aux graves inconvénients qui viennent d'être signalés.

Veuillez agréer, Monsieur le Ministre, les nouvelles assurances de notre haute considération.

Le Président,

Signé : A. GAUTHIER-VILLARS.

En raison de l'heure avancée, le PRÉSIDENT propose de renvoyer à la séance suivante la discussion du travail de M. Osterrieth et des observations de M. Taillefer.

Il en est ainsi décidé et la séance est levée à cinq heures et demie.

Le Secrétaire de la séance :

TAILLEFER.

DEUXIÈME SÉANCE DE TRAVAIL

Jeudi 24 Juin (matin)

La séance est ouverte à neuf heures et demie du matin sous la présidence de M. GEORGES MAILLARD.

EXPOSÉ DES RÉSULTATS DE LA CONFÉRENCE DE BERLIN
(Suite)

Le PRÉSIDENT, après avoir lu la résolution proposée au Congrès par M. Osterrieth, fait observer qu'au fond les opinions émises par MM. Osterrieth et Taillefer ne sont pas aussi divergentes qu'on pourrait le croire au premier abord. Les deux rapporteurs sont d'accord pour reconnaître que la Conférence de Berlin a apporté d'heureuses modifications à la Convention de Berne primitive ; ils sont d'accord aussi pour reconnaître que, sur d'autres points, il est regrettable qu'on n'ait pu réaliser les progrès souhaités par le Congrès de Mayence.

La critique de M. Taillefer a porté particulièrement sur l'article 27 qui permet aux Etats unionistes, en ratifiant le texte révisé à Berlin, de s'en tenir aux dispositions qu'ils préféreront dans le texte primitif ou l'acte de Paris. Il est difficile de méconnaître le danger qui résultera de cette disposition si plusieurs Etats font des réserves diverses et si, au texte unique de la Convention de Berne, avec la double union restreinte résultant de l'acte additionnel de Paris et de la déclaration interprétative, on arrive ainsi à substituer une multiplicité de régimes distincts, que viendra compliquer encore le nouveau numérotage qu'on a adopté à Berlin et qu'il était pourtant facile d'éviter, comme nous l'avions montré à Neuchâtel et à Mayence.

M. Osterrieth repond : que ce système a l'avantage d'une grande souplesse et qu'il a permis d'obtenir, à Berlin, la signature de tous les délégués ; que, si on n'y avait eu recours, la Conférence de Berlin, aurait abouti à un échec ; qu'il ne faut pas brusquer les événements ; que la proclamation unanime d'un principe dans le texte de la Convention d'Union, même avec la possibilité de réserves, est déjà un progrès ; qu'il produira la contagion du bien ; qu'il faut tenir compte de certaines résistances actuelles et qu'on n'a fait qu'adapter aux circonstances le système des unions restreintes, dont la nécessité avait apparu déjà en 1896 ; qu'en outre l'article 25 qui permet également l'adhésion de nouveaux Etats, avec faculté de substituer à telle ou telle disposition du texte de Berlin la disposition correspondante du texte de Berne ou de Paris, était le meilleur moyen de faciliter l'adhésion des Etats retardataires, sans entraver l'unification entre les pays à législation plus avancée.

Il ne nous appartient pas de critiquer ce qui fut fait à Berlin: si on l'a fait, c'est que cela parut nécessaire. Mais peut-être trouvera-t-on que M. Osterrieth exagère le respect du fait accompli quand il présente le système des articles 25 et 27, qu'il baptise *le système différentiel*, comme étant le meilleur à adopter. Qu'on l'accepte comme un pis aller, soit, mais il appartient à l'Association de le déplorer et de souhaiter le retour au système d'union réelle qui était la base de la Convention de 1886. Si, en 1886, on avait procédé comme à Berlin, si on avait laissé, aux Etats désireux d'adhérer, le choix entre diverses dispositions pour tenir compte de leur résistance sur certains points, si, par exemple, on leur avait permis d'adhérer en faisant des réserves sur la question de la traduction, l'Union n'aurait eu aucune efficacité ; on a, au contraire, exigé un minimum d'unification et obligé les Etats à faire certaines concessions qu'ils ne trouvaient pas conformes à leurs intérêts, pour en obtenir d'autres dont ils avaient besoin, et la Convention d'Union a été ainsi non seulement un moyen de régler les rapports d'Etat à Etat dans le domaine du droit d'auteur, mais en même temps un précieux instrument de progrès des législations intérieures. Lorsqu'à la Conférence de Paris, en 1896, la plupart des Etats se sont entendus pour augmenter le minimum d'unification, comme on se heurtait, pour le droit de traduction, à la résistance de la Norvège, recrue toute récente de l'Union, pour certaines questions d'interprétation, à la Grande-Bretagne, qui ne voulait pas modifier, même par voie d'interprétation, sa législation intérieure, on a tout simplement rédigé un texte qu'adoptaient tous les pays, sauf la Norvège, et un autre texte qu'adoptaient tous les pays, sauf la Grande-Bretagne; cela produisait des conventions restreintes, dans l'Union, mais on maintenait le principe de l'unité de la Convention en ne permettant que deux exceptions déterminées. Le système de

Berlin se distingue essentiellement du système de 1896 en ce que le choix entre différents textes devient facultatif pour les Etats, qu'ils n'auront aucun sacrifice à faire pour obtenir satisfaction, qu'une multiplicité d'unions restreintes devient possible ; avec le nouveau plan de Convention adopté à Berlin et le nouveau numérotage, le chevauchement des trois textes risque de mener à des situations fort confuses. En réalité, s'il devait y avoir des réserves de l'un ou l'autre Etat sur tous les points importants, les résultats de la Conférence de Berlin ne seraient que des apparences, la Convention, dans son unité, ne serait pas consolidée, elle aurait même perdu sa force d'unification.

M. Osterrieth pense que ce danger n'est pas à craindre, que, le texte de Berlin ayant été signé par tous les délégués, les Etats auront le temps d'étudier la situation, de remanier leur législation si cela est nécessaire, et ne profiteront pas de la faculté de réserve, qu'ils seront entraînés par le bon exemple des Etats, qui peuvent tout de suite, comme l'Allemagne, ratifier sans réserves.

Il est certain qu'il n'aura pas été inutile de marquer, comme l'a fait la Conférence de Berlin, les principes sur lesquels l'unification doit se faire, il est seulement à regretter que, dans ces conditions, puisque les principes n'engageaient personne, elle se soit montrée trop modeste, par exemple au point de vue de l'art appliqué à l'industrie. Mais on comprend aussi les inquiétudes de ceux que ne rassure pas suffisamment la théorie du bon exemple et qui voudraient donner moins beau jeu à l'inertie ou à l'égoïsme dans certains pays ; ils font observer que les gouvernements, ayant la faculté de n'adhérer qu'à telle ou telle des dispositions nouvelles, se privent eux-mêmes d'un moyen d'action pour entraîner les Parlements à accepter le texte de Berlin tout entier, malgré la résistance, sur certains points, de quelques intérêts particuliers, hostiles au droit d'auteur ou mal compris.

Les prévisions de M. Osterrieth ou celles de M. Taillefer sont-elles fondées ? Nous le saurons plus tard, au moment des ratifications.

En attendant, le devoir incontestable de l'Association est d'agir, autant qu'elle le peut, dans chaque pays, pour obtenir que le texte de Berlin soit ratifié sans réserves ; pour parvenir à ce but, la méthode préconisée par M. Osterrieth semble la meilleure.

M. Ernest Röthlisberger explique l'introduction du régime

des réserves dans l'Union de Berne, par des raisons historiques ; elle est due à une évolution peu heureuse de la diplomatie moderne qui a préconisé ce système aux deux Conférences de La Haye, afin d'obtenir des résultats sur certains points, quitte à laisser certains autres, contestés et délicats, dans l'ombre ou à les abandonner au libre choix des Etats signataires. De cette façon, les arrangements internationaux ne constituent plus un ensemble de concessions qu'il faut accepter en totalité ou auxquelles il faut renoncer, mais chaque pays élimine de ces pactes les dispositions qui ne lui agréent pas et il ne ratifie les résolutions qu'en déclarant qu'il n'entend pas être lié par telle ou telle disposition incommode. A la Conférence de Genève de 1906, appelée à reviser la Convention de Genève de 1864 pour l'amélioration du sort des militaires blessés dans les armées en campagne, on croyait fermement être arrivé à proclamer le principe de l'unité du signe (croix rouge) ; néanmoins, grâce au système des réserves permises, ce principe a été de nouveau compromis ; fortes d'une concession obtenue à La Haye en 1907, la Turquie mettra à la place de la croix rouge le croissant rouge, la Perse le lion ou le soleil rouge ; les négociations sur ce point sont à recommencer !

Cependant, il est juste de dire qu'à Berlin on a été forcé par les circonstances (attitude du Japon en matière de traduction, desiderata de la Hollande et de la Russie, etc.) de faire certaines concessions partielles. Le système de La Haye, qui peut avoir sa raison d'être dans les questions de droit public et de souveraineté nationale, doit être appelé à disparaître dans nos matières qui ont plus de cohésion et où la marche en avant peut s'effectuer par étapes, sous forme d'unions restreintes.

M. Taillefer, tout en maintenant les critiques qu'il a présentées relativement à l'article 27, s'associe à la proposition de M. Osterrieth, telle qu'elle est commentée par le président, mais il souhaite, en outre, que les différents Etats contractants s'entendent pour donner une interprétation libérale du texte de Berlin, et, si possible, remédient aux inconvénients signalés, notamment en ce qui concerne l'article appliqué.

Le Président ajoute que les indications si précises de M. Röthlisberger font bien ressortir le danger de la nouvelle tendance, dont le *système différentiel* est une manifestation : elle s'explique dans le domaine du droit international public où il faut bien s'en remettre à la bonne volonté des contractants et où on n'a aucun moyen d'action ; il faut en signaler les inconvénients dans la matière du droit international privé, où le système des transactions et des compensations a jusqu'ici donné de bons résultats ; si on n'y prenait garde, le système différentiel gagnerait la propriété industrielle et les questions de droit privé réglées par les Conventions de La Haye.

Que le Congrès vote les propositions de M. Osterrieth, mais qu'on ajoute un alinéa pour souhaiter la disparition des articles 25 et 27. En le faisant, on ne se mettra pas en contradiction avec la pensée des plénipotentiaires de Berlin ; M. Louis Renault, en présentant son rapport à la Conférence (procès-verbal, p. 212), déclarait que, « s'il y avait un vœu à formuler pour la prochaine Conférence, ce serait celui de voir alors l'Union, non seulement élargie par suite d'accession d'autres États, mais aussi devenue plus homogène ; si les réserves et restrictions étaient abandonnées successivement, si les divergences de détail disparaissaient peu à peu, ainsi que le suggère l'article final, qui n'est pas seulement décoratif, l'Union quelque peu composite au moment actuel, se rapprocherait de l'unité désirable et deviendrait l'Union parfaite. (*Vifs applaudissements.*) » On subissait donc le système différentiel, avec l'espoir d'en être bientôt affranchi.

M. Meusy (France) insiste sur les inconvénients du système différentiel ; par exemple, pour la suppression de la mention de réserve, au point de vue du droit d'exécution des œuvres musicales, l'article 27 paralyse complètement les avantages de l'article 11 ; celui-ci a beau dispenser les compositeurs de la mention de réserve, il faudra bien continuer à la mettre, tant que l'obligation sera maintenue par certains États, tant que l'article 11 ne sera pas accepté par tous.

M. Hagerup, ministre de Norvège, tient à déclarer que les opinions qu'il pourrait manifester au cours du Congrès ne seraient que des opinions personnelles et n'engageraient en rien son gouvernement.

Cette déclaration figurera au procès-verbal.

Le Président met aux voix les propositions de M. Osterrieth et le quatrième alinéa qui serait ajouté :

1° L'Association Littéraire et Artistique Internationale salue les progrès considérables réalisés par la Conférence de Berlin, et, tout en maintenant les vœux des Congrès antérieurs, auquels la Conférence de Berlin n'a pas donné satisfaction, exprime le vœu que tous les pays de l'Union

ratifient, dans le délai prévu à l'article 28, la Convention de Berlin revisée du 13 novembre 1908, sans faire aucune des réserves admises par le deuxième paragraphe de l'article 27 de cette Convention.

2° Le Congrès charge le Comité de l'Association d'adresser aux gouvernements de chacun des Etats unionistes un mémoire spécial dans lequel sera exposé l'intérêt qu'aura ce pays à ratifier la Convention de 1908 dans son intégralité, et d'insister sur les questions qui pourraient donner lieu dans ce pays à une réserve quelconque.

3° Le Congrès charge le Comité de faire auprès des intéressés, et notamment auprès des Sociétés de chaque pays unioniste, des démarches pour les engager à appuyer les efforts de l'Association.

4° Il est à souhaiter, en tout cas, que la faculté de faire des réserves soit supprimée par la prochaine Conférence de revision à Rome.

L'ensemble est adopté à l'unanimité.

Le PRÉSIDENT observe que certaines indications nous ont été fournies déjà sur l'état des esprits dans les principaux pays, non seulement par les déclarations des délégués à la Conférence de Berlin, mais aussi par l'enquête que nous avions faite sur les résultats de la Convention d'Union de Berne dans les pays unionistes, notamment dans les pays nouvellement adhérents ; c'est ce que nous demandaient, depuis plusieurs années, nos amis des Pays-Bas pour agir sur le gouvernement hollandais.

La réponse de M. Axel Raphaël pour la Société des Auteurs suédois (1), la réponse de la Société des Auteurs danois et l'accueil qui nous est fait à Copenhague nous ont montré que la Convention d'Union n'avait soulevé aucune hostilité dans ces pays et qu'ils étaient prêts à suivre les autres Etats vers une protection plus complète.

Un mémoire qui vient de nous être adressé par M. Hoel, chef de bureau au ministère de l'instruction publique et des cultes à Christiania, est une preuve décisive que l'extension du droit de traduction ne saurait plus rencontrer de résistance motivée dans les pays scandinaves ; l'enquête auprès des éditeurs norvégiens et danois établit que ni le public, ni les éditeurs n'ont eu à souffrir réellement du droit de traduction et qu'aucun intérêt légitime ne s'oppose à sa reconnaissance absolue.

---

(1) Sur l'intérêt qu'avait la Suède à adhérer à l'Union de Berne, on peut consulter encore la pétition de l'Association des Auteurs suédois (Sveriges Fœrfattarfœrening) en 1903 (*Le Droit d'auteur*, 1903, p. 142).

Lecture est donnée du mémoire de M. Hoel (1).

Il est à désirer que le travail de M. Hoel, qui répond si bien aux préoccupations de certains membres de notre Association, reçoive la plus large publicité.

M. Tillge, éditeur à Copenhague, déclare qu'il est prêt à publier dans son journal le rapport de M. Hoel et qu'il fera tout son possible pour que ce rapport soit aussi publié dans d'autres journaux danois.

Le Président remercie M. Tillge et demande s'il est certains points particuliers sur lesquels les membres de l'Association désireraient faire porter l'enquête à poursuivre dans les divers pays pour se rendre compte des difficultés qu'il y aurait à vaincre pour l'acceptation du texte intégral de Berlin et des moyens de triompher de ces difficultés.

M. Röthlisberger indique que les renseignements mis en lumière par M. Hoel lui ont été confirmés pleinement dans des entretiens particuliers avec des gens de lettres danois ; c'est ainsi qu'un des membres du *Nordisk Musikvorlag* et du *Bureau Hamlet*, Vimmelskaftet, 38, à Copenhague, qui s'occupe de l'écoulement de travaux littéraires danois à l'étranger, a déclaré que les revenus de beaucoup d'écrivains danois ont considérablement augmenté après l'entrée en vigueur de la Convention au Danemark, sans que le prix des ouvrages ait subi une hausse ; le fait est que les échanges internationaux, fort réduits auparavant, se sont développés entre le nouveau membre de l'Union et les anciens membres grâce à la stabilité des affaires garantie par la Convention ; les auteurs danois, longtemps ignorés au dehors, sont maintenant recherchés par des éditeurs étrangers, qui sont à l'affût de nouveautés et font connaître les lettres danoises dans des milieux s'intéressant à des talents jeunes et originaux. Encouragés par ces tentatives d'exploration des éditeurs étrangers, les auteurs danois ont établi à leur tour en Allemagne un bureau pour l'exploitation de leurs travaux littéraires sur le marché allemand.

M. Osterrieth exprime le désir que l'Association étudie d'une manière toute particulière la question de savoir si la protection élève ou non le prix des livres : les lois économiques du marché des œuvres d'arts et des livres sont mal connues et les opinions les plus contradictoires existent sur ce point, il serait intéressant de connaître de quel côté se trouve la vérité.

---

(1) Voir Annexe III.

M. le Président donne lecture d'une dépêche de Mme Pouillet répondant à celle qui lui a été envoyée dès l'ouverture du Congrès.

M. Taillefer donne lecture d'une lettre de M. Harmand, qui s'excuse de ne pouvoir assister au Congrès pour raisons de santé.

Il est décidé qu'on abordera la troisième question du programme, conformément à l'emploi du temps qui a été distribué en dernier lieu.

DE L'UNIFICATION DE LA DURÉE DES DROITS D'AUTEUR.

Le Président rappelle que le gouvernement allemand, dans son programme pour la Conférence de Berlin, avait proposé la suppression de toutes formalités et de la condition de protection dans le pays d'origine de l'œuvre. Le Congrès de Mayence avait conclu qu'il ne convenait de rendre le droit de l'auteur indépendant de toutes conditions de protection au pays d'origine de l'œuvre qu'entre les pays où serait unifiée la durée des droits d'auteur.

A Berlin, la délégation française avait proposé, comme le Congrès de Mayence, de solidariser les deux questions ; mais on s'est heurté à l'opposition de l'Allemagne qui voulait obtenir l'indépendance des droits sans avoir à changer sa législation intérieure, qu'il avait fallu modifier pour parvenir à l'unification de la durée, puisque la protection s'étend, en Allemagne, trente ans après la mort de l'auteur, tandis que l'unification ne pourra se faire que sur la durée de cinquante ans après la mort de l'auteur, qui est la durée adoptée par la plupart des Etats. Par transaction, la délégation française et celles qui partageaient sa manière de voir ont consenti à insérer sans restriction, dans l'article 4, alinéa 2, que « la jouissance et l'exercice des droits sont indépendants de l'existence de la protection dans le pays d'origine de l'œuvre » ; mais, dans l'article 7, alinéa 2, elles ont inscrit cette réserve indirecte que la protection ne pourra excéder la durée fixée dans le pays d'origine de l'œuvre.

Il est regrettable qu'on n'ait pu immédiatement unifier la durée et il importe de faire une propagande énergique pour que tous les Etats se rallient à la durée de cinquante ans, *post mortem*, donnée comme modèle par l'alinéa premier de l'article 7.

Le vœu suivant, préparé par le bureau, est adopté à l'unanimité par le Congrès, en ces termes :

> **Le Congrès émet le vœu que la durée de protection soit effectivement fixée dans tous les Etats de l'Union à la vie de l'auteur et cinquante ans après sa mort et que les Etats où ce délai n'est pas encore prévu par la législation intérieure l'y introduisent aussi bien dans l'intérêt de l'unification internationale que dans le but d'établir la protection du droit d'auteur sur une base à la fois plus solide, plus équitable et plus conforme aux lois d'une exploitation économique rationnelle.**

M. Tillge, éditeur à Copenhague, demande la parole pour faire la proposition suivante : il voudrait qu'une loi décidât que, en aucun cas, l'éditeur ne pourra faire imprimer une œuvre sans que l'auteur lui ait donné l'autorisation écrite d'imprimer.

M. Joubert, président de la Société des Compositeurs et Editeurs de musique, estime qu'il n'est pas besoin d'une disposition législative sur ce point pour protéger l'auteur ; il suffit, en effet, que l'auteur insère dans son contrat d'édition une pareille obligation pour qu'une sanction en résulte.

M. Röthlisberger, secrétaire du Bureau de Berne, fait remarquer que la proposition de M. Tillge a déjà été étudiée autrefois par l'Association, c'est la question du bon à tirer collectif, préconisé alors par M. Pouillet, qui allait même beaucoup plus loin que M. Tillge.

Le bon à tirer collectif, si séduisant en apparence, présente de nombreux inconvénients et la pratique l'a définitivement condamné.

Il cite à l'appui de son dire l'exemple de l'Espagne, où ce système fonctionne et où auteurs et éditeurs font tous leurs efforts pour qu'on le supprime. En quelques mots, il signale les difficultés auxquelles il a donné lieu, notamment au cas où l'auteur est décédé et au cas où l'auteur est étranger. De plus, adopter ce système, c'est favoriser l'ingérence de l'Etat dans les affaires des auteurs et éditeurs.

Il rappelle que, dans le dernier Congrès que viennent d'avoir les Espagnols, la suppression de toutes ces formalités a été unanimement demandée.

M. Joubert insiste pour que le Congrès repousse la proposition de M. Tillge ; il ne faut pas perdre de vue, selon lui, que ce qu'il faut avant tout, c'est supprimer des formalités et non pas en rétablir.

M. OSTERRIETH s'associe aux observations présentées par M. Joubert et M. Röthlisberger et demande à M. Tillge de retirer sa proposition.

M. TILLGE retire sa proposition.

M. TRÝDE, éditeur à Copenhague, présente les observations suivantes :

Sans entrer plus avant dans la question de la durée des droits d'auteur, je me permettrai de présenter un seul cas, qui n'est pas sans importance à cet égard et dont j'ai eu l'occasion de faire l'expérience.

Lorsqu'il s'est passé quelque temps après le décès de l'artiste, on éprouve de très grandes difficultés à trouver celui ou ceux à qui il faut s'adresser pour obtenir les droits de reproduction, et cette difficulté augmente pour chaque année qui s'écoule après la mort de l'artiste, ce qui rend la reproduction de bien des œuvres d'art difficile pour ne pas dire impossible ; cela ne procure de la joie à personne, mais apporte de la gêne pour tous ceux qui s'occupent des beaux-arts, pour les artistes, pour les éditeurs.

Je vais illustrer ce cas par des faits probants. Il y a dans la Glyptothèque quelques tableaux, entre autres des trois grands peintres français, Delacroix, Corot et Théodore Rousseau. Nul ne peut dire d'eux que ce sont des artistes dont les noms et le talent soient tombés dans l'oubli après leur mort ; au contraire, ils resplendissent de plus en plus, chaque jour qui s'écoule, ils appartiennent vraiment aux plus grands noms de l'art moderne ; ce qui se passe pour eux est en vérité très typique. Il a été impossible, malgré tous les efforts, de trouver leurs représentants, à qui on doit s'adresser pour obtenir le droit de reproduction. Comme éditeur des œuvres exposées à la Glyptothèque, j'ai désiré les reproduire, vu qu'elles sont parmi les œuvres d'art les plus célèbres de cette riche collection ; or, puisque le délai de cinquante ans après le décès de ces artistes, que l'Etat danois a reconnu comme limite de la durée du droit de reproduction, n'est pas encore expiré, j'ai dû naturellement chercher à obtenir le consentement des ayants droit.

Il semble incroyable, et pourtant c'est vrai, qu'il est tout à fait impossible de trouver ceux-ci.

Après m'être adressé en vain à plusieurs des éditeurs qui ont publié des reproductions de ces artistes, à la fin je me suis adressé au bon endroit pour avoir les renseignements, à savoir au bureau pour la défense de la propriété artistique de la Société des Artistes français ; mais tout ceci n'a abouti qu'à un résultat négatif, car on m'a répondu qu'on n'avait pu retrouver quels étaient les héritiers de Corot, de Delacroix et de Théodore Rousseau. Je sais que ce qui m'est survenu n'est pas unique ; d'autres éditeurs pourraient fournir de pareils exemples.

La conséquence de la prolongation du droit de reproduction à un temps très éloigné de la mort de l'artiste multiplie ces exemples ; on empêchera pendant une suite d'années la reproduction légitime des chefs-d'œuvre, même des plus grands artistes, cela au détriment de tous ceux qui aiment les beaux-arts, les étudient et qui voudraient avec raison se procurer des reproductions des œuvres de tous les bons artistes ; cela préjudicie également au gros public, sans donner aucun avantage à qui que ce soit, cela ne sert qu'à celui qui prend son bien où il le trouve.

Bien que je sois ici comme délégué de l'Union danoise des libraires, ce n'est pas en cette qualité que je présente ces observations, car cette question n'a pas été discutée dans notre Union et je n'ai, par conséquent, aucun droit de m'exprimer là-dessus en son nom ; mais, comme j'ai eu l'occasion de voir cette affaire de son côté pratique, j'ai désiré vous exposer, messieurs, ce que mon expérience m'a mis à même de constater.

M. Boisseau, qui a été mis au courant de l'espèce citée, reconnaît qu'au Syndicat de la Propriété Artistique on n'a pu fournir à M. Tryde le renseignement demandé.

Le Président ne croit pas qu'il y ait là une objection contre la fixation de la durée de protection à cinquante ans après la mort de l'auteur ; on rencontrera parfois les mêmes difficultés de renseignements, quelle que soit la durée de protection, et même pendant la vie de l'auteur ; par exemple, l'auteur sera absent ou aura disparu, ou ne voudra pas répondre, quelquefois il ne saura pas lui-même s'il a conservé le droit de reproduction, personne peut-être ne saura le dire avant que les tribunaux aient statué, ce pourra être une délicate interprétation de contrat ; les cas exceptionnels dans lesquels il sera difficile de se renseigner sur la propriété de l'œuvre et d'obtenir l'autorisation de photographier un tableau ou une statue ne doivent pas entrer en ligne de compte pour la fixation de la durée du droit. Pour parer à l'inconvénient sérieux que signale M. Tryde, il est à souhaiter que, dans tous les pays, les Sociétés d'artistes organisent et tiennent à jour, — cela n'a rien d'irréalisable, — un service de renseignements sur la propriété des droits de reproduction des œuvres des principaux artistes ou tout au moins sur leurs ayants droit légaux ; il serait même intéressant que les Sociétés d'artistes fassent centraliser les droits de reproduction, comme le fait la Société des Gens de Lettres. En France, à propos de la protection de la photographie, les éditeurs ont fait les mêmes observations que M. Tryde et réclamé le droit de reproduire, moyennant une rétribution, les documents dont ils avaient besoin, les photographes ont jeté les bases d'un service de perception pour la reproduction. Il conviendrait sans doute aussi de se montrer tolérant pour la citation des documents artistiques, dans la mesure où elle est indispensable pour les ouvrages de critique et d'enseignement.

La question spéciale de la reproduction des œuvres d'art exposées dans les Musées, nous l'avons mise tout particulièrement à l'étude (voir, au Congrès de Marseille, en 1904, le rapport du regretté Auguier, alors conservateur du Musée de Longchamps à Marseille) ; une commission a été constituée, elle ne manquera pas de profiter de l'expérience acquise au Congrès de Copenhague.

Quant à M. Tryde, il n'a, dans le cas qui le préoccupe, guère à redouter, étant donnée la jurisprudence française, d'après laquelle le droit de reproduction passe à l'acquéreur de l'original (tableau ou sculpture), sauf stipulation contraire ; il est probable que le droit de reproduction a suivi le tableau, et, si un propriétaire du droit de reproduction se révélait plus tard, il n'y aurait pas de juges danois pour considérer M. Tryde comme étant de mauvaise foi, après les recherches qu'il a faites; il s'exposerait simplement à payer une redevance, qu'il semble prêt à verser.

La séance est levée.

Le Secrétaire :

DUPONT-ROUGIER.

TROISIÈME SÉANCE DE TRAVAIL

Vendredi 25 juin (matin)

La séance est ouverte à neuf heures et demie, sous la présidence de M. GEORGES MAILLARD.

DES PHONOGRAPHES ET CINÉMATOGRAPHES AU POINT DE VUE DE LA PROPRIÉTÉ LITTÉRAIRE ET ARTISTIQUE

I. — PHONOGRAPHES

Le PRÉSIDENT annonce que, sur la question des *phonographes*, M. JEAN LOBEL, secrétaire général de l'Association, qui n'a pu se rendre au Congrès, a rédigé une note relativement à la suppression du paragraphe 3 du protocole de clôture concernant les instruments de musique mécaniques. Il donne lecture de cette note ainsi conçue :

Note relative à la suppression du paragraphe 3 du protocole de clôture concernant les instruments de musique mécaniques.

Le paragraphe 3 du protocole de clôture, relatif aux instruments mécaniques est calqué sur la loi française de 1866, loi édictée pour donner satisfaction à la Suisse, qui avait posé comme condition, à la signature d'un traité de commerce, que la production alors florissante de ses boîtes à musique, qui était une des branches de son horlogerie, serait libérée de toute entrave.

L'industrie des boîtes à musique a vécu, le traité de commerce a été dénoncé ; la loi seule nous est restée. Cette loi apportait une restriction aux dispositions de la loi générale, elle avait exproprié sans indemnité les compositeurs de leurs droits de reproduction ; c'était une diminution de la situation créée en 1793, c'était une loi restrictive.

Quand, aux boîtes à musique et aux orgues à cylindres qui existaient en 1866, succédèrent, vers 1880, les instruments à éléments interchangeables et qu'à côté de la fabrication de l'instrument se créa un véritable mode d'édition, par l'invention de bandes perforées, de carton ou même de papier, nous eûmes la pensée, qui était aussi celle de notre éminent maître Pouillet, qu'une loi restrictive ne pouvait être étendue et que son application devait être limitée aux instruments en usage en 1866.

Le Tribunal et la Cour de Paris nous répondirent que la loi était « interprétative » et en étendirent les effets au nouveau mode d'édition.

C'était bien, en effet, un nouveau mode d'édition, car chaque fabricant d'instruments tenait boutique de morceaux de musique et de partitions et envoyait des catalogues qui étaient comparables à ceux de leurs confrères, éditeurs de musique gravée.

Ce mode d'édition se distinguait de l'édition par la gravure en ceci qu'il était exempté de redevance en faveur des compositeurs.

Il présentait aussi cet avantage en faveur du néo-éditeur que ce dernier éditait sans risques.

Alors que l'éditeur de musique gravée devait d'abord acheter l'œuvre au compositeur et risquait de voir tous ses efforts pour la faire agréer du public rester infructueux, l'éditeur pour instruments mécaniques choisissait seulement les œuvres déjà consacrées par le succès et, sûr de la demande, éditait sans risques les œuvres dont le succès était dû aux efforts combinés du compositeur et de l'éditeur ancienne manière.

La nouvelle industrie, à l'abri de la loi de 1866, et grâce à l'interprétation donnée par les tribunaux, trouva profitable de piller compositeurs et éditeurs.

En 1896, malgré l'intervention du maître Massenet et de Victorin de Joncières, qui firent une démarche pour obtenir une modification de l'article 3 du protocole de clôture de la Convention de Berne, et, malgré les protestations de M. Pouillet, qui faisait partie de la Conférence, la délégation française, influencée par les fabricants d'instruments mécaniques qui avaient amené une députation d'ouvriers, fort étonnés d'ailleurs du rôle qu'on leur faisait jouer et qui, dûment stylés, exposèrent qu'on voulait les faire mourir de faim, la délégation française résista mollement aux influences étrangères et le protocole garda son paragraphe, violation flagrante du droit des compositeurs.

La rapine fut légitimée ; néanmoins, cela était si flagrant, il y avait une telle similitude entre l'édition de notes perforées et celles de la musique gravée, la transition entre ces deux modes était si mince que certaines législations et certains tribunaux furent obligés de tenir un certain compte du nouvel état de choses.

Les Américains, les Français et les Allemands étaient arrivés, en effet, à faire des instruments, fort chers d'ailleurs, qui demandaient, à l'exécution, une certaine lecture ; la partition en caractères perforés comportait en effet des lignes indiquant à l'exécutant la nécessité de manier divers leviers pour donner l'expression.

Les tribunaux allemands décidèrent que, dans ce cas, de telles éditions devaient être assimilées aux éditions gravées, c'était un retour vers le principe du respect du droit de l'auteur.

D'autre part, une Compagnie américaine, qui avait trouvé un procédé de multiplication des éditions perforées, envoya des représentants à Paris pour traiter avec les compositeurs et éditeurs, tellement il lui semblait logique d'obtenir l'autorisation ; l'auteur de ces lignes fut chargé d'obtenir des traités, mais, au bout de quelques jours, on le pria de ne se point donner de peine, car il était inutile d'acheter ce qu'on pouvait prendre librement.

Le premier mouvement, qui avait été le logique et le bon, fut immédiatement paralysé par notre législation.

Ainsi, pour protéger les fabricants d'instruments dont les prix varient de 400 à 2,000 francs pièce et même davantage, on refusait aux compositeurs une redevance sur des éléments interchangeables dont le prix variait de 2 à 25 francs. Nous ne croyons pas qu'une taxe de 10 0/0 sur les éléments interchangeables aurait empêché les gens qui paient 2,000 francs, un symphonion de payer 2 fr. 50 ou 2 fr. 75 ce que l'on payait 2 francs ou 2 fr. 50.

Il est curieux de remarquer que certains de ces instruments n'étaient pas sonores par eux-mêmes, mais s'adaptaient à des pianos ou à des orgues. C'était de véritables automates que l'on mettait devant un piano ou orgue quelconque et qui lisaient et interprétaient le morceau édité en violation du droit de l'auteur et cela avec une perfection que la majeure partie des exécutants humains ne peut atteindre, le pianiste était remplacé par l'automate.

Ces divers instruments devaient se voir concurrencés victorieusement par une nouvelle invention, celle d'Edison, le phonographe, et ensuite ses dérivés : gramophone, etc...

A la bande de papier ou de carton succédèrent le cylindre et le disque phonographiques.

Et alors les compositeurs purent méditer avec encore plus d'amertume le vers de Virgile :

« *Sic vos non vobis*..... »

Toute la musique en vogue s'inscrivit sur la cire, le caoutchouc et sur toutes les matières propres à recevoir le coup de stylet de l'enregistreur, sans que cette reproduction fût la source d'un bénéfice quelconque pour celui qui en était la cause première.

L'industrie nouvelle prospéra immédiatement et c'est par millions que l'on compte les profits qu'elle tire de l'exploitation des œuvres musicales.

A la dernière réunion de l'Association Littéraire et Artistique Internationale à Neuchâtel, M. Ricordi, l'éditeur de Milan, qui s'est occupé beaucoup de la question des éditions phonographiques, estimait à 75 millions le chiffre d'affaires des maisons américaines.

La Société du Gramophone de Londres, créée au capital de 2 millions, a majoré son capital jusqu'à concurrence de 15 millions. Elle donne 25 à 30 0/0 de dividende et a une réserve de 15 millions, même, dit-on, 20 millions.

Et il est à remarquer que ces riches Sociétés, qui refusent un modeste pourcentage aux compositeurs dont elles exploitent les œuvres, ne sont pas entravées par les rétributions accordées aux artistes qui les interprètent.

Chaque artiste reçoit une redevance par *exemplaire vendu* (1).

De ce chef, Mme Melba a touché de la Société du Gramophone, en 1906 : 250,000 francs (deux cent cinquante mille francs) ;

Tamagno a touché, en une année, 125,000 francs.

Pourquoi ce qui est possible pour les artistes ne le serait-il pas pour le compositeur ou son ayant droit, l'éditeur ?

Pourquoi M. Ganne, qui touche chez son éditeur de musique une somme par exemplaire vendu, ne toucherait-il pas aussi bien chez l'éditeur de reproductions phonographiques ?

La seule raison de cette différence, c'est celle-ci : il faut demander à

---

(1) L'artiste chante devant un appareil enregistreur qui sert ensuite à établir une matrice avec laquelle on fait des reproductions à l'infini.

l'artiste de bien vouloir chanter devant l'appareil, tandis que l'on peut se passer de l'intervention du compositeur.

On avouera que ce n'est pas très reluisant comme argument.

Aussi, cette situation n'a-t-elle pas été sans soulever des protestations.

Des procès ont été intentés.

En Italie et en Hongrie, satisfaction fut donnée aux compositeurs.

En Belgique, on gagna le procès pour un fragment d'une pièce de M. Sardou.

On le perdit à propos d'une reproduction d'une œuvre musicale française. Le jugement déclarait que les compositeurs français étaient dépouillés du droit d'intervenir par la loi de 1866.

En France, la Cour de cassation a prononcé un arrêt qui dénote bien quelle est la perplexité des magistrats, arrêt qui a décidé qu'on pouvait s'emparer de la musique, mais pas des paroles !

Les Sociétés de compositeurs et d'éditeurs de musique de tous les pays : Etats-Unis, Hollande, Allemagne, France, Grande-Bretagne, Autriche, Italie, Suisse, Suède, ont envoyé à Berne des protestations contre le maintien du paragraphe 3 du protocole de clôture ; c'est un tolle général.

De leur côté, les éditeurs de reproductions musicales, phonographiques ont demandé en France, par l'organe de M. Trouillot, leur interprète, le maintien de la loi de 1866 à l'abri tutélaire de laquelle ils pensent se créer un répertoire sans bourse délier ; ils demandent en outre le maintien du paragraphe 3 du protocole de clôture, et au besoin l'extension des dispositions de la loi et de la Convention.

En réalité, ce qu'ils craignent ce ne sont pas les ayants droit, ce sont leurs concurrents les fabricants, ils ne veulent pas voir les auteurs céder à un fabricant le monopole exclusif de la reproduction de telle ou telle œuvre.

Ils désirent que les autorisations soient générales et les conditions les mêmes pour tous.

C'est à ces desiderata que répondait la proposition faite par les délégués allemands à la Conférence de Berlin, tendant à introduire dans la Convention de Berne une réglementation du droit des compositeurs en ce qui concerne les reproductions phonographiques et autres, du genre mécanique, règlement qui constituerait une sorte de domaine public payant, analogue à ce qui existe en Italie pour les œuvres parues depuis plus de quarante ans.

Tout en rendant hommage à la bonne volonté des fabricants allemands, qui, dans cette circonstance, se sont montrés plus accommodants que leurs confrères français, nous ne pouvons pas accepter cette manière de voir.

Nous estimons qu'il faut laisser au compositeur son droit entier et remettre l'éditeur pour instruments mécaniques sur le même pied que l'éditeur pour piano ou pour orchestre et laisser les intéressés se débrouiller entre eux au mieux de leurs intérêts réciproques.

Est-ce que les redevances payées par les éditeurs, les directeurs de théâtres, les concerts, etc., sont autres que celles que l'on est en droit d'exiger des éditeurs nouveau style ?

En aucune façon.

Ces derniers n'ont-ils pas les mêmes moyens que les premiers, pourquoi donc en faire des privilégiés, et surtout pourquoi faire qu'ils soient les seuls éditeurs toujours certains d'avoir l'œuvre à succès sans bourse délier ?

Pourquoi favoriser d'une manière spéciale une industrie très florissante ?

Toutes les industries qui dépendent de la propriété intellectuelle sont en droit de demander la même faveur.

Les directeurs de théâtre seraient heureux d'être exonérés des 10 ou 12 0/0 de droits qu'ils paient.

Les éditeurs seraient enchantés de ne pas avoir à payer des milliers de francs une partition, sans savoir ce qu'elle donnera, et préféreraient attendre la réussite de l'œuvre pour l'imprimer sans la payer à l'auteur.

Il en est de même pour le livre et pour le journal.

Pourquoi cette sollicitude et ce privilège en faveur d'une industrie qui ne semble avoir d'autre titre à ces faveurs que celui du bonhomme Poirier d'Augier : « avoir donné l'exemple de la fortune » ?

Nous croyons qu'il aurait fallu la faire rentrer dans le droit commun et rendre aux compositeurs ce qu'on leur a enlevé injustement.

En matière d'instruments de musique, le compositeur avait autrefois les deux droits :

Droit d'édition,

Droit d'exécution.

On lui a pris le premier, on aurait dû le lui restituer d'une façon complète.

Tout se serait arrangé dans la suite, les intérêts en cause se seraient combinés et il en aurait été de l'exercice du droit d'édition en ces matières comme pour le droit d'édition des livres, de la musique, des estampes, etc.

Aussi ne sommes-nous pas complètement satisfaits, loin de là, du nouvel article 13 de la Convention de Berne revisée à Berlin.

Le premier alinéa remet bien les choses en ordre quand il déclare que les compositeurs ont seuls le droit d'autoriser les adaptations des œuvres musicales aux instruments mécaniques.

Mais pourquoi avoir tout remis en question ?

« Des réserves et conditions relatives à l'application de cet article pourront être déterminées par la législation intérieure de chaque pays ; mais toutes réserves et conditions de cette nature n'auront qu'un effet strictement limité au pays qui les aura établies. »

C'est le renvoi à la législation intérieure et une incitation à légiférer dans un sens restrictif. Pourquoi ?

Autant dire aux Etats contractants : nous émettons un principe, mais nous vous invitons à prendre toutes mesures pour l'enfreindre.

Que dire de l'alinéa 3 ?

« La disposition de l'alinéa premier n'a pas d'effet rétroactif, et, par suite, n'est pas applicable dans un pays de l'Union, *aux œuvres* qui, dans ce pays, auront été adaptées licitement aux instruments mécaniques, avant la mise en vigueur de la présente convention. »

Que voilà donc une façon heureuse de comprendre la rétroactivité !

Ainsi, la nouvelle Convention confirme pour l'avenir la dépossession des compositeurs et cela en vertu de *droits* acquis par les fabricants ! (c'est la raison qui a été donnée).

Nous avouons ne pas très bien comprendre la valeur de ces droits acquis ; sont-ils donc plus respectables que les droits des compositeurs que l'on avait résolument confisqués au profit des fabricants en 1886.

Sont-ils plus respectables que ceux des éditeurs de livres et de musique qui avaient vu en 1886 leurs droits acquis limités à la vente *des exemplaires* restants, licitement publiés avant la promulgation de la Convention.

En 1886, on disait exemplaires.

Aujourd'hui, on dit œuvres.

Ainsi, parce qu'un fabricant se sera emparé d'une œuvre, il se sera créé un droit primant celui des compositeurs qu'il a dépouillés.

J'entends bien que, seul, le fabricant qui a ainsi procédé restera bénéficiaire de la situation et qu'un nouveau fabricant serait mal venu à invoquer la situation antérieure pour s'emparer à son tour de la même œuvre ; néanmoins, le fait d'avoir réalisé des bénéfices considérables aux dépens de quelqu'un ne nous semble pas une raison suffisante pour justifier d'un droit acquis et tout cela est regrettable et injuste.

On ne peut que déplorer que la conférence de Berlin ne se soit pas contentée de l'alinéa premier, qui se suffisait à lui-même et disait tout ce qu'il y avait à dire.

Les fabricants seraient restés avec les bénéfices acquis antérieurement, les compositeurs seraient rentrés en possession de leurs droits. Il n'en est pas ainsi, on ne peut que le regretter.

M. Röthlisberger rappelle en quelques mots comment, dans la discussion de la Conférence de Berlin, on est arrivé au système de l'article 13 actuel.

Le gouvernement allemand, dans son projet primitif, avait proposé le système de la licence obligatoire ; cette proposition, peut-être mal comprise, fut repoussée, c'est alors qu'on est arrivé à l'article 13 actuel, avec ce correctif que des réserves et conditions relatives à l'application de cet article pourraient être déterminées par la législation intérieure de chaque pays. Sans doute, il est regrettable que, sur ce point comme sur les autres, des réserves aient été introduites ; ici comme ailleurs, il faut avant tout travailler à ce que ces réserves soient réduites à leur strict minimum, c'est vers ce but que doivent converger les efforts de l'Association, et elle doit faire pour cela une active propagande.

Il faut bien préciser la portée des restrictions que les alinéas 2 et 4 apportent au principe posé par l'alinéa 1 de l'article 13 :

a) L'alinéa 2 de l'article 13 visant les *conditions et réserves* — c'est la même formule qui est insérée dans l'article 14 de la Convention de 1886 quant à l'atténuation de l'effet rétroactif de celle-ci — a été libellé dans ce sens général parce que la Conférence n'entendait pas accepter comme seule solution possible le système des licences obligatoires proposé par le gouvernement allemand en vue de parer au danger de voir les grands fabricants se créer des monopoles au détriment des petits industriels ; les pays seront donc libres de choisir les modalités d'application du principe de l'article 13 qui leur semblent concilier le mieux le droit absolu de l'auteur avec la considération due à leur industrie ; à cet égard, on apprend qu'en France, on travaille à l'élimination de la loi du 16 mai 1866, et qu'en Allemagne, on espère arriver à une solution transactionnelle grâce à la fondation d'une Société commune des intéressés, auteurs, éditeurs et fabricants, qui rende superflu le régime des licences ;

b) Le droit d'exécution publique à l'aide des instruments mécaniques (la reproduction dite sonore) n'avait pas été reconnu par les auteurs de la Convention primitive (v. Actes de la Conférence de Berne de 1885, p. 55) et ne l'a pas été dans tous les pays unionistes, ni par la loi ni par la jurisprudence ; il le sera désormais sans contestation possible, ce qui compense largement la faculté hypothétique de pouvoir le soumettre à des réserves, d'autant plus que là où ce droit a été sauvegardé auparavant, il devra rester pleinement applicable, même vis-à-vis des œuvres utilisées jadis librement pour lesdits instruments ;

c) La France ayant voulu préserver son industrie de l'effet rétroactif de la disposition nouvelle, l'Angleterre ayant entendu en exempter *toutes* les œuvres parues avant la mise en vigueur de la Convention revisée et l'Italie s'étant opposée à toute limitation du droit exclusif des auteurs en cette matière, il a fallu concilier dans les alinéas 3 et 4 les différents points de vue et on s'est arrêté aux solutions suivantes : pas d'effet rétroactif par rapport aux œuvres *musicales* qui, jusqu'au moment de ladite mise en vigueur (octobre 1910), auront été adaptées à ces instruments d'une façon permise d'après la législation locale ; faculté réservée aux pays signataires de fixer l'étendue de la non-rétroactivité ; conséquences strictement territoriales de ces mesures. Celles-ci impliquent-elles un maximum de restrictions, obligatoires pour les pays unionistes, ou bien ces pays pourront-ils édicter des solutions plus favorables aux auteurs, c'est-à-dire restreignant à leur tour la règle proclamée de la non-rétroactivité pure et simple, soit quant à la période pour laquelle cette règle est prescrite (par exemple en anticipant le délai de 1910), soit quant aux œuvres adaptées ? Il semble que cela devrait être admissible en raison de la théorie du minimum de la protection et surtout si des négociations préalables étaient ouvertes avec les pays qui réclamaient à Berlin la non-rétroactivité. En tout cas, on peut se demander si les termes « œuvres adaptées licitement aux instruments mécaniques » ne devraient pas être circonscrits à *celles* des œuvres qui ont fait *effectivement* l'objet d'une utilisation semblable (nullement à toutes les œuvres d'un même auteur) et viser uniquement l'adaptation au genre d'instruments connus pour lesquels l'œuvre a déjà été utilisée. Ce n'est qu'à l'égard de ces œuvres nettement définies que le nouveau principe protecteur de l'article 13 (alinéa 1er) n'aurait pas d'effet rétroactif.

M. Joubert s'associe aux critiques présentées par M. Lobel et, après avoir exposé la situation qui est faite à l'heure actuelle en France aux compositeurs par la loi française de 1866, dit qu'il serait juste d'abroger cette loi.

M. Osterrieth préconise la formation de Syndicats des intéressés ; c'est par l'union seule qu'ils pourront arriver à faire triompher leurs revendications auprès des pouvoirs publics.

Si l'alinéa 3 a été adopté à Berlin, c'est que la délégation française l'a posé comme condition *sine qua non* de son adhésion a la conférence ; il en fut de même de la délégation anglaise qui se montra aussi intransigeante.

M. Joubert critique l'alinéa 3 ; tout d'abord, au point de vue de sa rédaction. Que faut-il entendre par le mot *œuvres*, qui y est employé ; faut-il prendre œuvre dans le sens général ou, au contraire, dans le sens de fragment ? Cela est d'une importance capitale, car si on le prend dans le sens général, il suffira à un éditeur d'instruments mécaniques d'avoir édité le fragment d'une œuvre pour que cette œuvre tout entière tombe dans le domaine public ; ce serait exorbitant. La Convention n'est pas éclairée sur ce point et il est indispensable qu'on détermine nettement ce qu'on a voulu accorder ; ce n'est que le morceau même, qui aura été reproduit licitement avant la mise en vigueur du nouveau texte de la Convention, que le fabricant pourra continuer à éditer.

Il critique ensuite le principe de la non-rétroactivité qui est un appel formel à la contrefaçon immédiate, puisque, somme toute, c'est une invitation aux éditeurs d'éditer avant la mise en vigueur de la convention le plus de morceaux possible pour ne pas avoir à payer plus tard de droits.

M. Dupont-Rougier fait remarquer qu'on peut adresser au principe de la non-rétroactivité introduit dans la convention les mêmes critiques qu'au principe de la licence obligatoire qui avait été proposé à la Conférence par le gouvernement allemand. Ces deux principes violent, en effet, d'une manière incontestable, le droit moral de l'auteur qui, si on les applique, se trouvera absolument désarmé.

Que pourra faire l'auteur lorsque, le principe de non-rétroactivité une fois mis en vigueur, il se trouvera par exemple en présence d'une mauvaise édition de son œuvre, déjà parue avant la mise en vigueur de la Convention ; sans doute, il pourra, en vertu des principes généraux, se retourner contre l'éditeur qui l'aura défiguré, mais il y a bien des chances pour qu'avec l'alinéa 3 tel qu'il existe, il succombe dans ses revendications.

On pourra lui répondre, en effet, que, son œuvre ayant été adaptée licitement aux instruments mécaniques, avant la mise en vigueur de la Convention, il a perdu tout droit sur elle et que, par conséquent, son action est irrecevable.

Il faudrait, à supposer que le principe de non-rétroactivité fût maintenu, qu'une sanction soit prévue pour le cas où le droit moral de l'auteur aurait été lésé à propos des œuvres déjà parues avant la mise en vigueur de la convention.

M. Rœthlisberger fait remarquer qu'un doute peut subsister au point de vue de l'application de l'article 13 ; cet article s'applique-t-il seulement aux instruments de musique mécaniques existant à l'heure actuelle, ou bien s'applique-t-il à tous les instruments de musique mécaniques qui pourront être inventés par la suite ? Selon lui, l'article 13 doit avoir une portée restrictive.

Le Président, après avoir donné à nouveau lecture de l'article 13, alinéas 1 et 2, observe que les réserves qui pourront être apportées au principe pourront porter non seulement sur le droit de reproduction, mais en même temps sur le droit d'exécution, tandis qu'il avait toujours été admis, contrairement à ce qui semble résulter de la note de M. Röthlisberger, que, ni la loi française de 1866, ni le chiffre 3 du protocole de clôture, ne portaient atteinte au droit d'exécution et que le privilège reconnu aux fabricants ne s'appliquait qu'à la fabrication, non à l'exécution publique par le moyen des instruments mécaniques ; puisque la Conférence de Berne, en 1885, avait refusé de se prononcer sur la question de savoir si l'exécution publique d'une œuvre musicale, au moyen d'un instrument de musique mécanique, était ou non licite, la question demeurait réglée par la législation intérieure de chaque Etat et dans toutes les législations où l'exécution publique, sans le consentement de l'auteur de l'œuvre, est illicite, cette exécution-là était illicite comme les autres.

M. Joubert et M. Osterrieth, à l'appui de cette observation, demandent qu'on émette le vœu que les réserves prévues par l'alinéa 2 de l'article 13 ne s'appliquent, en aucun cas, au droit d'exécution.

Le Président attire encore l'attention du Congrès sur le droit exclusif de reproduction des cylindres et disques enregistrés, indépendamment du droit du compositeur. Les fabricants de phonographes demandent qu'en aucun cas il ne soit permis à des concurrents de surmouler les cylindres ou disques d'autrui; ils ne veulent pas respecter le droit du compositeur sur les airs de musique qu'ils emploient, mais ils veulent un droit exclusif sur l'enregistrement qu'ils en ont fait par l'intermédiaire d'un exécutant, soliste ou orchestre. Il est tout à fait légitime de leur donner satisfaction si les phonographes entrent dans le droit commun à l'égard du compositeur ; mais si on refuse au compositeur tout droit sur la reproduction phonographique de sa musique, pourquoi s'inquiéterait-on d'assurer au reproducteur un droit exclusif sur sa reproduction ? La reproduction de l'interprétation, même d'une œuvre du domaine public, ne devra pas plus être illicite que la reproduction d'un air de musique du domaine privé.

M. Paul Wauwermans, au nom de la délégation belge, a posé à la Conférence de Berlin (procès-verbal, p. 216) la question du droit de reproduction des cylindres et disques, en dehors du droit de reproduction des œuvres musicales ; il a concédé que c'était là une question se rattachant au droit industriel et, par conséquent, sortant du domaine de la Convention de l'Union de Berne ; il s'est contenté de souhaiter que « les législations internes contiennent les dispositions nécessaires pour mettre fin aux actes de pillage dont les fabricants se plaignent ».

Il est vrai que, dans les pays où la législation est assez souple pour atteindre la concurrence déloyale sous toutes ses formes, on pourra considérer le surmoulage en soi comme une concurrence déloyale et interdire ainsi la reproduction des cylindres et disques phonographiques ; dans les pays où on ne réprime que les atteintes à un droit formellement reconnu par la loi, il faudrait légiférer pour créer un droit sur les cylindres et disques, mais ce ne serait évidemment pas un droit industriel, car il ne s'agit pas d'un procédé nouveau de fabrication, ou il faudrait, d'une manière générale, punir tout surmoulage d'un objet fabriqué par autrui (1).

N'y aurait-il pas, en tous cas, sur le cylindre ou le disque, un droit de propriété artistique, le droit de l'artiste dont l'interprétation sonore a été enregistrée, droit qui se trouve cédé par lui au fabricant ? (2).

C'est une question qui mérite d'être plus complètement étudiée par l'Association pour un prochain Congrès.

---

(1) Voir observations de M. Casalonga, ingénieur-conseil, au Congrès de l'Association française de la propriété industrielle à Saint-Etienne.

(2) Voir *infrà*, p. 95, pour le droit de l'artiste sur son interprétation, la communication de M. Emmanuel Larsen.

M. Louis Glass, président de l'Association des Compositeurs et Auteurs danois, lit un rapport ainsi conçu :

De l'usage du gramophone au service de la musique nouvelle.

Appelé, il y a peu de temps, à la présidence de l'Association des compositeurs et des musiciens danois, je fus pris à l'improviste et n'eus ainsi pas le temps voulu de me familiariser avec la langue française en vue du présent Congrès, aussi me sera-t-il difficile de prendre part à la discussion.

Je me permettrai, cependant, messieurs, d'attirer votre attention sur le phonographe, en tant qu'intermédiaire entre le compositeur et les différentes personnes voulant connaître son œuvre.

L'étude des partitions modernes demande du temps et du travail, et, même en admettant que le travail soit suffisant, le plus souvent le temps manquera. Nos chefs d'orchestre et nos musiciens en savent quelque chose : les morceaux de musique nouvelle s'entassent un peu partout, attendant un examen.

De temps en temps, on se contentera de tirer l'une ou l'autre partition du casier, de sorte que l'exécution de ces nouveautés sera dans la plupart des cas l'effet du hasard.

Toutefois, si nous voulions employer le gramophone, ou tout autre appareil analogue, au service de la musique, nous aurions, ce me semble, par là, un moyen de nous tirer d'embarras.

Quoique le gramophone soit pour ainsi dire, encore au berceau, on peut cependant espérer que l'époque n'est plus si éloignée où l'on pourra obtenir de bonnes reproductions de musique de chambre ou d'orchestre.

Au moyen de cet appareil, les musiciens étrangers pourront avoir l'impression juste du contenu de l'œuvre, la conception exacte des détails authentiques de l'exécution, et même, avec un peu d'habitude, celle des véritables intonations.

Maintenant déjà, au point où en est actuellement cet appareil, des passages d'une symphonie à quatre mains pour piano, exécutés par des artistes capables, et suivis sur la partition par ceux qui désirent connaître l'œuvre, leur donneront une idée suffisante de son caractère et de sa valeur, et, dans beaucoup de cas, les engageront à en faire plus ample connaissance.

Je suis même incliné à penser que l'emploi du gramophone, dans ce sens, nous aiderait à nous relever de la décadence dans laquelle nous nous trouvons, et que nous devons le plus souvent à la trop grande tolérance de nos musiciens. La plupart des partitions modernes paraissent souvent mieux sur le papier qu'en réalité ; le musicien, ne demandant pas mieux que de comprendre le compositeur, croit souvent que c'est lui qui est en faute, il s'acharne à son travail, car l'incompréhensible attire, et il finira peut-être par se faire à l'impossible. En est-il arrivé là, il passe à l'exécution, et, dès lors, il est trop tard pour revenir en arrière : on s'attache à ce qui vous fait peiner, et on ne veut pas facilement convenir qu'on s'est trompé.

Le gramophone pourra permettre d'éviter ces ennuis, il ira droit au but en dévoilant l'œuvre, ce qui n'est pas un avantage de peu d'importance, surtout à un moment où l'art moderne, pour la plus grande partie, est une réclame, qui ne se soutient que par des moyens artificiels.

A mon point de vue, si on veut assurer aux compositeurs un revenu pour leurs travaux enregistrés au gramophone, il faudrait organiser la chose de façon à ce que, seules, les œuvres de réelle popularité, qui sont devenues une source de revenus pour les maisons s'occupant de l'enregistrement des morceaux au phonographe, soient frappées d'un droit.

Enfin, je recommande à l'attention des compositeurs mes propositions concernant l'emploi du gramophone.

Le Président est heureux de constater quelle part active nos collègues danois veulent bien prendre à nos travaux en nous apportant des idées nouvelles et personnelles. Il y en a deux à relever dans la communication de M. Glass : — la première, c'est que le phonographe pourra être d'une grande utilité pour les musiciens qui voudront avoir l'impression juste du contenu de l'œuvre, il pourra contribuer dans ce sens au développement de l'art ; — disons d'une façon générale « phonographe » et non pas gramophone, car le gramophone est la marque spéciale d'une maison ; — la seconde idée, c'est que, seules, les œuvres populaires, qui sont devenues une source de revenus pour les maisons s'occupant de l'enregistrement phonographique, devraient être susceptibles d'un droit pour la reproduction sur les cylindres et disques.

Cette seconde idée ne saurait être accueillie par l'Association ; car, si un droit exclusif sur les reproductions phonographiques d'une œuvre musicale doit être reconnu à l'auteur de l'œuvre, il n'y a aucune distinction à faire suivant le mérite ou suivant l'importance de l'œuvre, et comment distinguer entre les œuvres populaires et les autres ! La proposition de M. Glass est sans doute un reflet de cette préoccupation constatée l'an dernier chez les compositeurs suédois et qu'on ne saurait trop combattre, car elle repose sur une appréciation inexacte des choses et les conduit à demander le maintien de l'obligation d'une mention de réserve pour le droit d'exécution des œuvres musicales : les musiciens scandinaves pensent qu'on exécutera ou reproduira plus volontiers leurs œuvres, alors qu'elles ne sont point encore célèbres, si le droit d'exécution ou de reproduction est libre, et ils songent à la diffusion de leurs œuvres plus qu'au profit pécuniaire à en retirer. Mais il ne faut pas croire que chefs d'orchestre ou fabricants de phonographes choisiront les œuvres musicales uniquement parce que l'exécution ou la reproduction en sera libre ; ce qu'ils veulent, ce sont justement les œuvres populaires ou les œuvres susceptibles de plaire au public ; ils les paieront s'il faut payer, mais ce sont en tous cas celles-là qu'ils prendront parce que c'est de celles-là qu'ils ont besoin.

Le Président, pour tenir compte des observations qui ont été présentées sur l'article 13 de la Convention de Berne revisée à Berlin, met aux voix la résolution suivante, qui est adoptée à l'unanimité :

Le Congrès se réjouit de trouver, dans l'alinéa 1er de l'article 13 du texte de la Convention de Berne revisée le principe du droit exclusif, pour l'auteur d'œuvres musicales, d'autoriser : 1° l'adaptation de ces œuvres à des instruments servant à les reproduire mécaniquement ; 2° l'exécution publique des mêmes œuvres au moyen de ces instruments.

Mais il exprime le regret que le deuxième alinéa permette aux législations intérieures d'apporter dans l'application de cet article des réserves et conditions, et souhaite, en renouvelant le vœu des Congrès antérieurs, que ces principes soient reconnus dans toutes les législations de l'Union sans aucune atténuation ; en tous cas, les réserves ne devront pas être de telle nature qu'elles paralysent, en réalité, le droit reconnu par l'alinéa 1er.

L'alinéa 3 établissant la non-rétroactivité du principe de l'alinéa 1er doit être interprété en ce sens que la liberté de reproduction, maintenue par les dispositions transitoires, ne s'entend que des reproductions qui étaient licites, soit d'après la Convention, soit d'après la législation intérieure ; elle ne doit s'appliquer qu'à la reproduction, par les mêmes fabricants, de ce qui a été effectivement utilisé et seulement pour le même genre d'instruments.

Il est bien entendu que le droit d'exécution n'est pas compris dans les dispositions transitoires.

II. — CINÉMATOGRAPHES

Le Président donne lecture du rapport adressé par M. José Théry, avocat à la Cour d'appel de Paris :

La protection des Œuvres Littéraires et Artistiques contre le Cinématographe.

Le succès des représentations cinématographiques est indéniable ; il croît chaque jour. Il serait injuste de combattre cette industrie nouvelle sous prétexte qu'elle peut constituer une concurrence redoutable aux représentations théâtrales. Mais, par contre, il y a lieu de s'inquiéter des emprunts audacieux et abusifs qu'elle fait au domaine littéraire et artistique.

A cet égard, il convient de rappeler que le cinématographe, en se développant, s'est transformé.

L'histoire des représentations cinématographiques est l'histoire même des représentations dramatiques. Il y a loin des tragédies et comédies classiques aux divertissements populaires d'où elles sont sorties.

Il suffit de rappeler les vers fameux de Boileau :

> La tragédie informe et grossière en naissant
>
> . . . .
>
> Thespis fut le premier qui, barbouillé de lie,
> Promena par les bourgs cette heureuse folie,
> Et, d'acteurs mal ornés chargeant un tombereau,
> Amusa les passants d'un spectacle nouveau...

Ils s'appliquent exactement aux représentations cinématographiques.

Au début, le spectacle nouveau avec lequel le cinématographe amusa les passants était assez informe, grossier même, pour reprendre l'expression de Boileau. Il n'offrait que des scènes burlesques et rapides : les tribulations d'un ivrogne, les mésaventures d'un homme distrait, la fuite éperdue et mouvementée de malfaiteurs quelconques, etc... Aucune intrigue, aucune révélation de sentiments ou de caractères ; ce n'étaient ici ni des comédies, ni des drames, mais simplement des faits-divers.

Le spectateur s'en lassa vite ; c'était toujours la même chose, car la variété ne peut exister dans nos gestes que si ces gestes expriment des sentiments, des états d'âmes, nuancés à l'infini, et qui captivent parce qu'on y retrouve le reflet de ses propres émotions. Le spectateur se lassa donc rapidement de ces farces cinématographiques, comme en Grèce, en Italie, et en France, les premiers spectateurs s'étaient lassés des farces qui sont l'origine de la tragédie, de la comédie et du vaudeville. Il réclama autre chose, il voulut voir mieux que des cabrioles et des horions ; il voulut que le spectacle intéressât son intelligence et son cœur, et, lassé de la gaîté clownesque, il demanda à voir la vie, il réclama l'émotion.

Les entrepreneurs comprirent. Peu à peu, ils élevèrent les sujets de leurs représentations cinématographiques ; aux farces ils mêlèrent des historiettes ; puis les historiettes devinrent de véritables récits animés, des comédies, des drames, joués, bien entendu, en quelques minutes, où l'action était concentrée, précipitée, où les sentiments étaient vus en raccourcis, mais comédies et drames quand même.

Les sujets de ces historiettes, de ces drames-express, il fallait les trouver. Mais, pour composer un sujet, il faut être auteur, c'est-à-dire avoir la double faculté d'imagination et de composition.

Malheureusement, les employés que beaucoup d'industriels chargèrent du soin de composer des sujets cinématographiques n'étaient pas des auteurs, et, incapables d'imaginer et de composer, ils trouvèrent plus commode d'aller piller les œuvres des vrais auteurs.

C'est ainsi qu'en France, plusieurs littérateurs furent amenés à intenter des procès à des fabricants de films en même temps qu'aux établissements où ces films avaient été publiquement projetés.

Pour la première fois, dans le courant de l'année 1908, le Tribunal civil de la Seine fut appelé à statuer sur cette contrefaçon d'un nouveau genre.

Les auteurs prétendaient que leurs droits avaient subi une double atteinte : 1° par la confection du film, ce film constituant une véritable édition et, par suite, une contrefaçon tombant sous le coup de la loi du 19 juillet 1793 ; 2° par la projection publique de ces films, projection qui était en réalité une représentation de leur œuvre, donnée sans leur autorisation et constituant alors une infraction à la loi du 6 août 1791, relative aux spectacles.

Cette double prétention a été admise, par plusieurs jugements rendus dans différentes espèces, à la date du 7 juillet 1908.

Voici en quels termes ces décisions tranchaient la question de principe :

« Attendu, en droit, que la loi du 19 et du 24 juillet 1793 ne doit pas être interprétée dans un sens étroit et restreint ;

« Que ses dispositions ne sont qu'énonciatives ;

« Que le législateur n'a pas entendu protéger seulement les éditions proprement dites qui se produisent par l'impression ou la gravure, mais encore tous les modes de publication, de quelque nature qu'ils fussent, de l'œuvre qui constitue la propriété privative de son auteur ;

« Attendu que la bande cinématographique ou film sur laquelle sont reproduites, à l'aide d'une succession de photographies, les diverses péripéties soit d'une œuvre dramatique, soit d'une féerie, d'une pantomime ou d'un opéra, et qui est par elle-même, en dehors de l'adaptation à un méanisme quelconque, lisible et compréhensible pour tous, doit être considérée comme une édition tombant sous l'application de la loi des 19 et 24 juillet 1793 ;

« Attendu, d'autre part, que, si la projection cinématographique est, en l'absence du dialogue, absolument impuissante à reproduire, dans toute sa finesse et ses nuances, l'analyse de caractères, l'étude de psychologie à laquelle se serait livré l'auteur d'une œuvre dramatique, elle peut, cependant, dans certains cas, tout en ne reproduisant que des scènes animées, d'ordre purement matériel, constituer une représentation dans les termes de la loi des 13 et 19 janvier 1791, si elle fait revivre devant les yeux du spectateur, à l'aide du développement de tableaux successifs, l'œuvre de l'auteur ;

« Qu'il en est surtout ainsi en matière de féerie, de pantomime ou d'opéra avec mise en scène, qui se prêtent particulièrement à la projection cinématographique ;

« Attendu, sans doute, qu'un auteur ne saurait revendiquer un droit exclusif de propriété sur une idée prise en elle-même, celle-ci appartenant, en réalité, au fonds commun de la pensée humaine, mais qu'il n'en saurait être de même pour la composition du sujet, l'arrangement et la combinaison des épisodes, par lesquels l'auteur présente une idée au public sous une forme concrète et lui donne la vie ;

« Que la création sur laquelle un auteur dramatique peut prétendre à un droit de propriété privatif consiste, en dehors de la forme matérielle qu'il donne à cette conception, dans l'enchaînement des situations et des scènes, c'est-à-dire dans la composition du plan, comprenant un point de départ, une action et un dénouement ;

« Que toute atteinte portée à ce monopole d'exploitation, sous quelque forme qu'elle se dissimule, constitue la contrefaçon. » (1re Chambre du tribunal civil de la Seine, M. Le Berquier, président.)

C'était une appréciation saine, équitable, des droits des littérateurs et des artistes ; il semblait qu'elle dût être définitive. Mais la Cour de Paris, sur l'appel dirigé contre une seule de ces décisions, réforma le jugement.

Laissant de côté les considérations relatives à l'espèce qui lui était soumise (contrefaçon de *Boubouroche*, de Georges Courteline), voici les principes en vertu desquels la Cour condamne la prétention de l'auteur : la forme dont Courteline a revêtu l'idée de sa pièce est restée en dehors de la pantomime cinématographique ; l'originalité de son œuvre se trouve dans l'analyse du caractère de Boubouroche, étude psychologique qui n'a pu être reproduite par un machinisme muet ; dans la pantomime n'est resté que le sujet, sans la manière personnelle dont il a été traité par Courteline ; en conséquence, il n'y a pas de contrefaçon (1).

On voit les conséquences d'une telle théorie. Elle livre tout le domaine littéraire et artistique aux procédés d'exploitation pour lesquels on ne prendra que le sujet d'une œuvre en laissant de côté la forme.

Cependant, il est incontestable que la création de l'auteur porte d'abord sur le sujet. C'est par là qu'il doit forcément commencer ; comment contester que le plan qu'il construit lui appartient tout autant que le monument qu'il édifiera sur ce plan.

« Ma pièce est finie, disait Racine, lorsqu'il avait achevé d'en tracer le scénario, je n'ai plus qu'à l'écrire. » Et Racine, sans s'en douter, formulait un principe incontestable de propriété littéraire, qu'il faut aujourd'hui opposer à l'industrie du cinématographe.

Le droit de l'auteur porte d'abord sur le plan dans lequel sa conception, son idée, se concrétisent ; et il porte également sur la forme où elle est développée.

L'auteur crée surtout en traçant le plan de son œuvre ; c'est là que s'exercent vraiment son imagination, sa faculté de composition.

L'opinion que le droit du littérateur ne porte que sur la forme, c'est-à-dire sur l'expression verbale de sa conception, choque donc les principes les plus élémentaires et les plus évidents de la propriété intellectuelle.

Quoi qu'il en soit, nous nous trouvons en face d'une prétention nettement formulée par les industriels de la cinématographie et acceptée par une décision de justice. Il y a donc lieu de s'émouvoir.

C'est pourquoi je propose au Congrès de Copenhague d'adopter la résolution suivante :

> « En matière littéraire et artistique, le droit de l'auteur porte non seulement sur la forme dans laquelle s'exprime sa conception ; il porte également sur cette conception elle-

(1) Voir le texte intégral de l'arrêt, *infrà*, p. 89 en note.

même, c'est-à-dire sur le plan ou l'esquisse, dont l'œuvre définitive n'est que le développement.

« En conséquence, prendre ce plan ou cette esquisse pour les exploiter sous une forme nouvelle est une atteinte au monopole d'exploitation appartenant à l'auteur.

« Et il y a lieu de poursuivre et réprimer par tous les moyens possibles, dans chaque pays, les atteintes qui peuvent être ainsi portées à la propriété littéraire et artistique par le cinématographe. »

M. JOUBERT, président de la Société des Compositeurs et Editeurs de musique, lit son rapport sur la question des cinématographes :

De la perception sur les représentations cinématographiques.

Les théâtres, les music-halls et les concerts ne font, dit-on, plus d'argent, tandis que les théâtres cinématographiques refusent du monde. Il est constant que le cinématographe fait une concurrence insoupçonnée à tous les établissements, et notamment aux petits.

On a cru que cette situation ne serait que passagère, mais, comme le provisoire, elle date de longtemps déjà et dure encore en prenant chaque jour une extension plus grande. Rien ne fait prévoir, au contraire, qu'elle va prendre fin. Il n'y a plus de boutiques à louer dans Paris : toutes sont accaparées par un théâtre cinématographique.

Ce qui se passe à Paris se reproduit également en France et dans le monde entier : c'est une fièvre de cinématographie. Le nombre des établissements cinématographiques se chiffre par milliers. Les auteurs dramatiques y sont représentés volontairement ou contre leur gré, et quelques-uns d'entre eux, mettant à profit cette source nouvelle de revenus, n'ont pas dédaigné, même parmi les plus célèbres, de faire des scénarios de cinématographe. Là où on se contentait autrefois de montrer sur l'écran « L'arrivée d'un train en gare » ou « Les malheurs d'un arroseur », on voit aujourd'hui des drames lyriques, des comédies, signés par des académiciens, interprétés par des étoiles de l'Opéra, de l'Opéra-Comique et de la Comédie-Française, ainsi que de tous les théâtres de genre.

Nous avons vu des ouvrages dramatiques convertis en scénarios de cinématographes, et nous voyons de véritables scénarios qui, s'ils comportaient le développement littéraire habituel, trouveraient leur place sur les scènes du boulevard. Des compositeurs en renom ne dédaignent pas non plus d'écrire pour les ouvrages cinématographiques de la musique parfaitement adéquate au sujet, ce qui imprime un caractère plus artistique encore à cette nouvelle manifestation de la pensée. C'est donc la concurrence démontrée, terrible, si l'on songe à la différence de traitement entre le théâtre et le cinéma. Dans une lutte évidemment inégale où tous les avantages sont en faveur de l'une des parties, le résultat n'est pas douteux. D'une part, le théâtre a des frais énormes qu'il est inutile d'énumérer, d'autre part, le cinéma, au contraire, en a si peu qu'ils contiennent en trois rubriques : personnel, nul ; éclairage, nul ; publicité, nulle ; quant aux frais de salle, ils sont insignifiants et les recettes dépassent quelquefois journellement un millier de francs.

Malgré cela, le cinéma jouit d'une faveur exorbitante. Il ne paye pas de droits d'auteur.

Le cinématographe, a-t-on-dit, est le théâtre de demain. Jamais prophétie ne s'est réalisée plus complètement et on peut ajouter maintenant « c'est le théâtre d'aujourd'hui » ; pour être plus vrai, « c'est le théâtre populaire d'aujourd'hui ».

Aucune raison ne peut donc être invoquée pour exonérer le cinéma des redevances qu'il doit aux auteurs représentés sur sa scène. Il ne faut pas donner le change, et dire que les auteurs sont rémunérés parce que certains d'entre eux touchent un pourcentage sur la vente des films : ce n'est là que la part du prix de vente généralement consentie par l'éditeur à l'auteur qu'il publie, et c'est, au surplus, l'exception au profit de quelques rares privilégiés. Dans tous les cas, il n'y a aucune confusion possible entre cette convention, qui ne relève que de la loi de 1793, et celle qui peut découler de la loi de 1791 ; il y a plutôt une assimilation à faire entre l'ouvrage cinématographique et l'ouvrage exclusivement dramatique. L'auteur divise son droit en deux parties dont, actuellement, l'une est exercée par l'éditeur à la suite de l'aliénation à lui consentie par l'auteur, et l'autre est exercée soit par la Société dramatique, soit par la Société lyrique, au moyen de ses perceptions.

Il suffit de toucher du doigt cette question pour faire comprendre le préjudice énorme qu'éprouvent de ce chef tous les auteurs et compositeurs dramatiques, voire même les chansonniers, car on peut et on doit, comme on l'a fait d'ailleurs, tirer d'une simple chanson un ouvrage complet pour le cinématographe.

Si l'on ajoute que la moyenne des recettes des cinématographes est de 500 francs par établissement, que l'on donne parfois plusieurs représentations par jour, on a vite fait de trouver le total des sommes encaissées par ces nouveaux entrepreneurs de spectacles et du chiffre des droits qui ne tombent pas dans l'escarcelle des auteurs.

Mais, dira-t-on, sur quelle base établir la perception des droits de représentation cinématographique ? Les Sociétés d'auteurs ont fait mieux que cela. La pièce cinématographique est publiée sur un film d'une longueur déterminée ; la durée de la représentation est subordonnée à la longueur de ce film ; on pourrait, dans une soirée unique de trois heures, représenter un seul ouvrage cinématographique, si la longueur du film comportait un développement de trois heures. L'évaluation des droits peut et doit donc être faite selon la longueur du film cinématographique, et opérée à tant le mètre, avec une répartition conforme au principe de notre répartition actuelle.

Il me semble que la question ainsi posée est bien près d'être résolue. Ce n'est qu'un principe à appliquer ; or, le principe est incontesté. Tout le monde sait, en effet, aujourd'hui que les auteurs d'écrits en tous genres, les compositeurs de musique, les peintres, les dessinateurs, etc., jouissent, durant leur vie entière et pendant un délai de cinquante années après leur mort, du droit exclusif de disposer le leurs ouvrages et d'en céder la propriété à qui bon leur semble, en tout ou partie, comme d'en autoriser les représentations sur les théâtres publics à peine de certaines sanctions.

L'usage aujourd'hui établi permet à certains d'entre les auteurs connus de vendre à des éditeurs leurs ouvrages à des prix fort rémunérateurs et de recevoir des entrepreneurs de spectacles des droits de représentation qui atteignent parfois des chiffres très élevés.

Jamais ne fut mieux vérifié cette assertion du chantre de l'*Art poétique* :

> Je sais qu'un noble esprit peut sans honte et sans crime
> Tirer de son travail un profit légitime.

Le cinématographe devient donc aujourd'hui une nouvelle source de richesse pour une catégorie de producteurs que l'on intitule avec raison « Les ouvriers de la pensée ».

Le Président attire l'attention sur l'arrêt de la Cour de Paris, dont il est question dans le rapport de M. José Théry et qui a désagréablement surpris tous ceux qui s'intéressent à la protection du droit d'auteur, car si l'on en déduisait les conséquences logiques, tous les auteurs dramatiques seraient sans défense contre l'exploitation cinématographique de leurs œuvres, puisque le cinématographe n'empruntera à l'œuvre dramatique que son scénario, jamais la forme littéraire ou le développement, et si le scénario du *Boubouroche* de Courteline, œuvre qui a eu beaucoup de succès et qui est devenue populaire, ne constitue pas une propriété littéraire, les neuf dixièmes des scénarios des pièces les plus célèbres devraient avoir le même sort ; on pourrait dire que les aventures qu'ils relatent font partie du fonds commun du théâtre et du roman ; la Cour de Paris a fait manifestement confusion entre l'idée, qui ne peut pas être monopolisée et le scénario ou plan de l'œuvre, c'est-à-dire l'enchaînement des scènes et les péripéties de l'action.

Le texte même de l'arrêt en fera comprendre le danger (1).

---

(1) L'arrêt de la 1re Chambre de la Cour de Paris, du 12 mai 1909, dans l'affaire Moineaux dit Courteline contre la Compagnie des Cinématographes Pathé est ainsi conçu :

« La Cour ;

« Considérant que Moineaux, dit Courteline, auteur d'une pièce de théâtre en deux actes intitulée *Boubouroche*, a cité la Société des Cinématographes Pathé, dont le siège est à Paris, rue Saint-Augustin, n° 8, devant le Tribunal civil de la Seine ; qu'il a exposé dans son assignation que la Société a organisé, à l'aide d'appareils cinématographiques construits par elle, notamment au théâtre de « l'Omnia », des représentations par projections, d'une pièce intitulée *Ta femme nous trompe*, et qu'il y a reproduit dans tout son texte le programme imprimé et distribué aux spectateurs de l'Omnia, qui est l'explication de la pantomime ;

« Considérant qu'il a soutenu que le spectacle, ainsi obtenu et donné sans son autorisation, est identique au spectacle produit à la scène par *Boubouroche*, et a conclu à la défense de ces représentations et à la destruction du film édité ;

« Sur la représentation :

« Considérant qu'en première instance, la Société a pris des conclusions

Et il faut noter que l'alinéa 1 de l'article 14 de la Convention revisée à Berlin a été rédigé en contemplation du jugement du Tribunal de la Seine qu'a confirmé plus tard la Cour de Paris ; le rapport de M. Renault en fait foi (2).

M. JOUBERT ne croit pas qu'il faille considérer cette jurisprudence comme définitive et posant un principe. Peut-être, dans

---

générales de débouté et n'a jamais reconnu sa responsabilité ; que devant la Cour les conclusions ont été les mêmes et que la plaidoirie a affirmé l'absence de toute participation à la représentation ; qu'elle a seulement reconnu la vente du film et dénié le surplus ;

« Considérant que Moineaux n'établit pas, comme il en a la charge, le bien fondé de sa demande de ce chef et qu'il y a dès lors, lieu de l'écarter, puisque ce n'est pas « l'Omnia » qui a été assigné ;

« Considérant, quant à la complicité de la Société des Cinématographes dans la représentation de l'Omnia, qu'elle ne résulterait, d'après les documents produits et les débats, que de la vente du film à ce théâtre, et que cette unique circonstance ne suffit point pour prouver une coopération consciente à l'usage des photographies avec un programme inconnu de la défenderesse ;

« Sur l'édition envisagée isolément :

« Considérant que le film incriminé déroule plusieurs tableaux qui, en six minutes, font apparaître, après une première scène, un joueur de manille recevant un message dans un café et sortant avec précipitation, son arrivée chez une femme qui cache alors un rival dans un placard, l'ouverture de ce bahut, la sortie de l'amant chassé par une fenêtre et tombant sur un autre concurrent, puis le mouvement du vainqueur se jetant aux genoux de l'infidèle ;

« Considérant que cette aventure fait partie du fonds commun du théâtre et du roman ;

« Considérant qu'en la mettant ainsi en photographies, la Société n'a rien emprunté à Moineaux qui lui appartînt en propre et qui fût un sujet dû à son invention créatrice ;

« Que si *Boubouroche* présente avec ce scénario des analogies, c'est qu'il a été lui-même puisé au fonds commun pour le sujet, et que cette circonstance ne peut, dans ces conditions, attribuer à l'auteur un droit privatif ; que la forme dont Moineaux a revêtu l'idée souvent exploitée avant lui est restée en dehors de la pantomine *Ta femme nous trompe* ; que son originalité très vivace se trouve dans l'analyse du caractère de la victime de l'incident ;

« Que cette étude psychologique occupe tout le premier acte, spécialement dans les critiques de Polasse et se continue dans la majeure partie du second par les dialogues finement conduits, avant et après la découverte de la trahison ;

« Que ces circonstances n'ont pu être reproduites par un machinisme muet et que, dès lors, il n'est resté que le sujet qui vient d'être caractérisé, sans la manière personnelle dont il a été traité dans *Boubouroche* ;

« Qu'en conséquence, il n'y a point contrefaçon en l'espèce :

« Par ces motifs ;

« Infirme le jugement dont est appel ;

« Ordonne la restitution de l'amende ;

« Et condamne Moineaux dit Courteline en tous les dépens de première instance et d'appel. »

(2) Voir procès-verbal de la Conférence de Berlin, p. 264.

d'autres cas, aura-t-on d'autres solutions et les Tribunaux reconnaîtront-ils la propriété du scénario. Deux nouvelles espèces vont être soumises à la justice française ; il faut espérer fermement qu'on obtiendra satisfaction.

M. de Caillavet, membre de la Commission de la Société des Auteurs dramatiques français, estime que l'affaire Boubouroche est un véritable déni de justice. Il est évident, pour toute personne qui n'est pas de parti pris, que le film cinématographique était la reproduction du scenario de *Boubouroche*. En quelques mots, il compare les différents épisodes du *Boubouroche* de Courteline et du *Boubouroche* cinématographique et ne relève aucune différence entre les deux scénarios, si ce n'est dans la scène où le rival de Boubouroche est découvert dans l'armoire ; on sait que, dans la comédie de Courteline, le rival est découvert grâce à la lumière qui sort par les interstices de l'armoire ; comme il n'est pas possible de rendre cet effet de lumière au cinématographe, on fait fumer le rival dans l'armoire où il s'ennuie et c'est la fumée, sortant de l'armoire, qui le fait découvrir.

Est-ce là une différence assez considérable pour qu'on puisse dire qu'il n'y a pas identité entre les deux œuvres. Il ne le pense pas et, à son sens, il y a contrefaçon évidente ; les magistrats français ont donc mal jugé. Dès l'instant où il y a identité entre les deux scénarios, il y a contrefaçon.

Il insiste sur cette dernière idée et demande qu'elle prenne place dans une résolution du Congrès.

M. Osterrieth partage absolument l'avis de M. de Caillavet, mais il demande que, dans le vœu qui sera émis, on emploie un autre mot que scénario qu'il a peine à comprendre et qui n'a d'ailleurs pas d'équivalent dans la langue allemande. L'expression scénario ne lui semble d'ailleurs pas assez générale ; il conçoit bien le scénario d'une pièce de théâtre, mais peut-on se servir du mot scénario à propos d'un roman ?

Le Président fait observer que le mot scénario n'est pas d'origine française, mais qu'il dépeignait tellement bien ce que l'on voulait dire qu'il a fini par pénétrer dans la langue française. Il sera facile de l'acclimater dans la langue allemande ; notre ami Osterrieth a fait des choss plus difficiles. Et pourquoi ne dirait-on pas le scénario d'un roman ?

Après une discussion à laquelle prennent part MM. de Caillavet, Joubert, Michel et Osterrieth et où les mots plans, esquisses sont successivement rejetés comme non équivalents au mot scénario, M. MAUNOURY propose qu'après avoir employé les différents mots qui ont été jugés impropres, le mot scénario soit mis entre parenthèses à côté du nom qui sera proposé à la fin de la discussion.

M. OSTERRIETH se déclare satisfait par cette proposition.

M. JOUBERT critique l'article 14, alinéa 2, qui est ainsi conçu :

« Sont protégées comme œuvres littéraires ou artistiques, les productions cinématographiques lorsque, par les dispositifs de la mise en scène ou les combinaisons des incidents représentés, l'auteur aura donné à l'œuvre un caractère personnel et original. »

Cet alinéa rend la protection illusoire, grâce à l'insertion des mots « caractère personnel et original ».

M. OSTERRIETH estime la critique formulée par M. Joubert extrêmement juste. La protection est acquise aux photographies sans qu'il soit besoin qu'elles aient un caractère personnel et original ; il doit en être de même du cinématographe. Il fait à ce propos le parallèle entre une photographie prise dans la rue et un film cinématographique représentant une scène de la rue ; pourquoi protéger l'une et pas l'autre ?

M. DE CAILLAVET est du même avis. Quel pouvoir arbitraire aura le juge s'il peut refuser la protection à une production cinématographique, sous prétexte qu'elle n'aura pas un caractère personnel et original. Plusieurs auteurs dramatiques ont mis à la scène, pour le cinématographe, des épisodes historiques ; trouvera-t-on qu'il y a là assez de personnalité et d'originalité.

M. TAILLEFER, au nom des photographes, fait ressortir l'inconséquence qu'il y a à refuser à la photographie la durée de protection accordée aux autres œuvres d'art, et à accorder cette même durée de protection à toute scène cinématographique composée, si humble, si enfantine soit-elle ; il émet le vœu que, lors d'une prochaine réunion de la Convention, toutes les restrictions mesquines à la protection de la photographie disparaissent définitivement.

Le PRÉSIDENT pense qu'on a voulu précisément distinguer le cas où le film cinématographique ne sera protégé que comme une photographie et le cas où on protège le sujet même qui a été cinématographié, c'est-à-dire la pantomime, les dispositifs de la mise en scène, les combinaisons des incidents représentés, ce que nous appelions tout à l'heure, pour une pièce de théâtre, le scénario. Quand on dit qu'il faudra que l'auteur ait donné à l'œuvre un caractère personnel et original, on entend par là qu'il faudra une véritable création ; quand il n'y a pas de création, quand il n'y a aucun travail personnel, il n'y a pas de droit d'auteur ; si on a reproduit cinématographiquement une scène de la réalité, par exemple un défilé de troupes, on sera propriétaire de la reproduction cinématographique comme d'une photographie, mais on ne pourra pas empêcher l'exploitation d'une reproduction cinématographique de la même scène par autrui, tandis que s'il y a eu création d'une pantomime qui a été cinématographiée, les tiers ne pourront pas refaire une pantomime semblable et la recinématographier.

Dans le cas des épisodes d'histoire profane ou religieuse mis en scène par Hervieu ou par Lavedan, il ne saurait y avoir de doute puisqu'il y a eu choix des épisodes et mise en scène personnelle. Ce sont des cas semblables que M. Louis Renault a formellement visés dans son rapport (1).

L'expression « œuvre originale » doit être entendue dans le sens de œuvre qui n'est point la copie d'une autre.

Peut-être la rédaction de l'article 14 aurait-elle gagné à être différente ; mais nous ne pouvons plus maintenant que nous efforcer, par des commentaires, de lui donner le sens le meilleur.

---

(1) Rapport de M. Louis Renault à la Conférence de Berlin (proc.-verb., p. 265) :

« Nous venons de voir le cinématographe servant à une reproduction ou à une adaptation. Il peut aussi servir *à manifester une création*. Celui qui prend les vues cinématographiques et développe les clichés *sera aussi celui* qui aura imaginé le sujet, disposé les scènes, réglé le mouvement des actions. Par exemple, on peut vouloir représenter la vie de Marie Stuart au moyen du cinématographe ; il y a un *travail intellectuel* consistant à choisir les principaux épisodes de cette vie, ceux qui présentent de l'intérêt par eux-mêmes ou qui se prêtent le mieux à une action scénique, à disposer les personnages dans un milieu approprié. Que les personnages parlent au moyen de la combinaison du cinématographe et du phonographe ou qu'ils ne parlent pas, il y a là *une œuvre dramatique, d'un certain genre*, qu'on ne doit pas pouvoir s'approprier impunément. Sans doute un concurrent pourra prendre, à son tour, l'histoire de Marie-Stuart et combiner les épisodes qui se dérouleront sous les yeux du spectateur, mais il ne peut pas se contenter de reproduire le travail d'autrui. C'est toujours le droit commun qui s'applique, comme le montre très bien le jugement reproduit plus haut. Il ne s'agit pas de monopoliser une idée ou un sujet, mais de protéger la forme donnée à l'idée ou le développement du sujet. *Les juges apprécieront, comme pour les œuvres littéraires et artistiques ordinaires* ; ils sont parfaitement à même de faire cette appréciation, ainsi qu'on l'a vu. »

Il sera utile, à ce point de vue, qu'un rapport soit préparé pour le prochain Congrès sur la signification de l'alinéa 2 de cet article 14.

M. Boisseau fait, au nom de la Société des Artistes français, la déclaration suivante, relativement aux projections :

Le Syndicat de la Propriété Artistique a perçu et doit percevoir encore un droit d'auteur sur l'autorisation qu'il accorde au nom des artistes de reproduire les œuvres de peinture ou de sculpture par la photographie, spécialement en clichés de projections à usage de séances publiques, conférences, cours, spectacles, etc...

Le droit d'auteur est payé par cliché exécuté et le contrôle en est fait par l'application d'un timbre transparent, à la base, entre les verres.

Pour les spectacles payants, le droit d'auteur pourrait fort bien être perçu à la représentation ou à forfait pour un certain nombre de représentations.

Il en serait de même pour les reproductions cinématographiques ; mais il n'est pas douteux, en tout cas, que les artistes ont le droit d'autoriser ou de refuser la reproduction de leurs œuvres par l'un de ces deux procédés :

1° Projections fixes par lanterne sur écran ;

2° Ou projections cinématographiques, qui ne sont, en fait, que l'application des procédés dérivés de la photographie.

M. Emmanuel Larsen, président de l'Association des Artistes dramatiques du Danemark, demande à présenter, au nom de l'Association qu'il représente, quelques observations qui sont résumées dans la communication suivante dont il donne lecture :

Mesdames, Messieurs,

C'est au nom de l' « Association des Artistes dramatiques de Danemark », et en qualité de son président, que je m'adresse à l' « Association Littéraire et Artistique Internationale », afin de vous inspirer de l'intérêt pour un sujet qui est d'une haute importance pour nous autres artistes dramatiques.

Lorsque j'ai su que le Congrès devait avoir lieu ici, à Copenhague, et avant de me douter que l'on allait mettre sur le programme la question des droits d'auteur et d'artiste contre les phonographes et les cinématographes, j'ai fait connaître au comité exécutif de notre Association que j'irais chercher l'appui du Congrès, afin d'assurer, au moyen de principes fermes et constants, la situation des acteurs vis-à-vis du cinématographe.

J'ai compris combien était difficile cette question, mais je m'étais décidé à en faire l'essai.

Dans l'état où en sont les choses à présent, et puisque la question des droits d'auteur et d'artiste contre le cinématographe a été prise en considération par l' « Association Littéraire et Artistique Internationale » elle-même, l'affaire ne me semble plus difficile — au contraire !

En examinant bien la question n° 4, du programme des travaux : « Des phonographes et cinématographes au point de vue de la propriété littéraire et artistique », il me semble qu'il faut surtout la regarder au point de vue de la propriété artistique de *l'acteur*. Par extension, je veux dire qu'à mesure que l'on protège l'art prétendu *créateur*, il faut bien protéger aussi l'art prétendu *représentatif*, puisque tous les deux sont au même degré les objets de reproductions au moyen du phonographe et du cinématographe, et, par conséquent, tous les deux peuvent être exploités au préjudice du propriétaire littéraire ou artistique.

Il me faut cependant faire un aveu. Lors de la fondation de l' « Association Littéraire et Artistique Internationale », en 1878, on ne cherchait qu'à protéger l'art créateur proprement dit. Et pourquoi ? Parce qu'à cette époque l'art représentatif ne pouvait être reproduit et n'avait pas besoin de protection. Edison venait alors d'inventer le phonographe — mais comment prendre en considération ce petit appareil (joujou), qui est devenu, par des améliorations successives un instrument merveilleux ! Et ce n'est qu'en 1895 qu'il inventa le cinématographe.

Et pourquoi citer des dates ? Afin de faire voir combien était restreinte alors la sphère d'action de l' « Association », etc. Si l' « Association » avait été fondée avant l'invention de l'art typographique, croyez-vous donc qu'elle aurait maintenu son premier domaine étroit et limité ? elle se serait sans doute reformée parallèlement à l'évolution technique. Les relations internationales et l'évolution technique, ce sont là deux principes intégrants du travail de l' « Association ». Pourquoi donc pas faire entrer dans son domaine ces terrains nouveaux de l'art ? Il me semble que l' « Association » se condamnerait elle-même en état de stagnation, si elle manquait à ce devoir.

En effet, il me semble que l' « Association » nous fait justice, tout simplement, en embrassant nos intérêts au moment où elle procure des principes fermes pour tout ce qui concerne les auteurs dramatiques et la reproduction cinématographique.

Les auteurs dramatiques eux-mêmes porteraient intérêt à la solution pratique de cette question. Pour tout ce qui concerne le théâtre de la parole vive, l'auteur pourrait en cas de besoin se passer de l'artiste dramatique, parce que son ouvrage est généralement accessible par la lecture et ne demande pas nécessairement la représentation scénique ; par contre, l'auteur du film d'art se trouve au plus haut degré sous la dépendance des artistes dramatiques, à cause de la forme ébauchée et sommaire de la coopération littéraire, c'est-à-dire que c'est l'acteur qui devient le personnage le plus important. Il faut donc que l'auteur plus que jamais se confie en la faculté de *l'acteur*, qui, au moment décisif, doit ajouter de sa propre imagination tout ce qui manque dans les indications précises et sommaires de l'auteur. Quiconque a vu, par exemple, M. Mounet-Sully dans *Le Baiser de Judas*, de Henri Lavedan, en conviendra ; on n'oubliera jamais la figure de Judas, au moment où Jésus lui passe le pain sacré de la Sainte-Cène ; il le prend appréhensivement, sans oser regarder son maître, tandis que les trente deniers lui brûlent la peau à travers son vêtement velu. Cependant, on se souviendra à peine du nom de l'auteur qui n'a créé que le cadre léger de ce tableau, bien que ce cadre fût fait avec intelligence et avec talent.

Si l'on allait fonder, cette année, en Danemark, un théâtre cinématographe, établi sur une base vraiment artistique, c'est-à-dire avec le concours des hommes de lettres de premier choix, et si l'on y faisait apparaître de bons artistes dramatiques, — idée qui a été projetée, du reste — on trouverait dans ce théâtre muet les intérêts de l'auteur inséparablement attachés à ceux de l'artiste dramatique. Le fabricant du film d'art devrait donc acheter les pièces de l'auteur avec le droit exclusif de représentation, sans quoi l'affaire ne rapporterait pas les déboursés, et l'interprétation de la pièce donnée par les acteurs de Copenhague, par exemple, serait donc unique et resterait intimement attachée à l'ouvrage dramatique. On ferait donc une injustice extrême à ces interprètes dramatiques, si l'on voulait leur refuser la même protection que réclame l'auteur. De ville en ville, de jour en jour, ce sont eux qui, d'une manière invariable, font naître le produit économique. Et je ne crois pas que cette situation serait changée si ce nouveau théâtre s'alliait (un jour) au phonographe pour former l'image exacte et fidèle de l'art scénique.

Je ne vois qu'une seule objection de la part de l' « Association » pour nous déclarer non-recevables dans notre demande. On dirait par hasard que notre travail ne peut être regardé comme un art proprement dit ? Je crois que non ! La même richesse abondante d'imagination et d'humanité sublime qui a jailli dans la musique des Joachim, des Ysaye, des Burmester, se manifeste vivement dans les personnages *créés* par des Duse, des Sarah-Bernhardt, des Kainz, des Mounet-Sully, je dis *créés* avec dessein, ou pour nommer un artiste dramatique de notre petit pays : notre grand maître scénique, Olaf Poulsen. Cette poésie sublime qui s'empare de l'homme instruit, au même degré que de l'homme du peuple, ne serait-elle pas de l'art ? Je ne crois pas qu'on le niera. C'est donc une valeur intellectuelle qui doit, elle aussi, être protégée contre l'exploitation inique.

Mesdames, Messieurs, c'est au nom des artistes dramatiques scandinaves que j'ai l'honneur de vous parler. Après avoir exposé le sujet et ma manière d'envisager les choses à mes confrères de la Norvège et de la Suède, j'ai reçu par leurs organisations professionnelles le mandat de parler en leur nom.

Et nous disons à l' « Association », cette institution importante, qui, par son énergie extraordinaire et par le rare talent de ses membres illustres, a créé la Convention de Berne et des conditions légales saines et judicieuses à toutes les femmes et à tous les hommes du travail intellectuel, nous disons : Faites-nous justice ! Ne prenez pas en considération que ce sont des artistes dramatiques d'un petit pays qui appellent la discussion sur ce sujet et qui demandent votre assistance. Faites-nous justice ! C'est là la seule chose que nous désirons.

M. de Caillavet ne croit pas que les desiderata exprimés par M. Larsen, au nom des acteurs danois, soient ceux des acteurs de tous les pays. Les acteurs français, qui touchent des honoraires considérables pour les scènes qu'ils jouent devant les cinématographes enregistreurs, se verraient d'un assez mauvais œil assimilés aux auteurs qui ne touchent que des droits dérisoires.

M. le Baron PALLE ROSENKRANTZ, auteur dramatique danois, voudrait, comme M. Larsen, que les acteurs fussent protégés.

M. RÖTHLISBERGER fait observer que la question est extrêmement délicate et qu'on ne peut la résoudre sans l'avoir sérieusement étudiée. Il cite, à l'appui de son dire, l'exemple de M. le professeur Kohler, qui a eu sur cette question les opinions les plus contradictoires.

M. le PRÉSIDENT rappelle que la question des droits relatifs à l'art théâtral a déjà été à l'ordre du jour du Congrès de Weimar et a fait l'objet d'un rapport de M. Gibeaux. Il propose que la question soulevée par M. Larsen fasse l'objet d'une nouvelle étude et soit inscrite à l'ordre du jour d'un prochain Congrès.

M. LARSEN remercie M. le Président de cette proposition qu'il accepte.

Le PRÉSIDENT met aux voix un vœu qui résume les observations relatives à la propriété des scénarios. Il est adopté à l'unanimité, en ces termes :

Le Congrès, prenant connaissance avec chagrin d'un arrêt de la Cour de Paris, estime qu'en matière littéraire, le droit de l'auteur porte non seulement sur la forme littéraire, mais aussi sur le plan ou scénario ; en conséquence, prendre ce plan ou scénario pour l'exploiter sous une forme nouvelle, et notamment sous la forme cinématographique, est une atteinte au droit exclusif de l'auteur. L'alinéa 1er de l'article 14 doit être compris dans le même sens.

La séance est levée.

Le Secrétaire,

DUPONT-ROUGIER.

QUATRIÈME SÉANCE DE TRAVAIL

Vendredi 25 juin (soir)

La séance est ouverte à deux heures et demie, sous la présidence de M. GEORGES MAILLARD.

REVUE ANNUELLE DE LA LÉGISLATION ET DE LA JURISPRUDENCE CONCERNANT LA PROPRIÉTÉ LITTÉRAIRE ET ARTISTIQUE

M. RŒTHLISBERGER résume le rapport dont il a bien voulu se charger cette année, comme les précédentes. (Voir annexe I.) Il indique les tendances des divers pays non unionistes représentés à la Conférence de Berlin et le mouvement en faveur de l'extension de l'Union, tel qu'il s'est dessiné dans certains pays, ou les courants négatifs qui l'ont emporté dans d'autres, ainsi que les tentatives de conclure des arrangements particuliers, en dehors du Pacte d'Union, puis les faits nouveaux à noter en Amérique (Convention panaméricaine) et en Asie (Corée, Chine, Siam) ; en matière législative, il résume les essais de revision, les revendications concernant les changements de loi, les travaux de codification ou les mouvements d'opinion dans les divers pays (Allemagne, Espagne, France, Grande-Bretagne, Russie, Suisse) et il esquisse à grands traits l'économie de la nouvelle loi américaine du 4 mars 1909, en tâchant de répartir équitablement la lumière et l'ombre ; il mentionne finalement les principales décisions judiciaires qui ont surtout trait aux instruments de musique et aux cinématographes.

Le PRÉSIDENT remercie une fois de plus M. Rœthlisberger, dont les comptes rendus annuels sont des documents incomparables pour qui veut suivre l'évolution du droit d'auteur ; son exposé oral a été captivant, même pour des profanes qui ne seraient point encore familiers avec les législations sur le droit d'auteur.

Le PRÉSIDENT demande si quelqu'un a des observations particulières à présenter pour certains pays.

France.

Le PRÉSIDENT signale le dépôt, au Sénat, d'une proposition de loi de M. Couyba, portant, comme nous l'avons si souvent demandé, que la cession de l'œuvre d'art n'entraîne pas cession du droit de reproduction (1).

Il donne ensuite connaissance d'un rapport sur la protection des monuments et paysages, par M. Raoul de Clermont (2), qui s'excuse de n'avoir pu venir à Copenhague, ayant dû prendre part aux travaux de la Commission internationale pour la défense du Saut-du-Doubs.

Sur l'initiative de M. Jacques Dhur, et sous le patronage du *Journal*, une Société, « *Le Droit d'auteur aux Artistes* », a été constituée pour aviser aux moyens de faire profiter les peintres, sculpteurs et autres artistes d'une part de la plus-value du tableau, de la statue, etc., après la cession qu'ils en ont faite. La question fut déjà examinée au premier Congrès de Neufchâtel, sur la proposition d'un peintre suisse, M. Jeanneret. Dans ces dernières années, elle a fait l'objet d'une étude attentive de la part de nombreuses Sociétés, particulièrement de la Société des Amis du Luxembourg ; elle a donné lieu à des enquêtes successives dans les journaux ; plusieurs projets ont été élaborés, entre autres, par M. Chéramy, par M. Ibels ; notre collègue, M. José Théry, a préconisé justement la constitution d'une Société pour délivrer, à chaque mutation du tableau, sculpture, etc., un certificat d'authenticité sur lequel serait perçu un droit au profit de l'auteur; ce qui serait un moyen d'assurer à l'auteur un bénéfice sur les cessions ultérieures de son œuvre, sans avoir à mettre en mouvement les pouvoirs publics. La nouvelle Société demande au gouvernement l'institution d'une enquête officielle pour l'étude de la question et la préparation d'un projet de loi (3).

Russie.

M. LEHMANN attire l'attention du Congrès sur la situation toujours entièrement défavorable faite aux auteurs en Russie. Au

(1) La proposition de M. Couyba a été votée par le Sénat le 11 juillet (voir *infrà*, rapport écrit de Röthlisberger).

(2) Voir annexe II.

(3) Les délégués de la Société ont été entendus le 6 août par M. Briand, président du Conseil, ministre de l'intérieur, ex-ministre de l'instruction publique et de la justice. Il a promis de mettre la question à l'étude et, en tous cas, de faire aboutir la proposition de M. Couyba, déjà votée par le Sénat, sur la cession de l'œuvre d'art.

nom de la Société des Auteurs dramatiques Allemands, qui l'a délégué à Copenhague, il signale que, tout récemment encore, une de ses pièces a été, non seulement jouée sans autorisation en Russie, mais encore si bien dénaturée qu'on y a ridiculisé ses compatriotes, ce qui lui a valu des reproches amers de la part de la presse allemande, qui n'était pas au courant de la spoliation dont il était victime.

M. DE CAILLAVET appuya les dires de M. Lehmann, en expliquant comment les auteurs dramatiques français sont pillés par tous les théâtres russes, à l'exception du Théâtre Michel, à Saint-Pétersbourg, et ont été conduits à exercer des représailles à l'encontre des rares auteurs russes joués en France, en retenant les tantièmes perçus sur leurs œuvres jusqu'à ce qu'un arrangement intervienne ; il émet la pensée qu'il convient de donner, par la voie de la presse, la plus large publicité aux atteintes aux droits des auteurs, telles que celles dont M. Lehmann vient d'entretenir le Congrès.

Exemple d'une contrefaçon universelle.

M. TILLGE déposa sur le bureau du Congrès des traductions contrefaites de l'ouvrage d'exercices hygiéniques de J.-P. Muller, édité par lui sous le titre de *Mon Système*, en signalant parmi elles une édition allemande contrefaite en Hongrie.

Cette communication suggère à divers membres du Congrès l'idée de centraliser les documents de cette nature et de constituer à Berne une sorte de musée de la contrefaçon, érigé comme une protestation visible et palpable contre les iniquités commises encore dans certains pays au détriment des auteurs.

Pays-Bas.

M. OSTERRIETH fait part au Congrès des renseignements recueillis par lui sur les Pays-Bas. Il émet la pensée que, bientôt, les Pays-Bas pourront procéder à la revision de leur loi intérieure et adhérer à l'Union (1).

Le PRÉSIDENT croit également, d'après l'état de l'opinion publique et les indications de la presse, que la question est mûre aux Pays-Bas, pour la reconnaissance du droit de traduction et la protection des étrangers. La Belgique continue les pourparlers ; dans la Commission hollando-belge pour l'étude

(1) Voir *infrà*, rapport Röthlisberger.

des questions économiques relatives aux deux pays, une sous-Commission a été chargée de la protection réciproque des œuvres littéraires et artistiques ; un projet de traité a été élaboré par M. Thomas Braun, avocat à la Cour d'appel de Bruxelles, avec le concours de notre ami M. Ernest Vandeveld, éditeur à Bruxelles, secrétaire du Cercle belge de la Librairie, qui a présenté de si intéressants rapports sur la situation dans les Pays-Bas, à nos Congrès de Liège (rapp., p. 66 et s.) et de Bucarest (rapp., p. 123).

En 1905, à la séance tenue par notre Association à Anvers, M. Hermann Robbers, directeur de revue à Amsterdam et littérateur, partisan actif de l'adhésion de son pays à l'Union de Berne, et qui vient d'être un des délégués du gouvernement hollandais à la Conférence de Berlin, nous demanda d'ouvrir une enquête pour déterminer si l'adhésion à l'Union de Berne avait dans les pays adhérents rencontré des protestations ou présenté des inconvénients. A nos questionnaires successifs, nous n'avons pu obtenir la moindre indication d'inconvénients signalés (1) ou de tendances à dénoncer la Convention ; le fait de l'adhésion à l'Union et de son utilité semblait tellement acquis, tellement indiscutable, que, dans les principaux Etats, nous n'avons eu des Sociétés intéressées que réponses sommaires ou pas de réponse. Nous avons particulièrement insisté auprès des Associations scandinaves pour qu'elles nous fassent connaître, d'une façon plus précise, les résultats produits par la Convention d'Union de Berne. On a vu combien ces résultats étaient conformes à nos prévisions (2).

Grèce.

MM. Joubert et Lehmann appellent l'attention du Congrès sur la nécessité d'obtenir une amélioration à la situation des auteurs en Grèce.

Le Président fait connaître que des démarches à ce sujet ont été faites par le Syndicat de la Propriété Intellectuelle auprès du gouvernement français ; elles sont rapportées dans la chronique du *Journal de la Librairie*.

Les déclarations des délégués à la Conférence de Berlin (3)

---

(1) Voir en Suisse (*infrà*, rapp. Röthlisberger), l'agitation relative à la perception du droit d'exécution des œuvres musicales, mais elle ne tendait nullement à la dénonciation de la Convention de Berne.

(2) Voir *suprà*, 2ᵉ séance, p. 65, et *infrà*, annexe III.

(3) Voir *infrà*, rapport de Röthlisberger.

sont de bon augure (1). On nous donne, d'autre part, l'espoir d'un prochain Congrès à Athènes ; nous nous en réjouissons tous extrêmement.

Etats-Unis.

Le Président propose d'adresser à M. Thorwald Solberg les reconnaissantes félicitations de l'Association, car il n'a cessé d'être, aux Etats-Unis, le fervent partisan de la protection internationale et il a pris activement part à la rédaction de la nouvelle loi. Nous remercions également l'*American Copyright League*, qui a bien voulu nous faire part du vote de cette loi, heureux résultat de son intelligente et dévouée propagande.

Italie.

Le Président communique au Congrès les excuses de la *Societa Italiana degli Autori*, qui n'a pu trouver, à cette époque de l'année, un de ses délégués habituels pour le voyage à Copenhague, et particulièrement les regrets d'Augusto Ferrari,

---

(1) M. A. Typaldo-Bassio, ancien président intérimaire du Parlement grec, membre de la Cour internationale permanente d'arbitrage, qui avait été délégué de la Grèce à la Conférence de Berlin, avait été également délégué pour assister au Congrès de Copenhague.

Il a bien voulu nous exprimer, par la lettre suivante, les raisons de son absence et ses regrets :

« *Athènes, le* 30/12 *août* 1909.

« Monsieur le Président de l'Association littéraire et artistique « internationale,

« Je me fais un devoir de vous annoncer que le gouvernement hellénique, « invité à se faire représenter au Congrès international pour la protection « artistique et littéraire, qui a eu lieu à Copenhague le 21 juin dernier, a bien « voulu me nommer, par arrêté du ministre de l'instruction publique, sous le « numéro 9204 du 9/22 juin dernier, délégué officiel du gouvernement près ce « Congrès.

« Malheureusement, par une erreur de date occasionnée par suite de la « différence entre notre calendrier Julien et le calendrier Grégorien, ma nomi- « nation m'a été notifiée quand il m'était impossible d'arriver à temps avant la « clôture pour assister aux séances du Congrès.

« Je suis maintenant désolé de ce contre-temps qui m'a empêché d'avoir le « réel plaisir de suivre les travaux si importants du Congrès, qui m'intéressent « tout particulièrement. C'est avec le plus vif intérêt que j'ai suivi, comme « délégué officiel, les travaux de la Conférence de Berlin, et je suis heureux « d'avoir contribué à ce que mon gouvernement charge la commission de « rédaction d'un projet du Code civil, dont je fais partie, d'élaborer un projet « de loi sur la protection artistique et littéraire, en conformité avec la conven- « tion internationale.

« Veuillez agréer, Monsieur le Président, l'expression de mes plus vifs « regrets, en même temps que l'assurance de ma haute considération.

« A. Typaldo-Bassia. »

de Ferruccio Foa, de Tito Ricordi. Mais nous avons le plaisir d'avoir parmi nous MM. Castori et de Benedetti pour représenter les juristes italiens.

Roumanie.

Le PRÉSIDENT, en signalant la nomination toute récente de M. Djuvara au poste de Ministre de Roumanie à Bruxelles, ce qui le rapproche de la plupart d'entre nous, émet l'espoir que la campagne entamée en Roumanie, par les amis de l'Association, en faveur de la protection plus efficace des auteurs, sera bientôt couronnée de succès et aboutira à l'entrée de la Roumanie dans l'Union.

Turquie.

Sur l'initiative du Syndicat de la Propriété Intellectuelle, le gouvernement français a fait des démarches auprès du gouvernement ottoman pour attirer son attention sur la propriété littéraire et artistique ; mais les événements politiques qui survinrent alors ont tout naturellement écarté ces préoccupations (voir rapport de M. Sauvel, pour 1909, au Syndicat de la Propriété Intellectuelle) (1).

A la suite de ces diverses communications, les vœux suivants furent adoptés par le Congrès :

Extension de l'Union et revision législative.

a) RÉSOLUTION GÉNÉRALE :

En présence des tentatives de conclure des traités littéraires spéciaux entre des pays unionistes et certains pays non unionistes, le Congrès de Copenhague, croyant devoir rappeler le vœu adopté en 1900 par le Congrès de Paris, déclare désirable qu'avant de négocier un traité littéraire

(1) Voir chronique du *Journal de la Librairie*, numéro du 9 juillet 1909.

On lit dans le *Journal* du 23 septembre 1909 :

« Du journal la *Turquie*, paru à Constantinople le 10 août : « Droits d'auteur. — Un procès qui vient de se plaider devant le Tribunal de première « instance de Stamboul avait une grande importance, par le fait qu'il crée un « précédent en fait de droits d'auteur. En effet, le maestro Selvelli avait intenté « un procès à l'éditeur Chamli Sélim Effendi pour reproduction et vente de sa « *Marche impériale*. Le Tribunal a donné gain de cause à M. Selvelli en con- « damnant Chamli Sélim Effendi à 10 livres turques d'amende et aux dépens, « sans préjudice des dommages et intérêts que pourra faire valoir le deman- « deur. » C'est, en effet, la première manifestation de la reconnaissance de la « propriété artistique et littéraire qu'on signale en Turquie. Espérons que, peu « à peu, l'empire ottoman voudra reconnaître également aux étrangers, qui « sont assez mal traités sur les bords du Bosphore, les droits de propriété. »

particulier avec un pays étranger, les gouvernements des Etats unionistes essaient de faire entrer ce pays dans l'Union Internationale.

b) ETATS-UNIS :

Le Congrès salue avec reconnaissance et joie la nouvelle loi américaine du 4 mars 1909, codifiant la législation des Etats-Unis en matière de « copyright », et les nombreuses dispositions progressistes que cette codification renferme ; il adresse l'expression de sa gratitude à M. Thorvald Solberg à Washington, qui a préparé cette revision importante, et aux deux « American Copyright Leagues » qui l'ont appuyée, notamment à la Ligue des auteurs, qui a travaillé à la suppression de la « manufacturing clause » pour ce qui concerne les œuvres écrites en une langue autre que l'anglais.

Le Congrès exprime le ferme espoir que les restrictions qui frappent encore les œuvres en langue anglaise et certains procédés de reproduction disparaîtront lors d'une revision ultérieure, et qu'alors aucun obstacle ne s'opposera plus à l'entrée des Etats-Unis dans l'Union de Berne.

c) GRÈCE :

Le Congrès a été heureux d'apprendre, grâce aux déclarations formulées par les délégués de la Grèce à la Conférence de Berlin, que le gouvernement de ce pays, animé du désir de mettre les décisions de la Conférence en harmonie avec la législation intérieure, a pris les mesures nécessaires pour procéder à une réforme complète de la loi grecque actuelle, fort insuffisante et surannée, et qu'ainsi des perspectives certaines s'ouvrent de voir la Grèce, aussitôt cette revision terminée, entrer dans l'Union de Berne.

d) PAYS-BAS :

Le Congrès a pris connaissance avec satisfaction du rapprochement des Pays-Bas vers l'Union Internationale, rapprochement manifesté par l'envoi de délégués à la Conférence de Berlin et par leurs déclarations encourageantes et pleines de promesses.

Le Congrès est dès lors convaincu que l'adhésion des Pays-Bas à la Convention de Berne revisée, rendue plus aisée par l'article 25 de celle-ci, pourra s'effectuer à bref délai.

e) RUSSIE :

Le Congrès exprime sa surprise et ses regrets du vote récemment émis par la Douma, par lequel la liberté de la traduction des œuvres étrangères serait érigée en prescription formelle de la législation intérieure ; il espère que ce vote n'affectera en rien l'engagement pris par le gouvernement russe de conclure des traités littéraires particuliers en vue de protéger réellement les droits des auteurs étrangers et n'atténuera en aucune manière les dispositions sympa-

thiques que la délégation de la Russie à la Conférence de Berlin a exprimées pour l'œuvre de l'Union de Berne, l'entrée de la Russie dans cette Union, facilitée expressément par l'article 25 de la Convention revisée, restant le but à atteindre.

Les membres du Congrès s'engagent à solliciter de leurs gouvernements la poursuite des négociations entamées dans ce but ; ils se déclarent également résolus à signaler sans relâche dans la presse les actes de spoliation dont les auteurs étrangers sont victimes en Russie, afin de faire modifier au plus vite cette situation si peu satisfaisante.

f) Bureau international de Berne :

Le Congrès émet le vœu que le Bureau international de Berne recueille tous les documents relatifs à la reproduction illicite dont les œuvres littéraires et artistiques font l'objet dans les divers pays du monde et qu'il soit institué dans cette ville une sorte de bibliothèque ou de musée de la contrefaçon.

DU DROIT D'EXÉCUTION DES ŒUVRES MUSICALES AU DANEMARK

Le Président donne connaissance au Congrès d'un rapport de M. Claro, avocat à la Cour de Paris, concernant les dispositions de la législation danoise sur la représentation des œuvres dramatiques et l'exécution des œuvres musicales :

I

La loi danoise, envisagée au point de vue de la représentation des œuvres dramatiques et de l'exécution des œuvres musicales, nous paraît mériter un examen attentif, relativement aux articles 1 et 2, d'une part, et, d'autre part, à l'article 10. Tout d'abord, les articles 1 et 2 posent en principe, de façon tout à fait expresse, la protection de l'œuvre, relativement à sa représentation et à son exécution publiques. Ces articles sont, en effet, ainsi conçus :

« Article 1er. — Dans les limites prévues par la présente loi (1), l'auteur a le droit exclusif de publier ses écrits, au moyen de : la copie manuscrite, la reproduction par un procédé mécanique ou chimique, *la représentation dramatique ou mimique*, la lecture ou toute autre reproduction faite à l'aide du langage.

. . . .

« Art 2. — De même, l'auteur a le droit exclusif de publier, au moyen d'un des procédés précités :

« *a*) Les conférences orales ;

« *b*) *Les compositions musicales.*

« Mais le même article 2 continue en apportant à cette protection

(1) L. du 19 décembre 1902. — V. le texte *Droit d'auteur*, 1903, p. 13.

généralement affirmée une restriction dont on ne saurait trop désirer la suppression. Cet article poursuit, en effet, comme suit :

« Est défendue en même temps *l'exécution publique*, n'ayant pas « le caractère d'une représentation dramatique, de ces compositions « — à l'exception des danses, des chants, ou des petits morceaux iso- « lés ou des parties d'œuvres plus grandes — *pourvu que le composi-* « *teur ait apposé une mention d'interdiction sur la feuille de titre* « *ou en tête de l'œuvre éditée.* »

Il résulte de cette disposition que l'exécution publique sans autorisation de l'auteur est *licite* :

1° Lorsque cette exécution publique porte sur des *danses*, des *chants*, des *morceaux isolés* ou des *fractions d'œuvres plus considérables*.

2° Lorsque, portant sur l'œuvre entière, le compositeur n'aura pas fait apparaître une mention d'interdiction sur la feuille de titre ou en tête de l'œuvre.

Il y a deux restrictions au droit de propriété de l'auteur sur son œuvre qu'il serait désirable de ne pas voir subsister dans la loi danoise.

a) En ce qui concerne la première, les termes de cette loi paraissent comporter une généralité bien dangereuse. Sans doute, on peut sans inconvénient reconnaître en matière musicale, comme en toute autre matière dépendant de la propriété littéraire, un droit de citation. On ne saurait, par exemple, incriminer celui qui, au cours d'une conférence sur l'histoire de la musique, ferait exécuter publiquement des extraits de certaines œuvres destinées à venir à l'appui de sa thèse ou de sa démonstration. C'est là ce que semble viser l'expression « des petits morceaux isolés » et à cela il ne paraît pas qu'on puisse avoir rien à redire. Peut-être n'en saurait-il être de même, en raison de la généralité des termes employés, de la licence accordée aux « danses », aux « chants » ou « à des parties d'œuvres plus grandes ». Une œuvre « chorégraphique » telle qu'un ballet, composée exclusivement de pas de danse harmonieusement combinés, a droit incontestablement à une protection que la loi danoise refuse ; que dire des œuvres chantées, dont cette même loi reconnaît, en tous cas, licite l'exécution publique en dehors de l'auteur ! C'est faire un domaine bien large à l'usurpation. Celle-ci ne saurait non plus ne pas profiter de la liberté reconnue à l'exécution publique de « parties d'œuvres plus grandes ». Quelle importance pourront avoir comparativement avec l'œuvre elle-même ces fractions qu'il appartiendra à tous d'exécuter librement ? Où commencera l'abus ? Sans doute, on peut compter sur les tribunaux pour interpréter cette disposition de façon à éviter la complète expropriation des droits de l'auteur. Mais il n'en subsiste pas moins que la disposition légale est trop extensive et qu'il y aurait intérêt à la modifier pour lui donner à la fois, dans l'intérêt de la protection de la propriété littéraire et artistique, plus de précision et de rigueur.

b) Si la première restriction inscrite dans l'article est susceptible de rencontrer peut-être des partisans parmi les défenseurs de la propriété intellectuelle, il n'est personne d'entre eux qui ne proteste contre la seconde. Subordonner, en effet, la protection de l'œuvre à l'apposition sur l'œuvre elle-même (sur la feuille de titre ou en première page) d'une mention spéciale d'interdiction de reproduction, c'est aller à l'encontre d'un principe absolument primordial en cette matière.

La création donne à celui dont elle émane un droit sur le produit de cette création, et ce droit n'a besoin, pour être conservé, d'aucune formalité extérieure. Subordonner ce droit — ou, ce qui revient au même, la faculté de faire respecter ce droit contre les usurpations — à l'indication sur l'œuvre d'une mention de réserve, c'est restreindre d'une façon arbitraire autant que malheureuse le droit qui appartient à l'auteur de l'œuvre.

La nécessité d'une mention d'interdiction doit disparaître d'une loi qui entend assurer à la propriété intellectuelle le traitement auquel elle est en droit de prétendre.

II

L'article 10 de la loi danoise du 19 décembre 1902 nous paraît intéressant également à signaler. En voici le texte :

« Celui à qui un auteur a cédé le droit de représentation d'une œuvre dramatique — y compris une œuvre mimique — ou d'une œuvre dramatico-musicale, ou musicale, a le droit, sous réserve de stipulations contraires, de représenter ou d'exécuter l'œuvre partout, et autant de fois qu'il veut, mais il ne peut céder ce droit à d'autres.

« A moins de stipulation contraire, une telle cession n'empêchera pas l'auteur de céder un droit analogue à d'autres personnes, ni de faire représenter ou exécuter lui-même son œuvre.

« De plus, même dans le cas où un droit exclusif de représentation ou d'exécution a été cédé à une personne, l'auteur et ses héritiers — à l'exclusion de tous autres ayants-cause — pourront néanmoins céder à d'autres le droit de représentation ou d'exécution ou faire eux-mêmes représenter ou exécuter l'œuvre, si celui à qui le droit exclusif a été cédé n'a pas, pendant cinq années consécutives, procédé à la représentation ou à l'exécution publique de l'œuvre. »

Les solutions législatives, consacrées par ce texte, sont intéressantes. Elles ne semblent pas, à la différence des précédentes, appelées de critiques vraiment fondées.

Tout d'abord, de par la loi, et en l'absence de clause dérogatoire expresse, la cession du droit de reproduction d'une œuvre musicale sera exclusivement personnelle à celui qui en bénéficie. Le cessionnaire seul aura la faculté de procéder ou de faire procéder à l'exécution publique de l'œuvre. Il lui sera interdit de transmettre à d'autres que lui-même l'exercice de ce droit, qui lui a été octroyé par le contrat. Celui-ci est donc légalement présumé être intervenu *intuitu personæ*. Cette disposition n'a rien que de raisonnable et de sage.

Il en faut dire autant de celle consacrée par le paragraphe 2. De ce que l'auteur de l'œuvre a autorisé un tiers à procéder à sa représentation (s'il s'agit d'une œuvre dramatique), à son exécution publique (s'il s'agit d'une œuvre musicale), pourquoi faudrait-il considérer qu'il s'est interdit à lui-même ou à ses ayants cause de faire procéder par eux-mêmes, ou par d'autres cessionnaires, à ces représentation et exécution ? On ne comprendrait l'abandon de ce droit qu'au cas de stipulation d'exclusivité au profit du cessionnaire.

L'article 10 de la loi de 1902 envisage, dans le paragraphe 3, le cas de cette exclusivité, stipulée par contrat. Il ne le considère pas comme illicite, et, dans ce cas, l'auteur cesse de pouvoir faire, par lui-même ou par ses ayants cause, procéder à l'exécution publique de l'œuvre. Ne serait-ce pas aller manifestement à l'encontre des droits du cessionnaire exclusif ? Cependant, une restriction légale est apportée à ces droits. Ce cessionnaire ne peut pas laisser indéfiniment sans en faire usage le droit qui lui a été concédé ; il ne saurait ajourner au delà de cinq années la représentation ou l'exécution et après y avoir fait procéder, il ne saurait davantage laisser s'écouler plus de cinq années consécutives sans faire à nouveau représenter ou exécuter l'œuvre. La sanction de cette inaction résulte dans le droit, pour l'auteur et ses héritiers, — à l'exclusion de tous autres ayants cause — de faire eux-mêmes représenter ou exécuter l'œuvre, ou de céder à d'autres que le cessionnaire primitif le droit de représentation et d'exécution. L'auteur, ou ceux qui représentent, par suite de son décès, sa personne, peuvent donc se prévaloir, par le fait de l'inaction prolongée du cessionnaire primitif, d'une clause légale de résiliation de l'exclusivité qui lui avait été concédée.

Ces dispositions légales, encore une fois, nous paraissent rationnelles et ingénieuses, et nous ne voyons pas qu'elles appellent des protestations. Nous ne saurions trop insister, au contraire, sur celles que ne peuvent pas ne pas soulever les restrictions au droit de propriété consacrées par l'article 2 de la loi danoise de 1902. La première partie du paragraphe *b* de cet article fait trop large la part de ce qu'on soustrait au droit de l'auteur. Mais, surtout, l'obligation imposée par la seconde partie de ce paragraphe de faire apparaître sur l'œuvre elle-même une mention d'interdiction de reproduction ne saurait être approuvée. Elle devrait disparaître. Sans que l'auteur ait à déclarer qu'il interdit la représentation ou l'exécution, celles-ci sont illicites par le seul fait qu'elles ont eu lieu sans son autorisation, soit qu'on se soit abstenu de la solliciter de lui, soit qu'on ait passé outre au refus opposé par lui de les autoriser.

Nous appelons donc de tous nos vœux la suppression de cette disposition de la loi de 1902 et la consécration par la législation danoise du principe de la protection reconnue à l'œuvre musicale, indépendamment de toute mention d'interdiction de sa reproduction.

M. Joubert insiste sur la nécessité d'obtenir dans la loi danoise la suppression du traitement exceptionnel prévu par elle pour les danses, chants, petits morceaux isolés, ou parties d'œuvres plus grandes, à l'égard desquels le droit d'exécution n'est pas reconnu ; il fait ressortir que c'était une restriction tout à fait injuste et nullement rationnelle, et il signale qu'il existait, rien qu'en France, 6 à 8,000 personnes vivant de l'exploitation de ces créations de minime importance, telles que danses, romances, etc., que la loi danoise ne protège pas au point de vue de l'exécution.

Le vœu suivant fut adopté à l'unanimité :

> **Le Congrès émet le vœu que, lors de la revision de la loi danoise sur le droit d'auteur, rendue nécessaire par la ratification de la Convention de Berne revisée, l'article 2, lettre b, soit modifié dans le sens de la suppression de la mention de réserve exigée pour l'exercice du droit d'exécution des œuvres musicales, et que les dispositions excluant ce droit par rapport aux danses, chants, petits morceaux isolés ou parties d'œuvres plus grandes, disparaissent.**

La séance est levée à six heures et quart.

Le Secrétaire général,

A. TAILLEFER.

CINQUIÈME SÉANCE DE TRAVAIL

Samedi 26 juin (matin)

La séance est ouverte à neuf heures un quart du matin, sous la présidence de M. GEORGES MAILLARD.

Le PRÉSIDENT donne lecture des réponses d'Henri Morel et de Jules Lermina aux télégrammes qui leur ont été adressés ; ils expriment leurs meilleurs vœux pour les travaux du Congrès et leurs heureux résultats.

DE LA PROTECTION DES ŒUVRES D'ARCHITECTURE

M. ANDRÉ TAILLEFER communique le texte de la proposition que M. Georges Harmand, conseil judiciaire de la Société centrale des Architectes français et de la Société de Défense mutuelle, aurait, s'il n'avait été retenu à Paris, présentée au Congrès :

Le Congrès : Considérant que les droits de propriété artistique de l'*architecte* doivent être protégés à l'égal de ceux des autres artistes, peintres, sculpteurs, graveurs, etc., et de tous les auteurs ;

Considérant que l'architecte trace, pour exprimer la première manifestation de sa pensée, *un ensemble de dessins*, dessins des façades extérieure et intérieure, plans, coupe et élévation, détails décoratifs, qui constitue l'*original de l'œuvre d'architecture ;*

Considérant que l'édifice n'est qu'une *reproduction*, sur le terrain, *des dessins d'architecture ;*

Considérant que la rédaction proposée par la Conférence diplomatique de Berlin, pour la Convention de Berne, paraît d'accord avec les définitions qui précèdent, puisque, d'une part, l'article 2 déclare que l'expression « *œuvres littéraires et artistiques* » comprend... les œuvres de dessin, de peinture, de sculpture, *d'architecture*..., les *plans, croquis et ouvrages plastiques*, relatifs à... l'*architecture ;* et que, d'autre part, le paragraphe 4, *in fine*, de l'article 4, contient les mots suivants : « *la* CONSTRUCTION *d'une œuvre d'architecture* ne constitue pas une publication » ;

Qu'en effet, cette dernière disposition n'aurait aucun sens si elle ne signifiait pas que la CONSTRUCTION est un *mode de* REPRODUCTION de l'*œuvre d'architecture ;*

Est d'avis : 1° Que l'œuvre d'architecture, entendue comme il a été dit plus haut, doit être protégée par la Convention de Berne d'une façon complète ;

2° Qu'il en est de même de toute reproduction de l'œuvre, consentie par l'auteur et exécutée par tous procédés, y compris la construction ;

Et émet le vœu que l'*œuvre d'architecture*, ainsi définie, tous les *dessins* qui la composent, *ensemble ou séparément*, toutes leurs *reproductions*, par tous procédés, y compris la *construction*, soient protégés dans toutes les *législations* et toutes les *conventions* internationales, à l'égal de toutes les œuvres artistiques.

M. Maurice Poupinel, délégué de la Caisse de défense mutuelle des architectes français et de la Société des architectes diplômés par le gouvernement, rappelle la Conférence de Mayence d'octobre 1908 et les desiderata des architectes : « l'assimilation des œuvres d'architecture à celles des autres arts du dessin, peinture, gravure, sculpture en matière de Propriété Artistique. » Le résultat a été favorable, à la Conférence de Berlin : le mot « architecture » a été placé dans l'acte international entre ceux de peinture et de sculpture ; on ne pouvait mieux indiquer la volonté d'assimiler complètement ces arts du dessin. Les architectes français ont considéré que satisfaction leur a été ainsi accordée ; ils demandent à l'Association Littéraire et Artistique son appui auprès des Etats adhérents ou susceptibles d'adhérer à la Convention de Berne pour recommander la ratification du texte de la Conférence diplomatique de Berlin, *sans réserve en ce qui concerne l'architecture.*

Il rappelle les efforts des architectes et la durée de ces efforts : vingt-cinq ans en France pour aboutir à la loi de 1902 ; douze ans en Allemagne pour aboutir à la loi de 1907 ; six ans d'efforts internationaux en Angleterre, où on espère obtenir bientôt satisfaction. La rapidité de plus en plus grande avec laquelle ces résultats sont obtenus devrait encourager les architectes de tous les pays à proposer les améliorations législatives dans leurs pays respectifs.

Le Comité permanent des architectes s'est préoccupé de faire connaître les jugements intéressant l'architecture : c'est la publication d'un jugement de tribunal danois, qui a eu une influence déterminante sur le revirement d'attitude de l'Angleterre en ce qui concerne la *praticability* de la protection de l'architecture. Les jugements belges, connus depuis des années, avaient fait admettre le principe de la protection des œuvres d'architecture, art du dessin : mais il a fallu ce jugement très pondéré d'un Tribunal danois, pays ami de l'Angleterre, pour faire comprendre que cela était absolument pratique.

L'Association Littéraire et Artistique ayant inlassablement soutenu les revendications des architectes, il est naturel qu'en vue de la ratification du texte de la Conférence diplomatique, les architectes lui demandent encore ses bons offices pour la ratification sans réserve en ce qui concerne l'architecture : Quant au renouvellement de vœux maintes et maintes fois formulés, M. Poupinel n'y voit pas d'inconvénient, vu leur concordance ; mais il ne faut pas compliquer les conclusions ou rapports, puisque cette année il y a un résultat pratique à obtenir, la ratification de la Convention internationale.

M. Axel Raphaël, secrétaire de la Société des Ecrivains suédois, dit qu'en Suède ce qui fait la difficulté pour l'acceptation du texte de Berlin, au point de vue des œuvres d'architecture, c'est qu'il n'y a pas de dispositions légales concernant l'architecture ; on ne rencontre point d'hostilité à ce sujet, mais on est préoccupé des conséquences qu'aurait la protection et de la rédaction de l'amendement qu'il faudrait apporter à la loi en vigueur.

M. Osterrieth, en ce qui concerne l'Angleterre, confirme les indications fournies par M. Poupinel, mais indique que la Commission préconsultative chargée de la codification des lois sur le Copyright, inclinait à penser qu'il suffirait de protéger les plans et les coupes.

M. Poupinel connaît l'effort des artistes anglais et le texte proposé au Parlement par leur Comité. Il a fallu réclamer énergiquement la mention de l'architecture : il a suffi d'ajouter ce mot et une définition de deux lignes ; cela a été accepté par le Comité des Artistes, qui poursuit sa campagne devant le Parlement avec les plus grandes chances de réussir ; la question de la *praticability* a encore été opposée au protagoniste des architectes ainsi que toutes les objections accoutumées, mais, d'après les dernières nouvelles, l'opposition a finalement été retirée : quiconque pourrait apporter quelque exemple nouveau rendrait service aux architectes anglais.

M. Jœrgensen, au nom des architectes danois, s'associe au désir exprimé par M. Poupinel.

M. Cajus-Novi, secrétaire de la Société des Architectes de l'Académie danoise, s'exprime en ces termes :

Si je me permets d'occuper votre attention quelques instants, c'est à raison du vif intérê que, comme architecte, je porte à la propagande de la Propriété Artistique, cette propagande, créée par la nation glorieuse à laquelle nous devons depuis des siècles les résultats les plus élevés et distingués de la vie intellectuelle et spirituelle.

Ma communication m'a été suggérée par l'invitation adressée par l'administration de l'Association des Architectes danois diplômés de l'Académie à tous ses membres pour qu'ils prennent part au concours d'une marque décorative, pouvant être employée par tous les sociétaires en signant leurs édifices.

Pour la propagande de la propriété artistique, relativement à l'architecture, la signature est d'une grande importance, car si elle devenait plus générale qu'elle ne l'est à présent, l'architecte, lui-même, contribuerait à pousser son noble art vers le but de ses vœux, qui est que l'architecture soit considérée, respectée et protégée à l'égard des autres arts.

Pensez seulement, je vous prie, à l'analogie existant entre l'architecture et la musique, soit quant à la composition, soit quant à l'exécution. Je crois qu'en voyant la signature de l'architecte en même temps que son édifice, le public reconnaîtrait plus facilement la relation existant entre la composition de l'édifice et l'architecte, comprendrait que l'œuvre architectonique, elle aussi, est le résultat d'une conception personnelle et artistique.

Voici une petite anecdote assez caractéristique de la situation disgraciée de l'architecte :

En visitant un musée d'art bien connu et, comme édifice, très beau, j'appris, par un des gardiens, plusieurs détails fort intéressants sur les différents chefs-d'œuvre de peinture et de sculpture, et même sur leurs auteurs. A la fin, je lui demandai le nom de l'architecte qui avait construit ce bel édifice. Il ouvrit de grands yeux et dit : « Comment, monsieur, l'architecte ! Mais je ne le connais pas, je n'ai jamais entendu prononcer son nom. » En sortant, je cherchai sa signature, mais en vain ; j'achetais alors des photographies de l'édifice, espérant y trouver le nom, mais nenni ; même résultat ; seulement, le nom du photographe s'y trouvait.

Je suis sûr que vous avez dû faire la même expérience et vu combien il était rare, en effet, de trouver le nom de l'architecte sur les édifices, photographies ou cartes postales. Pourquoi faire cette exception contre les architectes ?

C'est à vous, éditeurs et éditrices, que je m'adresse, car c'est vous qui pouvez le mieux contribuer à la propagande pour faire respecter l'architecture, à l'égal des autres arts. Pensez qu'en faisant ainsi, vous aussi, ainsi que les artistes, vous participerez à cette belle mission : « la culture du genre humain ».

Je reconnais très bien qu'il peut surgir des difficultés, mais elles ne peuvent pas être assez grandes pour qu'on ne puisse les vaincre par bienveillance et par bonne volonté ; on avance très loin et très haut avec ces deux accompagnateurs.

J'admets également qu'il est difficile de rendre justice à la propriété artistique, relativement à l'architecture, parce qu'elle n'est pas un art aussi populaire que les autres arts ; mais, en conséquence, il sera toujours considéré comme signe de haute culture, de l'estimer.

Je suis donc sûr, mesdames et messieurs, que, dorénavant, vous vous piquerez d'honneur pour suivre peu à peu l'exemple de quelques-uns de vos collègues en mettant toujours sur vos reproductions d'architecture, au moins le nom de l'architecte. En effet, ce n'est qu'une demande très modeste, quand vous pensez aux beaux monuments que les architectes ont donnés au monde et à l'importance de l'architecture au point de vue de l'histoire de la civilisation.

Sur ces mots, je termine mes observations, ayant l'honneur de remercier l'honorable Assemblée de la bienveillance qu'elle m'a montrée et je vous demande pardon d'avoir occupé votre attention plus longtemps que je n'avais prévu.

Sur l'invitation de M. Poupinel, il fait passer aux congressistes des cartes postales représentant les édifices construits par lui : il avait obtenu du photographe le rétablissement sur l'une d'elles de son nom qui avait été omis, comme auteur des édifices ; il en est résulté, ce fut assez inattendu pour lui, que les cartes portant le nom de l'auteur furent plus appréciées du public et se vendent mieux. Il insiste à nouveau sur la nécessité de la reconnaissance du droit de signature pour l'artiste.

M. Boisseau, statuaire, au nom de la Société des Artistes français, apprécie les idées de M. Novi, en rappelant le vœu adopté naguère au Congrès de Paris en 1900.

M. Hansen, tant en son nom qu'au nom de son compatriote le sculpteur danois Eggelin, présente au Congrès la note suivante, concluant à l'institution d'une marque collective destinée à être apposée sur les dessins d'architectes et les motifs décoratifs :

Je, soussigné, Edouard Eggeling, sculpteur, me permets de proposer au Congrès de mettre sur son ordre du jour la question suivante : Discussion de la possibilité d'introduire une marque de protection internationale commune à toutes les branches de l'art et des industries relevant de l'art, qui, appliquée sur un travail, signifierait : Reproduction interdite.

En émettant cette proposition ayant trait surtout aux œuvres relevant de l'art décoratif ou aux œuvres d'art appliqué à l'industrie, j'ose espérer qu'il sera possible de donner à ce genre d'art une protection plus digne, plus juste et plus facile que jusqu'ici, protection qui offrirait les mêmes garanties à l'artiste que, par exemple, les mots : « reproduction interdite », imprimés sur un traité ou un article de journal, offrent à l'auteur ; car, tandis qu'un article de journal, même de moindre importance, se trouve protégé de cette manière, un ouvrage de décor ou d'industrie d'art, comportant souvent beaucoup de travail et de talent de la part de l'artiste, se trouve sans protection et garanties analogues du droit de propriété aux formes crées par lui.

Etant donnés ces faits, je me permets de recommander l'introduction d'une marque déterminée, permettant à l'artiste de protéger son œuvre, en ce que cette marque fournirait la même protection pour les travaux relevant de l'industrie d'art, que pour les statues, tableaux, œuvres d'architecture ou autres œuvres d'art.

Il ajoute :

De même que dans les journaux, dans les revues, on se peut protéger absolument contre la reproduction, avec les mots, indiqués à la tête des articles : « *Reproduction interdite* », l'on pourrait introduire la même inscription sur les objets de l'art décoratif, ou, peut-être mieux, on pourrait composer une marque, un emblème dont la signification fût précisément la même chose : « *Reproduction interdite* ». Par exemple : quand un monument est exécuté au cimetière d'après mes dessins et instructions, je ne veux pas qu'on l'imite ; je ferai respecter ma volonté par cette marque, ce signe, qui devra être composé d'une manière jolie et simple, d'une manière qui s'adapte bien à la gravure dans la pierre, le métal ou le bronze. Cette marque doit être une marque déposée, enregistrée conformément à la loi. Pour la composition de cette marque, l'Association Littéraire et Artistique Internationale pourrait inviter les artistes de tous les pays à un concours qui, malgré la petitesse du sujet, pourrait être fort intéressant.

Le Président rappelle que le droit de l'architecte et des autres artistes à la signature a été proclamé à maintes reprises dans les Congrès ; mais il n'y a là qu'une faculté, l'artiste peut y renoncer expressément et ce n'est nullement une condition de la protection. Il montre le danger que pourrait offrir la création d'une formalité nouvelle dont dépendrait la reconnaissance ou l'exercice du droit d'auteur, alors que l'Association combat depuis tant d'années pour faire prévaloir le principe que la protection doit être acquise à l'auteur par le fait même de sa création, sans aucune formalité ni mention. Il indique, par contre, que l'adoption *facultative* d'une marque collective ou d'un signe destiné à être apposé sur l'œuvre pourrait offrir des avantages, en avertissant en quelque sorte doublement celui qui serait tenté de contrefaire que l'œuvre n'est pas à sa libre disposition.

M. Poupinel fit connaître que c'était dans cette dernière voie que les architectes avaient actuellement tendance à s'engager en recommandant à leurs membres de faire usage de marques collectives, accompagnées ou non d'une marque individuelle ou d'une signature. Ainsi les architectes diplômés par le gouvernement emploient la marque abréviative S. A. D. G. Mais il est entendu que le marque n'a rien d'obligatoire pour la reconnaissance du droit.

M. Lehnert ajoute que, dans le même ordre d'idées, l'union des architectes allemands conseillait à ses membres l'emploi des lettres B. D. A. (*Bund deutscher Architekten*).

Le Président, pour clore la discussion sur l'architecture, met aux voix la résolution suivante, qui est adoptée à l'unanimité :

Le Congrès, rappelant les vœux émis par les Congrès antérieurs, est d'avis :

1° Que les dessins d'architecture comprennent les dessins des façades extérieures et intérieures, les plans, coupes, élévations et constituent la première manifestation de la pensée de l'architecte et l'œuvre d'architecture ;

2° Que le monument n'est qu'une reproduction, sur le terrain, des dessins d'architecture ;

Et constatant avec satisfaction que la protection des œuvres d'architecture est assurée désormais par la Convention de Berne revisée, votée à Berlin,

Emet le vœu :

Que, en ce qui concerne les œuvres d'architecture, cet acte soit ratifié sans aucune réserve par les Etats signataires, et que, conformément aux indications qu'il contient, les œuvres d'architecture soient protégées dans toutes les législations à l'égal de toutes les autres œuvres artistiques, et dans les mêmes conditions.

DES ŒUVRES D'ART APPLIQUÉ A L'INDUSTRIE

Le Président, en l'absence de M. Eugène Soleau, qui avait été chargé du rapport, et à qui son état de santé n'a pas permis de venir à Copenhague, reprend en le développant et en le mettant à jour le rapport que M. Soleau avait présenté l'an dernier au Congrès de la Propriété industrielle à Stockholm et qui reproduisait les idées bien des fois exposées dans nos Congrès :

L'art ne cesse pas d'être de l'art parce qu'il reçoit une application utile, et, comme en cette matière aucun critérium sérieux et certain ne peut être offert aux tribunaux pour séparer avec justice l'art pur de l'art appliqué, ni pour distinguer le plus ou moins d'art, la meilleure solution est de mettre sous le couvert d'une même loi, *la loi sur la Propriété artistique*, les œuvres de l'art pur et celles de l'art appliqué, quels qu'en soient le mérite et la destination.

L'art est un ; ses applications peuvent être multipliées à l'infini, mais il reste un dans son essence.

Il n'y a pas plusieurs sortes d'art. Les appellations « Art décoratif », « Art industriel » ont peut-être amené la confusion ; la question se serait certainement moins compliquée si elle avait toujours été posée avec les mots : « Art appliqué à la Décoration ou à l'Industrie ». Quoi qu'il en soit, si les mots « art industriel » devaient, dans l'esprit de nos contemporains, marquer une sorte d'infériorité, nous les refuserions catégoriquement. Une œuvre destinée à une reproduction industrielle peut être plus artistique qu'une autre n'ayant aucune destination : une aiguière de Benvenuto Cellini, un plat de Palissy, et, pour citer des contemporains, un cache-pot de Joseph Chéret, une affiche de son frère, des plats de la manufacture royale de porcelaine de Copenhague (1), les porcelaines de Bing et Groendal, celles de Rörstrand ou de Gustafsberg à Stockholm, sont des œuvres plus originales et plus artistiques que beaucoup de celles auxquelles on accorde sans hésiter la protection de la loi sur la propriété littéraire et artistique. Elles n'avaient qu'une destination d'usage ou industrielle lorsqu'elles ont été créées ; mais elles sont devenues purement décoratives, ne servant plus qu'au plaisir des yeux, lorsque nous en avons orné nos murailles et nos vitrines ou que nous en avons fait les joyaux de nos musées. Réciproquement, une œuvre qui à son début a été créée en vue de l'art pur peut prendre une destination industrielle.

Les chercheurs tenaces ont essayé de distinguer quand même, en proposant de laisser les originaux ou leurs reproductions par des moyens artistiques, sous le couvert de la loi sur la propriété artistique, et de soumettre à l'application d'une loi à dépôt préalable obligatoire les œuvres produites dans un but commercial par des procédés industriels ou appliqués à l'industrie. Ils se sont heurtés à la difficulté de soumettre à deux lois différentes l'*œuvre originale exposée et mise en vente par l'artiste* et le *droit de reproduction cédé ensuite à un éditeur*, lequel est le plus souvent mis dans l'impossibilité absolue d'effectuer un dépôt utile, en vertu d'une loi qui exige que le dépôt soit fait avant toute publicité ou mise en vente, parce que l'artiste a, le plus souvent, déjà publié et mis en vente sans prendre ces précautions, et que, de plus, il est difficile de distinguer les moyens de reproduction dits artistiques et ceux dits commerciaux ou industriels, les mêmes moyens pouvant alternativement être employés par les artistes et les industriels.

On a tenté alors de faire dire que les dessins et modèles ne seraient à protéger par la loi sur la propriété artistique que s'ils sont signés ! L'œuvre signée par un prétentieux sans talent peut être beaucoup moins artistique qu'une autre non signée. Non seulement ce serait compromettre inutilement la propriété des œuvres anonymes ou non signées qui existent actuellement en grand nombre dans les industries qui appliquent l'art, mais, en pratique, la signature ne pourrait être exigée sur toutes les pièces de sculpture d'ornement (2).

---

(1) Voir l'organe de l'Union de Berne, *la Propriété industrielle*, du 31 mai 1908, p. 68 à 71.

(2) Dans un lustre, par exemple, le pavillon, les pièces d'enfilage, les branches avec leurs bassins et bobèches, en un mot, tous les éléments qui le composent, sont destinés à être employés différemment ou séparément, suivant les besoins de la fabrication et de la vente ; on ne saurait exiger ni admettre la signature du sculpteur, pas plus sur chaque pièce détachée que sur un ensemble modifié. D'autre part, en matière de lustrerie, il faut admettre que les dimensions, le nombre des lumières, etc., font forcément varier la composition originale avec chaque utilisation.

La collaboration de l'artiste dessinateur ou modeleur et de l'industriel devient de plus en plus utile, et dans l'intérêt même de l'art appliqué, non seulement il ne faut pas les traiter différemment, mais il faut encore concilier leurs moyens de produire. Le fabricant stimule le talent de l'artiste en lui révélant les besoins de la clientèle et les ressources d'une matière ou d'un métier que celui-ci ne connaît le plus souvent qu'imparfaitement. Le fabricant actuel ne peut pas non plus se passer du concours du dessinateur ou du modeleur de professsion, à cause du meilleur goût qui souvent en résulte et ne fût-ce que pour réaliser plus promptement ses projets, à une époque où il faut livrer vite. Ils concourent l'un et l'autre au résultat final, à l'œuvre qui marque le progrès en ces sortes d'industries. Pour le côté matériel, les intérêts de l'artiste et de l'éditeur sont encore ici entièrement liés contre ceux des contrefacteurs ; en effet, si les droits cédés peuvent être facilement compromis, ils sont moins payés par l'éditeur, et leur valeur est diminuée au détriment de l'artiste.

Nous dirons enfin que l'on a voulu essayer d'établir le critérium ou la ligne de démarcation à l'aide du *plus ou moins de caractère artistique de l'œuvre* ou de son caractère artistique prédominant et que la difficulté est devenue plus grande encore.

Une œuvre ne doit pas cesser d'être mise sous la protection de la loi sur la propriété artistique parce qu'elle ne plaît pas ou n'est pas appréciée par qui la juge ou parce que celui qui l'a produite n'est pas un grand artiste.

Ne pas protéger le débutant par la loi qui protège l'artiste expérimenté ou en vogue, n'est-ce pas déprécier inutilement le produit de son travail au moment où il en a le plus besoin ? L'œuvre la plus banale en dessin ou modèle de figure ou d'ornement est toujours au moins une œuvre personnelle et spéciale, chaque dessinateur ou modeleur ayant sa façon de dessiner ou de modeler comme chacun de nous a sa façon d'écrire. L'auteur est lui-même obligé de se décalquer ou surmouler pour obtenir une reproduction identique.

Or, en art appliqué à l'industrie, ce ne sont pas les œuvres de grand art compliquées et coûteuses d'exécution, d'une vente difficile, qu'envient les contrefacteurs, mais bien les dessins ou modèles les plus modestes, facilement applicables à l'industrie, et ceux de vente courante qui doivent le plus souvent leur succès à la réussite dans l'exécution, au coup de crayon ou d'ébauchoir. C'est la façon de faire, de dessiner ou modeler, pour une industrie spéciale, qui, le plus souvent, est convoitée par le contrefacteur, incapable en matière de dessins et modèles, et c'est par copie servile, décalque ou surmoulage indiscutable et indiscuté, que, très fréquemment, il procède.

Ce qui est bon à prendre par le contrefacteur pour en tirer profit étant bon à garder par l'auteur, quelque médiocre que cela paraisse, les pays civilisés doivent et peuvent protéger ce dernier sans crainte, de la façon la plus généreuse, par leurs lois sur la propriété artistique, n'exigeant aucune formalité préalable. En ces matières, c'est la création qui doit constituer le droit et non la formalité.

Le juge, lorsqu'il aura des doutes sur l'originalité de l'œuvre revendiquée, pourra exiger le décalque, le surmoulage ou toute autre preuve évidente de contrefaçon avant de l'admettre, tandis qu'il pourra sévir malgré des changements faits pour masquer la contrefaçon dans des œuvres plus originales laissant toute quiétude.

A l'encontre des inventions brevetables, loin de nuire aux progrès des industries qui appliquent l'art, le droit exclusif généreusement accordé par la loi aux auteurs de dessins ou modelages ne limite ni entrave le libre essor de la création individuelle, il a pour résultat d'empêcher les imitations serviles, de stimuler des créations nouvelles et de ne gêner que le plagiat.

Nous avons montré que, dans la pratique, malgré de nombreux essais, tant en France qu'à l'étranger (1), il n'a pas été possible de séparer avec justice les dessins ou les modèles dits d' « art pur » des dessins ou modèles « appliqués à l'industrie », en cherchant à les couvrir par des lois protectrices différentes. Nous avons analysé beaucoup de jugements, aussi contraires à la raison qu'aux intérêts des véritables créateurs, et expliqué, pour répondre à notre ministre du commerce, nous demandant les causes de la diminution du nombre des dépôts en France (2), qu'il fallait l'attribuer au caractère attributif du dépôt institué chez nous par la jurisprudence, en application des articles 14 à 19 de notre loi de 1806, et au mauvais exemple ainsi donné et longtemps suivi par différents pays étrangers, lesquels ont exigé, à leur tour, le dépôt avant toute publicité ou mise en vente, ce qui le rendait aussi difficile à remplir, d'une façon utile et en temps, pour les étrangers en France que pour les Français à l'étranger.

En pratique, cette difficulté nous permet d'espérer que, dans un avenir assez rapproché, nous pourrons faire entrer dans les lois des pays civilisés les vœux depuis si longtemps renouvelés sur ces matières par l'Association Littéraire et Artistique Internationale et par l'Association Internationale pour la Protection de la Propriété industrielle.

Nous croyons même avoir suffisamment démontré dans nos précé-

---

(1) Voir rapports de la Chambre de commerce de Paris, 1905.

(2) Ils étaient tombés, même à Lyon, de 3,412 dépôts en 1860 à 1,040 en 1903. Notre réponse au ministre visait les statistiques publiées en 1904 ; elles montraient que, sur 135,994 dessins et modèles déposés en Allemagne durant l'année 1901, les Français n'en avaient déposé que 68 ; sur 107,472 déposés en Suisse, ils n'en avaient déposé que 10. Nous avions des renseignements afférents à 1903 pour la Belgique, l'Autriche-Hongrie et l'Italie, et la statistique des dépôts de modèles nous montrait 19 modèles déposés en tout dans ces trois derniers pays par des Français en 1903, alors que le nombre des dessins et modèles créé chaque jour en France est considérable.

En 1903, 63,307 dépôts avaient été effectués dans toute la France.

En 1906, lors des dernières statistiques, le nombre total des dépôts est tombé chez nous à 52,423 ! Et, dans ce nombre, il faut dire que 10,484 dessins et 1,525 modèles ont été déposés par des étrangers ou des Français dont les établissements sont situés hors de France. (*Bulletin officiel de la Propriété industrielle*, 1er août 1907.) Dans les autres pays, les créateurs sont peut-être plus soucieux de garantir leurs créations qu'en France, mais pour les mêmes causes le nombre des dessins ou modèles déposés n'est pas égal au dixième de ceux créés.

dents rapports (1) et dans les Congrès (2) que les dessins et modèles les plus simples appliqués aux industries telles que les tulles, les broderies, les dentelles, les tissus, etc., avaient, à l'égal des dessins et modèles compliqués, appliqués aux industries réputées comme les plus artistiques, intérêt à se faire protéger par les lois sur la propriété artistique, lesquelles, dans la plupart des pays désireux de défendre la propriété des œuvres de l'intelligence, d'une façon efficace, ont une tendance marquée à diminuer sinon à supprimer les formalités, alors que les lois sur la propriété industrielle se rapprochent de celles relatives aux brevets avec leurs formalités attributives de propriété, compliquées et coûteuses, exigées avant toute publicité ou mise en vente.

La loi du 11 mars 1902 et son application en France (3) ont démontré le bien-fondé de nos incessantes réclamations, et la répercussion à l'étranger de cette dernière loi, laquelle nous donne déjà en grande partie satisfaction, nous permet de penser qu'elle n'a pas été sans influence sur la loi allemande du 9 janvier 1907, concernant le droit d'auteur sur les œuvres des arts figuratifs et de photographie, et sur le projet de loi élaboré par la Commission royale préconsultative, chargée par décret royal du 15 décembre 1901 de préparer la revision

---

(1) Etude sur la propriété des modèles d'art appliqués à l'industrie (*Bulletin de la Réunion des fabricants de bronzes et des industries qui s'y rattachent.* Paris, 1888). — Etude sur la propriété des modèles d'art appliqués et Congrès des arts décoratifs (in-8° de 259 pages avec phototypies, imprimerie Lahure. Paris, 1894). — Notes sur la protection des dessins et modèles appliqués à l'industrie (*Bulletin de la Réunion des fabricants de bronzes.* Paris, 1899). — Faits et documents se rattachant à la loi du 11 mars 1902 (imprimerie Ch. Blot, Paris, 1902). — De la protection des dessins et modèles appliqués à l'industrie en France et à l'étranger (rapport à la Chambre de commerce de Paris, in-8° de 116 pages avec phototypies. Imprimerie Motteroz et Martinet. Paris, 1905). — Application en France de la loi du 11 mars 1902 (*Bulletin de la Réunion des fabricants de bronzes*, in-8° de 30 pages avec phototypies. Imprimerie Belin frères. Paris, 1905).

(2) Congrès de l'*Association pour la protection de la Propriété littéraire et artistique internationale :* Paris 1889 et 1900 ; Turin, 1898 ; Heidelberg, 1899 ; Vevey, 1901 ; Naples, 1902 ; Liège, 1905 ; Neuchâtel, 1907.

Congrès des Arts décoratifs, Paris 1894 ;

Congrès international des inventeurs et artistes industriels, Paris, 1900 ;

Congrès des Arts du dessin, Paris, 1900 ;

Congrès international du commerce et de l'industrie, Bruxelles, 1897 ;

Congrès international de la Propriété industrielle, Paris, 1889 ;

Congrès de l'*Association internationale pour la protection de la Propriété industrielle :* Vienne (Autriche) et Budapest, 1897 ; Londres, 1898 ; Zurich, 1899 ; Lyon, 1901 ; Turin, 1902 ; Amsterdam, 1903 ; Berlin, 1904 ; Liège, 1905 ; Milan, 1906 ;

Congrès de l'*Association française pour la protection de la Propriété industrielle :* Lille, 1902 ; Saint-Etienne, 1903 ; Paris, 1904 ; Angoulême et Cognac, 1905.

(3) Voir, sur l'application de cette loi, le *Bulletin de la Réunion des fabricants de bronzes et des industries qui s'y rattachent*, 1907, f°s 72 à 95. Voir aussi Jurisprudence sur la loi du 11 mars 1902. (Extrait du travail de M. G. Maillard dans les *Annales de la Propriété littéraire et artistique*, 1905.)

de la législation italienne sur le Droit d'auteur (1) et sur la loi danoise du 28 février 1908, qui est ainsi conçue :

« Seront également compris parmi les œuvres artistiques les travaux originaux destinés à servir de modèles pour l'industrie ou les métiers touchant à l'art, ainsi que les objets produits à l'aide de ces modèles, qu'ils soient fabriqués en un objet unique ou en un nombre plus grand d'exemplaires.

« Le droit établi par la présente loi s'applique à tout genre de reproduction, aussi bien à celle qui implique l'intervention d'une faculté artistique qu'à celle qui se fait par voie purement mécanique ou chimique, que la reproduction soit opérée dans un but purement artistique ou dans un but industriel, ou en vue de servir à l'usage pratique. »

L'Association Littéraire et Artistique Internationale, à Neuchatel et à Mayence, avait insisté pour que la Conférence de Berlin déclarât formellement que l'expression « *Œuvres littéraires ou artistiques* » comprend toute production quelconque du domaine littéraire, scientifique ou artistique, qui pourrait être publiée par n'importe quel mode d'impression ou de reproduction et quels que soient son mérite ou sa destination. » Il est profondément regrettable que non seulement cette formule n'ait pas été acceptée par la Conférence de Berlin mais que les œuvres d'art appliqué à l'industrie aient été classées (art. 2, al. 4) comme œuvres que les Etats ne sont pas tenus de protéger et qui n'auront de protection que si la législation intérieure le veut bien.

Si tous les Etats s'entendaient sur la formule que nous avons préconisée, et si les tribunaux l'interprétaient sans étroitesse, cela suffirait à protéger pleinement toutes les créations qui ne rentreraient pas dans le domaine des inventions.

Jusque-là, dans les pays où on était habitué à une législation spéciale pour protéger les dessins et les modèles de fabrique, il faudra refaire cette législation sur des bases toutes autres que celles de la loi sur les brevets d'invention : le dépôt pourra être fait après l'exploitation, mais on ne pourra poursuivre que les faits postérieurs au dépôt, à moins de prouver que le contrefacteur était de mauvaise foi ; il n'y aura aucune distinction entre les diverses catégories de dessins ou de modèles, employés ou non dans l'industrie : pourvu qu'ils ne constituent pas des inventions brevetables, tous pourront être déposés, mais le dépôt n'exclura pas du bénéfice de la législation sur la propriété artistique ceux qui rentrent également dans le domaine de cette loi.

Le projet sur les dessins et modèles adopté en France par la Chambres des députés, le 11 juillet 1908 (2), répond à ce type et nous donne satisfaction, en remplacement de la loi de 1806 sur les dessins de fabrique.

---

(1) Voir annexe X du *Bulletin de la Chambre de commerce de Paris*, 1908, p. 58.

(2) Ce projet est devenu la loi du 14 juillet 1909.

M. André Taillefer signale de nouveau au Congrès la déception que la rédaction adoptée à la Conférence de Berlin et excluant de la protection obligatoire les œuvres d'art appliqué, avait causé dans les milieux intéressés français. Cette déception fut si vive que les Sociétés d'Art Industriel de France demandèrent au gouvernement de ne pas ratifier la Convention sur ce point. Ces groupements virent, en effet, dans le système voté, un recul sur l'état de choses actuel. Ils auraient de beaucoup préféré que les œuvres d'art appliqué, s'il avait été démontré que toute entente était impossible à leur sujet, ne fussent pas mentionnées du tout ; elles auraient pu alors bénéficier de la protection accordée aux œuvres artistiques en général, protection que le texte actuel paraît exclure. La formule inscrite dans la loi française de 1902, qui assure la protection de l'œuvre des arts plastiques, « quels que soient son mérite et sa destination », est celle qui devrait être adoptée ; elle interdit, en effet, aux tribunaux de se livrer à des recherches stériles sur la valeur esthétique de l'œuvre qui leur est soumise : il suffit que cette œuvre, belle ou laide, apparaisse comme une création, pour avoir droit à la protection. La jurisprudence française, sauf quelques rares exceptions, a su tirer un excellent parti de la loi du 11 mars 1902.

M. Osterrieth est entièrement d'accord avec les orateurs précédents pour reconnaître que toute création de forme doit être protégée. Il signale cependant que M. Kohler, imbu d'une idée philosophique théorique, a cru, dans ses ouvrages, devoir maintenir une distinction subtile entre les œuvres d'art pur qui représentent une *Weltschöpfungsidee*, et les dessins ou modèles d'ornement qui représentent une *Formegebung*. Il estime que des efforts doivent être faits pour assurer le triomphe définitif des idées de l'Association, soit par la fondation d'une union restreinte, si l'accord général ne peut s'établir, soit encore, à défaut, par la conclusion d'arrangements particuliers entre pays unionistes, tel que le traité franco-allemand du 8 avril 1907, soit mieux encore par une déclaration particulière qui serait adoptée lors de l'échange des ratifications de l'acte revisé à Berlin.

M. F. Dalgas, directeur de la Manufacture royale de porcelaine de Copenhague, approuve les idées précédemment émises. Il rappelle ce qui s'était passé en Danemark, notamment le procès engagé par la Manufacture royale au sujet de la cafetière exécutée d'après un modèle original de M. Krog ; en présence de la décision des tribunaux, qui avaient refusé le caractère d'*œuvre d'art* protégeable à un objet dont la destination essentielle était de servir à un usage pratique, on dut modifier la loi de manière à assurer la protection de l'art dit industriel (loi du 28 février 1908).

M. Bing, directeur de la manufacture Bing et Grondaël, montre également l'utilité, la nécessité de la récente loi danoise.

Le Président attire l'attention sur une lacune dans la rédaction de la loi danoise ; on n'y trouve pas cette règle indispensable, inscrite dans la loi française du 11 mars 1902, que l'œuvre doit être protégée, quel que soit son mérite. Il a bien fallu le dire, car certaines décisions avaient refusé la protection à des dessins, en fait, parce qu'ils ne plaisaient pas au juge, qui ne les trouvait pas assez *ingénieux !* Il faut que le juge danois non seulement ne puisse pas refuser la protection parce que la cafetière sert à verser le café, mais qu'il ne puisse pas davantage la refuser parce qu'il estimera qu'elle ne mérite pas protection. Tout dessin, toute sculpture, etc., doivent être protégés dans la mesure du travail personnel dont elles sont le résultat.

M. Dalgas estime que la législation danoise devra être entendue ainsi.

M. Krog propose cependant une distinction nouvelle : il se demande si on ne devrait pas juger l'œuvre d'après sa provenance et admettre, quel que soit son mérite, qu'elle devait être protégée lorsqu'elle émanait d'un véritable artiste.

Le Président fait remarquer à M. Krog que cela le mettrait à l'abri de toutes difficultés, lui qui est un incomparable artiste, admiré dans le monde entier comme le directeur artistique des travaux de la Manufacture royale, le créateur de toute une délicieuse zoologie céramique, de cette série d'assiettes commémoratives où se renouvelle sans cesse, dans un cadre restreint, son inlassable imagination ; mais ce serait déplacer simplement la difficulté et la rejeter sur d'autres cas, puisque les tribunaux seraient amenés à apprécier si l'œuvre émanait ou non d'un *véritable artiste.* Il fait ressortir de cette proposition même que la seule bonne solution est de n'établir aucune distinction et de protéger les œuvres d'art appliqué, exactement comme les autres œuvres d'art.

Le Congrès se range à cette façon de voir, et, à l'unanimité, adopte le vœu suivant :

Le Congrès, renouvelant comme les précédentes années, le vœu que toutes les œuvres des arts graphiques et plastiques, quels que soient leur mérite et leur destination, soient protégées sans aucune formalité, comme toutes autres œuvres artistiques,

Exprime sa profonde déception de ne pas trouver la réalisation de ce vœu dans le texte de la Convention de Berne revisée à Berlin et de constater, au contraire, que les œuvres d'art appliqué à l'industrie sont formellement exclues des œuvres artistiques pour lesquelles la protection est déclarée obligatoire.

Le Congrès charge le Comité de l'Association d'agir particulièrement en Angleterre pour obtenir que la législation soit interprétée en ce sens ou modifiée, s'il y a lieu, afin que des pourparlers diplomatiques puissent amener les différents Etats à s'entendre, lors de la ratification de la Convention de Berne revisée, pour l'insertion de la formule préconisée par l'Association.

L'ordre du jour du Congrès portait ensuite la question du *droit moral de l'auteur*, c'est-à-dire du droit de l'auteur sur son œuvre, indépendamment des droits pécuniaires. Cette question devait faire l'objet de nouvelles études ; mais le rapport que devaient présenter MM. Georges Harmand et Marc Mario n'a pu être prêt en temps utile.

Le Président communique une invitation à tenir notre prochain Congrès à Dresde, à l'occasion de l'Exposition internationale d'hygiène. C'est une occasion qui ne se rattache que d'assez loin à nos travaux. Le souvenir de notre admirable Congrès de 1895 est encore trop présent pour que nous puissions retourner à Dresde dans ces conditions. D'autres occasions désirées nous sont promises pour 1911 ; vous voudrez bien laisser à votre bureau le soin de décider.

Le Président, ayant adressé à nouveau les remerciements de l'Assemblée aux membres du Comité danois d'organisation, remercie également les représentants de la presse de leurs amusants comptes rendus spirituels et vivants, et déclare clos le Congrès de Copenhague de 1909.

La séance est levée à midi dix.

Le Secrétaire général :

A. Taillefer.

RÉSOLUTIONS

Votées par le Congrès de Copenhague.

A. — REGIME DE L'UNION

I. — Convention de Berne revisée par la Conférence de Berlin.

a) RÉSOLUTIONS GÉNÉRALES

1° L'Association Littéraire et Artistique Internationale salue les progrès considérables réalisés par la Conférence de Berlin, et, tout en maintenant les vœux des Congrès antérieurs auxquels la Conférence de Berlin n'a pas donné satisfaction, exprime le vœu que tous les pays de l'Union ratifient, dans le délai prévu à l'article 28, la Convention de Berne revisée, du 13 novembre 1908, sans faire aucune des réserves admises par le deuxième paragraphe de l'article 27 de cette Convention ;

2° Le Congrès charge le Comité de l'Association d'adresser aux gouvernements de chacun des Etats unionistes un mémoire spécial dans lequel sera exposé l'intérêt qu'aura le pays respectif à ratifier la Convention de 1908 dans son intégralité, en insistant sur les questions qui pourraient donner lieu dans ce pays à une réserve quelconque ;

3° Le Congrès charge le Comité de faire auprès des intéressés, et notamment auprès des Sociétés de chaque pays unioniste, des démarches pour les engager à appuyer les efforts de l'Association ;

4° Il est à souhaiter, en tout cas, que la faculté de faire des réserves soit supprimée par la prochaine Conférence de revision de Rome.

b) ŒUVRES D'ARCHITECTURE

Le Congrès, rappelant les vœux émis par les Congrès antérieurs, est d'avis :

1° Que les dessins d'architecture comprennent les dessins des façades extérieures et intérieures, les plans, coupes, élévations et constituent la première manifestation de la pensée de l'architecte et l'œuvre d'architecure ;

2° Que le monument n'est qu'une reproduction, sur le terrain, des dessins d'architecture ;

Et, constatant avec satisfaction que la protection des œuvres d'architecture est assurée désormais par la Convention de Berne revisée à Berlin,

Emet le vœu :

Que, en ce qui concerne les œuvres d'architecture, cet acte soit ratifié sans aucune réserve par les Etats signataires et que, conformément aux indications qu'il contient, les œuvres d'architecture soient protégées dans toutes les législations à l'égal de toutes les autres œuvres artistiques et dans les mêmes conditions.

c) ŒUVRES D'ART APPLIQUÉ

Le Congrès, renouvelant comme les précédentes années le vœu que toutes les œuvres des arts graphiques et plastiques, quels que soient leur mérite et leur destination, soient protégées sans aucune formalité, comme toutes autres œuvres artistiques.

Exprime sa profonde déception de ne pas trouver la réalisation de ce vœu dans le texte de la Convention de Berne revisée à Berlin et de constater, au contraire, que les œuvres d'art appliqué à l'industrie sont formellement exclues des œuvres artistiques pour lesquelles la protection est déclarée obligatoire.

Le Congrès charge le comité de l'Association d'agir particulièrement en Angleterre pour obtenir que la législation soit interprétée en ce sens ou modifiée, s'il y a lieu, afin que des pourparlers diplomatiques puissent amener les différents Etats à s'entendre, lors de la ratification, pour l'insertion de la formule préconisée par l'Association.

d) PHONOGRAPHES ET CINÉMATOGRAPHES AU POINT DE VUE DE LA PROPRIÉTÉ LITTÉRAIRE ET ARTISTIQUE

Le Congrès se réjouit de trouver, dans l'alinéa premier de l'article 13 du texte de la Convention de Berne revisée, le principe du droit exclusif, pour l'auteur d'œuvres musicales, d'autoriser : 1° l'adaptation de ces œuvres à des instruments servant à les reproduire mécaniquement ; 2° l'exécution publique des mêmes œuvres au moyen de ces instruments.

Mais il exprime le regret que le deuxième alinéa permette aux législations intérieures d'apporter dans l'application de cet article des réserves et conditions, et souhaite, en renouvelant le vœu des Congrès antérieurs, que ces principes soient reconnus dans toutes les législations de l'Union sans aucune atténuation ; en tout cas, les réserves ne devront pas être de telle nature qu'elles paralysent, en réalité, le droit reconnu par l'alinéa premier.

L'alinéa troisième, établissant la non-rétroactivité du principe de l'alinéa premier, doit être interprété en ce sens que la liberté de reproduction maintenue par les dispositions transitoires ne s'entend que des reproductions qui étaient licites, soit d'après la Convention, soit d'après la législation intérieure ; elle ne doit s'appliquer qu'à la reproduction, par les mêmes fabricants, de ce qui a été effectivement utilisé et seulement pour le même genre d'instruments.

Il est bien entendu que le droit d'exécution n'est pas compris dans les dispositions transitoires.

Le Congrès, prenant connaissance avec chagrin d'un arrêt de la Cour de Paris, estime qu'en matière littéraire le droit de l'auteur porte non seulement sur la forme littéraire, mais aussi sur le plan ou scénario ; en conséquence, prendre ce plan ou scénario pour l'exploiter sous une forme nouvelle, et notamment sous la forme cinématographique, est une atteinte au droit exclusif de l'auteur. L'alinéa premier de l'article 14 doit être compris dans le même sens.

e) UNIFICATION DE LA DURÉE DES DROITS DES AUTEURS

Le Congrès émet le vœu que la durée de protection soit effectivement fixée, dans tous les Etats de l'Union, à la vie de l'auteur et à cinquante ans après sa mort, et que les Etats où ce délai n'est pas encore prévu par la législation intérieure l'y introduisent aussi bien dans l'intérêt de l'unification internationale que dans le but d'établir la protection du droit d'auteur sur une base à la fois plus solide, plus équitable et plus conforme aux lois d'une exploitation économique rationnelle.

f) DROIT D'EXÉCUTION DES ŒUVRES MUSICALES

Le Congrès émet le vœu que, lors de la revision de la loi danoise sur le droit d'auteur, rendu nécessaire par la ratification de la Convention de Berne revisée, l'article 2, lettre *b*, soit modifié dans le sens de la suppression de la mention de réserve exigée pour l'exercice du droit d'exécution des œuvres musicales, et que les dispositions excluant ce droit par rapport aux danses, chants, petits morceaux isolés ou parties d'œuvres plus grandes, disparaissent.

II. — Extension de l'Union et revisions législatives.

a) RÉSOLUTION GÉNÉRALE

En présence des tentatives de conclure des traités littéraires spéciaux entre des pays unionistes et certains pays non unionistes, le Congrès de Copenhague, croyant devoir rappeler le vœu adopté en 1900 par le Congrès de Paris, déclare désirable qu'avant de négocier un traité littéraire particulier avec un pays étranger, les gouvernements des Etats unionistes essayent de faire entrer ce pays dans l'Union internationale.

b) ÉTATS-UNIS

Le Congrès salue avec reconnaissance et joie la nouvelle loi américaine du 4 mars 1909, codifiant la législation des Etats-Unis en matière de copyright, et les nombreuses dispositions progressistes que cette codification renferme ; il adresse l'expression de sa gratitude à M. Thorvald Solberg, à Washington, qui a préparé cette revision importante, et aux deux American Copyright Leagues qui l'ont appuyée, notamment à la Ligue des auteurs, qui a travaillé à la suppression de la manufacturing clause pour ce qui concerne les œuvres écrites en une langue autre que l'anglais.

Le Congrès exprime le ferme espoir que les restrictions qui frappent encore les œuvres en langue anglaise et certains procédés de reproduction disparaîtront lors d'une revision ultérieure et qu'alors aucun obstacle ne s'opposera plus à l'entrée des Etats-Unis dans l'Union de Berne.

c) GRÈCE

Le Congrès a été heureux d'apprendre, grâce aux déclarations formulées par les délégués de la Grèce à la Conférence de Berlin, que le gouvernement de ce pays, animé du désir de mettre les décisions de la Conférence en harmonie avec la législation intérieure, a pris les mesures nécessaires pour procéder à une réforme complète de la loi grecque actuelle, fort insuffisante et surannée, et qu'ainsi des perspectives certaines s'ouvrent de voir la Grèce, aussitôt cette revision terminée, entrer dans l'Union de Berne.

d) PAYS-BAS

Le Congrès a pris connaissance avec satisfaction du rapprochement des Pays-Bas vers l'Union internationale, rapprochement manifesté par l'envoi de délégués à la Conférence de Berlin et par leurs déclarations encourageantes et pleines de promesses.

Le Congrès est dès lors convaincu que l'adhésion des Pays-Bas à la Convention revisée de Berne, rendue plus aisée par l'article 25 de celle-ci, pourra s'effectuer à bref délai.

e) RUSSIE

Le Congrès exprime sa surprise et ses regrets du vote récemment émis par la Douma, par lequel la liberté de la traduction des œuvres étrangères serait érigée en prescription formelle de la législation intérieure ; il espère que ce vote n'affectera en rien l'engagement pris par le gouvernement russe de conclure des traités littéraires particuliers en vue de protéger réellement les droits des auteurs étrangers et n'atténuera en aucune manière les dispositions sympathiques que la délégation de la Russie à la Conférence de Berlin a exprimées pour l'œuvre de l'Union de Berne, l'entrée de la Russie dans cette Union, facilitée expressément par l'article 25 de la Conbention revisée, restant le but à atteindre.

Les membres du Congrès s'engagent à solliciter de leurs gouvernements la poursuite des négociations entamées dans ce but ; ils se déclarent également résolus à signaler sans relâche dans la presse les actes de spoliation dont les auteurs étrangers sont victimes en Russie, afin de faire modifier au plus vite cette situation si peu satisfaisante.

B. — VŒU RELATIF A L'ORGANISATION D'UN MUSEE DE LA CONTREFAÇON

Le Congrès émet le vœu que le bureau international de Berne recueille tous les documents relatifs à la reproduction illicite dont les œuvres littéraires et artistiques font l'objet dans les divers pays du monde et qu'il soit institué dans cette ville une sorte de bibliothèque ou de musée de la contrefaçon.

RÉCEPTIONS ET FÊTES

Le Congrès de Copenhague aura été, par l'accueil que les congressistes ont reçu et les attentions dont ils furent entourées, brillant entre tous.

VEILLE DE L'INAUGURATION

Le lundi, à huit heures et demie du soir, c'était une amicale réception au *Yacht-Club Pavillon*, sur la *Lange Linie*. La Lange Linie est la promenade préférée des habitants de Copenhague, au printemps, le long de l'avant-port, à travers de jolis massifs d'arbustes et d'élégants parterres, puis tout au bord de l'eau : le Yacht-Club Pavillon est une construction en bois, d'une architecture fort originale, qui est aménagée en restaurant, au début de la promenade, et d'où on a une vue incomparable sur le bassin des bateaux de plaisance et, par une des sorties du port, sur le *Sund*, jusqu'à la côte suédoise. Le crépuscule, qui se prolonge presque jusqu'à l'aurore, dont il n'est séparé que par une courte nuit claire et bleutée, était merveilleux ; les lilas et les cytises en fleur formaient tout autour du pavillon un décor de fête. Les membres du comité d'organisation firent les honneurs d'un de ces soupers à la mode scandinave, où l'on se sert librement pour aller ensuite manger sur un coin de table en bavardant avec qui plaît ; la gracieuseté des hôtes, qui mettaient les invités tout à l'aise, le charme, qu'on ne saurait imaginer à l'avance, de cette lumière des nuits d'été septentrionales, contribuaient à créer une impression sans pareille.

Le lendemain matin, à l'issue de la séance d'inauguration, M. et Mme Carl Torp réunissaient en un déjeuner d'une élégante cordialité les membres du Bureau et les représentants des principales nationalités.

FÊTE A L'HOTEL DE VILLE

Dans l'immense salle du rez-de-chaussée, M. Lamm, président du Conseil municipal, accueille les congressistes par ces paroles :

Mesdames, Messieurs,

Au nom de la municipalité de Copenhague, j'ai l'honneur de vous souhaiter la bienvenue en vous remerciant d'avoir bien voulu accepter l'invitation à passer cette soirée sous le toit de notre hôtel de ville.

Bien que nous autres — membres laïques du Conseil municipal — n'assistions pas au Congrès que l'Association Littéraire et Artistique Internationale vient d'ouvrir dans notre capitale, nous sommes néanmoins fort contents d'avoir cette occasion de vous manifester le grand intérêt et la vive sympathie que nous portons à votre travail.

En effet, nous comprenons parfaitement que le but poursuivi par votre Association, celui de défendre et de développer les droits des auteurs et des artistes de toutes catégories, est digne d'une attention spéciale de notre part, et, en cas de besoin, aussi de notre soutien amical.

L'histoire nous offre des exemples infinis du changement d'idéal des hommes : l'idée que l'on se faisait autrefois du poète est fort différente de celle de nos jours.

Vous connaissez tous le poète idéal des siècles passés, tel qu'il se révèle dans la littérature, — par exemple, dans ce poème de Schiller, qui vous a été rappelé ce matin par M. Brandès, que je m'abstiendrai de recommencer, par crainte de la comparaison.

Vous trouvez aussi ce type de poète, dramatisé dans la littérature française par Alfred de Vigny, dans le drame nommé *Chatterton*, un lyrique anglais : ce jeune homme qui vit seulement pour l'idéal en négligeant tout soin matériel et qui finit par mourir de faim et d'amour malheureux.

De nos jours, on demande que le poète, — ou, comme nous préférons l'appeler, l'auteur, — soit un homme qui, tout en s'inspirant des idées élevées, vive parmi les hommes, les pieds solidement plantés sur la terre et s'occupant des affaires terrestres.

Nous comprenons facilement qu'il soit alors de notre devoir de les aider à s'assurer les biens matériels et à revendiquer leurs droits naturels.

C'est avec de telles pensées que je me permets, mesdames et messieurs, d'exprimer aux membres distingués de l'Association Littéraire et Artistique Internationale, qui nous honorent de leur présence que nous vous souhaitons le plus beau résultat de votre travail, et, en même temps, le plus grand plaisir pendant votre séjour dans notre capitale.

M. Georges Maillard remercie au nom de l'Association. Il dit l'admiration de tous pour ce chef-d'œuvre qu'est l'hôtel de ville de Copenhague, dû à M. le professeur Nyrop, un des monuments les plus originaux et les plus puissants qui aient été construits à l'aurore du vingtième siècle.

Souper, concert et bal qui termine gaiement la fête.

VISITE A ROSENBORG

L'après-midi, après la séance de travail, M. l'inspecteur Bering Liisberg avait fait visiter aux congressistes cette autre merveille d'architecture, celle-ci de la Renaissance danoise, au début du dix-septième siècle, le château de Rosenborg, et le Musée, consacré aux souvenirs des monarques danois, pour lequel il a dressé un incomparable catalogue, qui, commentant les objets ayant appartenu à chaque souverain, forme, d'objet en objet, d'anecdote en anecdote, une série de biographies illustrées, étonnamment vivantes.

EXCURSION A MARIENLYST

Le mercredi, jour de la saint Jean, excursion au delà de Copenhague, visite, encore sous la direction de M. Bering Liisberg, des châteaux de Frederiksborg et de Kronborg : Frederiksborg est un autre château de Christian IV, reconstruit, après incendie, dans le troisième quart du dix-neuvième siècle et transformé en musée national ; Kronborg, c'est le château d'Elseneur, c'est le château d'Hamlet, non tel qu'il était à l'époque où vécut peut-être Hamlet, mais tel qu'il était à l'époque où Shakespeare vivait et sans doute y vint ; on prenait un vif plaisir à entendre l'aimable cicerone expliquer, dans les casemates sous la terrasse, comment Shakespeare songeait au château de son temps lorsqu'il faisait cheminer la *vieille taupe*, l'ombre paternelle, sous la terrasse où se promène Hamlet. Le mauvais temps, qui est un scandale imprévu à la saint Jean, avait un peu chagriné les organisateurs de l'excursion : il fallut renoncer à aller en voiture de Frederiksborg à Elseneur, à travers la forêt, et à retourner la nuit d'Elseneur à Copenhague en bateau, mais tout avait été si bien préparé que le programme put être modifié sans heurts ; les congressistes sont habitués aux surprises de la pluie et du froid, on a dansé et chanté après déjeuner au Slotspavillon dans le bois de Frederiksborg ; notre collègue Meusy, réveillant le souvenir des joyeuses soirées du Chat-Noir, a eu la gracieuseté de redire ses spirituelles chansons : *Avec des larmes dans les yeux*, l'*Hymne au fromage*, le *Matin aux Halles*.

On a gaiement dîné à Marienlyst. M. Otto Benzon, l'auteur dramatique, membre du Comité d'organisation, a porté un toast charmant à la santé des congressistes ; M. Franz von Jessen, le très spirituel président de l'Association des journalistes de Copenhague, a bu aux dames ; M. Georges Maillard, au nom de l'Association littéraire et artistique international M. le professeur Karl Warburg au nom des Suédois, M. Casto au nom des Italiens, M. Poupinel, comme délégué du minist de l'instruction publique de France, ont également pris parole.

A NY-CARLSBERG GLYPTOTEK

Le jeudi 24, dans l'après-midi, M. Carl Jacobsen recevait Congrès dans la *Ny-Carlsberg Glyptotek*, ce temple élevé à sculpture de tous les temps et qui renferme une des pl magnifiques collections qu'un particulier ait réunies pour doter, de son vivant, son pays : M. Jacobsen tient en Danema la place d'un ministère des beaux-arts, dont il alimenterait lu même le budget. Dans la Glyptotek, l'art français a une pla prédominante ; il y a là plusieurs salles consacrées à Carpeau à Rodin, de nombreux ouvrages de Mercier, de Falguière, et d œuvres caractéristiques des principaux statuaires de not temps.

La Société des Artistes français avait tenu à déléguer Congrès de Copenhague, pour rendre hommage à M. Jacobse deux des statuaires qui sont représentés à la Glyptotek par d œuvres justement célèbres : M. Boisseau, vice-président de Société, et M. Gustave Michel, président du jury de sculptu en 1909.

M. Boisseau, en remettant une médaille à M. Jacobsen, nom de la Société des Artistes français, prononce l'allocuti suivante :

Monsieur Jacobsen,

En venant au Congrès de Copenhague, nous avons été charg mon collègue et moi, de vous remettre la médaille de la Soci des Artistes français, comme témoignage de sa reconnaissance en souvenir de la gratitude que vous doivent les artistes, pour musée que vous avez fondé et dont vous avez enrichi votre pays.

Nous ne sommes pas surpris de voir que ce musée renferme pl particulièrement des œuvres de sculpture ; quand on a la bon fortune d'avoir comme compatriote un des plus grands sculpteu du commencement du dix-neuvième siècle, j'ai nommé Thorwa sen, on comprend que vous vous soyez épris de cet art, et que vo ayez voulu en représenter toute la puissance en réunissant les pr cipales œuvres de nos grands artistes. Bientôt, ce sera à Copenhag qu'il faudra venir pour apprécier la sculpture française du d neuvième siècle. Le Comité permanent des expositions des beau arts à l'étranger a pu, l'année dernière, réunir un pareil ensem à l'exposition franco-britannique ; mais ce ne fut que fugitif, tan que nous trouvons ici une œuvre durable, qui rend le plus grand honneur à celui qui a eu la généreuse pensée de la fonder, et qui, pouvant la réaliser, en fit profiter ses compatriotes pour la gloire de la nation.

Le Comité de la Société des Artistes Français a bien compris que, pour la représenter au Congrès de Copenhague, dont vous êtes le vice-président, c'était à des sculpteurs qu'incombaient le devoir et le plaisir de venir dans ce pays qui tient en si grand honneur les œuvres de sculpture.

Nous avons encore le souvenir d'une exposition française qui fut organisée à Copenhague par vos soins et sur votre initiative, en 1888, voulant révéler ainsi les œuvres des artistes français à vos compatriotes, qui déjà recherchaient curieusement toutes les manifestations d'art sincères.

Cette influence se fit ressentir par une saine tradition dans votre enseignement des beaux-arts, nous l'avons constaté à l'exposition universelle de 1900.

M. Schultz, membre de l'Académie Royale, était votre délégué comme membre du jury de sculpture : M. Guillaume, notre éminent président, a cru devoir lui exprimer toutes les félicitations du jury, qui éprouvait la grande joie de pouvoir attribuer les plus hautes récompenses de l'exposition aux sculpteurs danois, MM. Saabye et Bissen, et d'autres récompenses à MM. Aarsleff, Brandstrup, Jensen, Stein-Bonnesen, Christensen, Tegner-Mortensen et Hansen.

Le Comité, en vous attribuant cette médaille, vous a nommé membre d'honneur de la Société des Artistes Français. Veuillez accepter cet hommage en souvenir de l'intérêt que vous portez à l'art et aux artistes.

M. Jacobsen a répondu en termes chaleureux et expliqué comment avait été conçue la nouvelle Glyptotèque, non pas comme une enfilade de salles uniformes où entasser le plus grand nombre de marbres et de plâtres possible, mais pour servir de cadre aux œuvres d'art, de manière à les présenter dans les conditions les plus attrayantes, au milieu des plantes et des fleurs ou dans l'architecture qui leur convient. Le Musée n'a plus l'aspect rébarbatif qui est de règle ; la promenade cesse d'y être une épreuve un peu sévère et devient un agrément.

Les congressistes, en causant et en admirant, ont pu s'en rendre compte.

Avant la réception à la Glyptotèque, il y avait eu, au Musée national, audition de ces étranges trompettes de bronze, les *lurs*, dans lesquelles soufflaient les Vikings, et qu'on a retrouvées si parfaitement intactes qu'elles font encore merveille sous les lèvres de bons sonneurs de trompes.

AU CHATEAU DE FREDENSBORG

Ce soir-là, S. M. le Roi de Danemark avait bien voulu convier à dîner au château de Fredensborg quelques-uns des congressistes et il a porté un toast qui restera pour notre Association un précieux titre d'honneur.

En voici le texte :

Messieurs,

Je fus heureux d'apprendre que l'Association littéraire et artistique internationale avait choisi, comme lieu de réunion du Congrès de cette année, le Danemark. C'est vous dire la joie particulière que j'éprouve à voir aujourd'hui, comme mes hôtes, des membres du Congrès, dignes représentants des nations qui ont glorieusement inscrit leurs noms dans l'histoire de l'art et de la littérature.

A ceux qui cultivent l'art ou la littérature se sont joints des représentants de la loi et de la justice, qui pourront assurer aux artistes et aux écrivains les fruits de leur travail et défendre leurs œuvres contre la spoliation dans les pays étrangers.

Tel est le but de la Convention de Berne, qui est bien l'œuvre de cette Association, assurément son œuvre la plus méritoire, mais non la seule, et certainement pas la dernière.

Je sympathise avec tout effort ayant pour but de régler les rapports internationaux où les intérêts des différents pays ne coïncident pas, de les régler dans un esprit d'entente mutuelle, et sous le drapeau de la justice, guidés dans cette noble tâche par la conviction que dans les questions les plus essentielles et les plus profondes il y a identité des intérêts de l'humanité entière.

Comme poursuivant de pareilles tendances élevées, je salue le présent Congrès dont j'ai accepté avec grand plaisir le protectorat.

Messieurs, je vous invite à vider vos verres en formant le vœu que l'esprit de paix et de justice règne toujours parmi les nations.

Après le dîner, le roi, la reine, le prince héritier et la princesse se sont longuement entretenus avec les congressistes et ont témoigné de la plus gracieuse manière l'intérêt qu'ils prennent à la littérature et à l'art de tous les pays et à la situation des écrivains et des artistes.

Le roi a tenu également à faire honneur à l'Association en conférant à ses trois présidents, Georges Maillard, Paul Wauvermans et Albert Osterrieth, la croix de chevalier de l'ordre du Danebrog en même temps que M. le professeur Torp et M. Georg Brandès étaient promus commandeurs du même ordre.

BANQUET AU SKYDEBANE

Le banquet qui eut lieu le vendredi, au *Kongelige Skydebane* fut extrêmement brillant et animé. Le Comité d'organisation avait eu l'heureuse idée de composer le programme des morceaux d'orchestre exécutés pendant le repas, uniquement avec des œuvres favorites des principaux musiciens danois.

Le voici comme un résumé de l'histoire de la musique en Danemark :

Programme du Concert.

1. *I. P. E. Hartmann* : Skanderborg Festmarsche.
2. *P. Heise* : Menuet af « Drot og Marsk ».
3. *Kuhlau* : Udtog af « Elverhoi ».
4. *I. P. E. Hartmann* : Dans, Vise og Kor af « Liden Kirsten ».
5. *Lange-Müller* : Serenade of « Der var engang ».
6. *Nic. Hansen* : Fantasi over europæiske Nationalmelodier.
7. *N. W. Gade* : Brudevals af « Et Folkesagn ».
8. *Bechgaard* : Somandsliv, Sange.
9. *Jos Glæser* : Polonaise af « Fjernt fra Danmark ».
10. *H. C. Lumbye* : Champagne-Galop.

Mais le bruit joyeux des conversations l'emporta parfois sur la musique.

Au dessert, Mme EMMA GAD, auteur dramatique, vice-président du Comité d'organisation, ouvrit ainsi la période des toasts :

On m'a prié de prendre la parole et, vraiment cela me fait un peu confuse et timide, par double raison que je ne sais pas faire un discours et ne peux pas parler français, mais je vous parlerai dans une autre langue, la langue du cœur, que vous comprendrez. Quand il faut rendre hommage, ce soir, pour la dernière fois, à nos chers convives étrangers, il y a là dedans un petit coin de tristesse, parce que c'est fini. En faisant des préparatifs et formant des projets pour ce Congrès, nous nous sommes tant réjouis de vous recevoir, mais nos meilleures espérances ont été dépassées en voyant la grande amabilité et le sourire charmant avec lequel vous avez pris les caprices de notre maussade climat du Nord et les petites erreurs que, sans doute, nous avons commises sans le savoir. J'ai peur que, nous autres congressistes danois, nous n'ayons pas été très assidûs aux séances sérieuses de l'Université ; mais, quand même, nous avons appris beaucoup pendant ces jours, et surtout nous avons appris à admirer et à chérir les efforts continuels que vous faites en notre faveur. Nous avons ici un petit conte d'étudiant qui commence ainsi : « Lui était poète, et elle aussi était dépourvue de tout moyen d'existence » ; il y a dans ces quelques mots demi-gais, demi-sérieux, une grande part de la vérité, mais, grâce à vous, cette vérité devient moins vraie d'année en année. Nous espérons que le travail fait ici a été fécond en bonnes idées et bons conseils ; nous vous prions de garder le souvenir de ces jours passés en Danemark, et nous vous remercions de tout notre cœur du travail admirable que vous consacrez à la grande fraternité universelle des ouvriers de la pensée.

M. GEORGES MAILLARD a d'abord donné lecture du télégramme adressé à LL. MM. le roi et la reine pour les remercier des témoignages de sympathie qu'ils ont gracieusement prodigués au Congrès et aux congressistes. Puis, dans la mélancolie des adieux, en évoquant le souvenir des Congrès précédents, il dit ce que le Congrès de Copenhague a eu de caractéristique en magnificence, en charme, en résultats utiles. Jamais plus grands honneurs ne furent faits à l'Association, jamais plus d'amicale sympathie ne fut témoignée aux congressistes, jamais l'échange d'idées, dans les séances de travail, avec les nouveaux venus à l'Association, ne fut plus cordial et plus fécond ; les délégations de la Société des Auteurs dramatiques et de la Société des Artistes français nous ont été, cette année, tout particulièrement précieuses ; dans les excursions et les fêtes, le nombre inaccoutumé des jeunes filles, en même temps que des jeunes femmes, a donné à notre déjà vieille Association l'illusion de la jeunesse. Le Comité d'organisation avait tout prévu et a tout exécuté avec le goût le plus délicat : un gracieux album, muni d'un plan de Copenhague, donnait aux congressistes, dès l'arrivée, l'image des belles architectures et des jolis paysages qu'ils devaient voir ; un élégant insigne, émaillé de bleu, de blanc et de rouge, aux armes de Copenhague, avec les initiales de l'Association comme un cri de victoire, A L A I, servait de ralliement et assurait partout aimable accueil. Il a fallu au président, notre ami *M. Carl Torp*, un véritable dévouement pour mener à bien la tâche qu'il avait acceptée, au milieu des occupations que lui imposaient cette année ses fonctions de recteur de l'Académie ; il avait, l'an dernier, un peu hésité à assurer la présidence, car lui, qui avait assisté au Congrès de Dresde, il s'était fait immédiatement de ce que devait être le Congrès de Copenhague un idéal difficile à réaliser, mais il nous avait déjà donné trop de preuves de sa sympathie pour notre Association, il ne pouvait pas nous refuser celle que nous lui demandions ; quand il eut dit oui, il ne ménagea plus ni son temps ni sa peine, et si splendire que fût l'idéal qu'il s'était fait du Congrès de Copenhague, il a su le réaliser pleinement. Il a eu, pour cela, deux collaborateurs admirables : *M. Glahn*, secrétaire au ministère des cultes et de l'instruction publique, qui avait été l'un des délégués du Danemark à la Conférence de Berlin, était au courant de tout ce qui concerne la propriété littéraire et artistique et a mis à assurer le bon fonctionnement de tous les services tout son tact de diplomate ; *M. Louis Bobé*, le secrétaire de l'Asscoiation des Auteurs danois, qui, passionné pour faire reconnaître internationalement le droit des auteurs, s'est un instant distrait de ses beaux travaux historiques et a porté, en grande partie, la charge de l'organisation matérielle du Congrès. A eux et à tous les membres du Comité d'organisation, nous ne saurions témoigner trop de reconnaissance, spécialement à M. *Carl Jacobsen*, qui a tout de suite accueilli nos projets, a levé toutes les hésitations ; il a dit : « Il faut que ce Congrès se fasse, il se fera », et il s'est fait, car ce que veut Carl Jacobsen ne tarde point. Nous avons beaucoup de gratitude pour *M. Georg Brandes*, qui nous a donné le régal de son esprit et a jeté sur notre séance d'inauguration l'éclat de son talent et de sa renommée. Les dames du Comité d'organisation ont eu aussi leur part active dans les succès du Congrès : *M*[me] *Emma Gad*, à leur tête, *M*[me] *Bobé*, *M*[me] *Glahn*, *M*[lle] *Henriquès* se sont ingéniées, durant les séances de travail, à faire admirer aux congressistes femmes la ville de Copenhague et l'agrément des campagnes voisines. Il n'est pas un des membres du Congrès qui n'emporte avec soi un souvenir exquis de cette semaine danoise, et tous les assistants font écho, de grand cœur, au toast qui est porté au Comité d'organisation en la personne de son président, M. le professeur Torp.

M. Paul Wauwermans, délégué du gouvernement belge, boit à la prospérité du peuple danois ; M. Carl Torp, à l'avenir de l'Association Littéraire et Artistique.

Une charmante allocution de M. G.-A. de Caillavet, de chaleureuses paroles du baron d'Egloffstein closent l'ère des toasts.

VISITE A LA MANUFACTURE ROYALE DE PORCELAINE DE COPENHAGUE

Après la clôture du Congrès, le samedi, les congressistes avaient été conviés à visiter la Manufacture royale de porcelaine, où ils ont été reçus par M. le directeur *Dalgas* et par *M. Krog*, le chef des travaux d'art. Les chefs-d'œuvre de la Manufacture sont connus de tous, mais il était amusant d'assister à leur éclosion et de les suivre dans leurs différentes périodes d'élaboration, depuis l'esquisse en terre jusqu'à la sortie définitive du four, il était surtout intéressant de voir l'installation, si moderne et si bien comprise, de l'établissement, qui n'est plus la sévère usine ou la triste école auxquelles on est habitué, mais où les jeunes artistes, pour la plupart des femmes, ont, chacune, dans de vastes salles, bien aérées, leur recoin personnel, leur abri, soustrait au regard des voisins, et qu'elles ornent de fleurs, à leur fantaisie. A la fin de la visite, les congressistes eurent l'agréable surprise d'avoir à faire un choix entre les précieux bibelots, vases, groupes et statuettes, qui leur étaient gracieusement offerts. La Manufacture avait fait aux visiteurs une réception digne de son titre, c'est-à-dire vraiment royale.

SOUVENIR DE LA FABRIQUE DE PORCELAINE BING ET GRŒNDAHL

De son côté, la maison Bing et Grœndahl avait eu la délicate attention d'adresser à chaque membre du Congrès un exemplaire de la ravissante médaille en porcelaine qui symbolise leur fabrique sous les traits d'une délicieuse jeune fille peignant une poterie.

DINER AU MINISTÈRE DES AFFAIRES ÉTRANGÈRES

La dernière manifestation du Congrès fut le dîner offert, le samedi soir 26 juin, dans l'hôtel du Ministère des affaires étrangères, par M. le comte Ahlefeldt-Laurvig aux membres du Bureau et aux délégués des gouvernements. Il avait, à la séance d'inauguration, prononcé les paroles de bienvenue ; il exprima les derniers vœux de bon retour et d'heureux avenir.

RÉCEPTIONS PARTICULIÈRES

Parmi les réceptions parlticulières, les congressistes français ne sauraient oublier l'accueil qu'ils ont trouvé auprès de M. le ministre de France à Copenhague et de Mme la comtesse Horric de Beaucaire, le déjeuner à la légation, dans cette demeure digne, par l'élégance et le bon goût, du pays qu'elle symbolise.

Les congressistes français ont été sensibles aussi à l'amabilité du Comité d'organisation de l'Exposition d'art décoratif français, qui leur a permis de jeter un coup d'œil sur les préparatifs de l'Exposition, dont l'ouverture devait, quelques jours après, obtenir un succès retentissant.

Au moment du départ, un numéro du journal illustré le *Verdenspejlet*, avec, sur sa manchette : « Salut au Congrès Artistique et Littéraire International », apportait aux congressistes le souvenir, en images, de leurs promenades dans la ville et de leurs excursions, notamment une reproduction photographique de la séance d'inauguration et du concert donné, au Musée national, le jeudi 24, avec les *Lurs*.

Annexe I.

REVUE GÉNÉRALE

DES

Faits relatifs à la Propriété Littéraire et Artistique

Au point de vue

DIPLOMATIQUE, LÉGISLATIF ET JURIDIQUE (1)

PAR

M. Ernest RÖTHLISBERGER

Secrétaire du Bureau International de Berne

INTRODUCTION

Noscimus et ignorabimus, c'est par cette paraphrase du célèbre *ignoramus et ignorabimus*, vieil axiome rappelé en 1872 par Du Bois-Reymond à Berlin, que nous pouvons le mieux caractériser la situation générale qui fera l'objet de cette revue, continuation de celle exposée il y a seulement neuf mois au Congrès de Mayence. En effet, nous savons bien des choses à la suite de la Conférence de Berlin, tenue du 14 octobre au 14 novembre 1908 et clôturée par la signature d'un nouveau texte unique de convention internationale ; nous connaissons les progrès réalisés par cette réunion diplomatique, de même que les points qu'elle a laissés en suspens ou qu'elle a réglés dans un sens contraire aux postulats de l'Association ; nous pouvons tracer le bilan de ce qui a été obtenu à Berlin et de ce qui, entre les propositions officielles, les revendications individuelles ou collectives, est resté sur le carreau (v. *Droit d'auteur*, numéro du 15 février 1909, p. 19 à 23). Nous savons aussi que l'Allemagne a, la première, ratifié la nou-

---

(1) Voir les deux dernières revues : Conférence de Neuchâtel, *Bull.* n° 24, août 1908, p. 46-68 ; Congrès de Mayence, *Bull.* n° 26, oct. 1908, p. 54-58 (résumé).

velle Convention de Berne revisée, du 13 novembre 1908, sans restriction ni réserve d'aucune sorte, et cela en date du 18 mai dernier, le Reichstag ayant adopté, ce jour-là, en troisième lecture et sans débat, le nouveau texte, après l'avoir, cinq jours auparavant, discuté à fond, tout en adressant force éloges au gouvernement de l'Empire.

Mais beaucoup de choses nous échappent et nous échapperont encore longtemps ; nous ignorons l'attitude que prendront certains pays unionistes qui avaient formulé des réserves déjà au cours de la Conférence et qui pourraient les maintenir, grâce à la faculté qui leur est accordée à cet égard par l'article 27. Nous ne pouvons pénétrer dans le secret des délibérations des pays non unionistes qui ont envoyé des délégués à Berlin, sans y prononcer la parole décisive du ralliement ; nous ne savons s'ils passeront le pont d'or qu'on a construit expressément pour eux sous forme de l'article 25, qui leur permet d'effectuer cette jonction avec les pays unionistes en étapes successives. Nous ne connaissons pas l'étendue du mouvement législatif que produira l'adoption de la convention nouvelle dans les Etats signataires, notamment en Grande-Bretagne, ni les remaniements des lois internes qui deviendront nécessaires dans les pays non unionistes désireux d'évoluer ; une seule exception est à signaler sous ce dernier rapport : les Etats-Unis d'Amérique ont codifié leur législation le 4 mars 1909, et cet événement important nous permet d'apprécier la distance, considérablement plus réduite, qui les sépare encore de l'Union.

C'est ainsi que la situation actuelle du chroniqueur ressemble à celle d'un alpiniste qui fait l'ascension d'un grand massif ; il croit avoir atteint un des sommets, mais de nouveaux promontoires, de nouvelles arêtes, des précipices, vallons et pics se dressent devant lui ; l'horizon s'est élargi, la vue est devenue plus belle et plus vaste, et pourtant les cimes se cachent, les contours réels de la montagne se dérobent à ses yeux, et c'est en vain qu'il scrute le ciel pour en pénétrer le mystère.

MOUVEMENT DIPLOMATIQUE

L'accession des Etats qui semblent prédestinés pour entrer dans l'Union internationale, accession qui avait été escomptée quelque peu en vue de la Conférence de Berlin, ne s'y est pas produite, ce qu'une certaine presse, peu au courant des réalités, a interprété comme un insuccès de la diplomatie unioniste. Le fait est que les nouvelles stipulations signées à Berlin exigent un nouvel examen de l'état de choses créé et des engagements à contracter. Le retard n'a rien que de normal; et c'est seulement vers la fin de l'année 1910, lors des ratifications de la Convention de Berne du 13 novembre 1908, soit par les membres actuels de l'Union, soit par les nouveaux membres recrutés peut-être, qu'on pourra mesurer le chemin réellement parcouru et adopter une graduation savante de la désillusion éprouvée à ce moment-là.

Toutefois, l'Union n'est pas restée sans étendre ses cadres. Au début de la Conférence de Berlin, la République de *Libéria*, qui avait signé la Convention de Berne primitive de 1886, mais ne l'avait pas ratifiée, a fait déclarer son adhésion à cette Convention, ainsi qu'aux deux Actes de Paris de 1896 ; cette adhésion a produit ses effets à partir du 16 octobre 1908.

En outre, l'*Allemagne* a accédé à la Convention de Berne et à ses annexes pour ses *pays de protectorat*, et cela à partir du 1er janvier 1909 ; on avait admis, il est vrai, déjà auparavant que l'Empire allemand faisait partie de l'Union avec toutes ses colonies (v. *Droit d'auteur*, 1899, p. 77 ; 1901, p. 13), mais cette accession n'est devenue une réalité officielle qu'à la suite de la Conférence de Berlin, où elle fut annoncée formellement dans la séance du 13 novembre 1908. Par un échange de notes intervenu entre le département des affaires étrangères de l'Empire et l'ambassade de France à Berlin (13-14 novembre 1908), cette accession fut étendue, pour les colonies des deux pays, au traité littéraire particulier franco-allemand du 8 avril 1907, conclu en vue de compléter la Convention de Berne, si bien que ce traité complémentaire est devenu également applicable à l'ensemble du territoire des deux Etats.

Les pays non contractants qui, par l'organe de leurs délégués à la Conférence de Berlin, ont fait exprimer leur intérêt ou leur sympathie pour les travaux de l'Union de Berne, sont les suivants : *République Argentine* (déclaration de M. Llambi Campbell à la première séance, Actes de Berlin, p. 149) ; la *Bolivie* (déclaration lue par M. von Goebel, délégué allemand, Actes, p. 210) ; le *Chili* (déclaration de M. Matté, Actes, p. 213) ; la *Colombie* (déclaration de M. Noguera, Actes, p. 210) ; les *Etats-Unis* (déclaration de M. Thorvald Solberg, Actes, p. 173) ; la *Grèce* (déclarations de MM. Rangabé et Typaldo-Bassia, Actes, p. 151 et 152) ; le *Guatémala* (déclaration de M. René,

Actes, p. 175) ; le *Nicaragua* (déclaration de M. Pein, Actes, p. 213) ; les *Pays-Bas* (deux déclarations de M. Snyder van Wissenkerke, Actes, p. 150 et 217), et la *Russie* (déclaration de M. Boulatzel, Actes, p. 149) ; cette dernière avait envoyé ses délégués à la Conférence pour prendre part à ses travaux — c'est l'affirmation textuelle — « *afin de faciliter l'adhésion éventuelle de la Russie à l'Union internationale* ».

Comme, malgré les perspectives très rassurantes ouvertes par les délégués des Pays-Bas, ces derniers ne se sont pas encore joints à l'Union, certains milieux intéressés en Belgique et en France, au lieu d'attendre ce résultat, inévitable à la longue, ont repris le plan déjà ancien de remédier le plus tôt possible à l'état défectueux actuel et ont proposé, à cet effet, la conclusion de nouveaux traités particuliers ou l'amélioration des conventions existantes. En France, c'est M. L. Poisat qui a publié une *Etude sur le droit de propriété des auteurs français d'œuvres dramatiques et littéraires en Hollande*, étude destinée à travailler au remaniement des vieux traités qui lient la France et la Hollande. D'autre part, c'est la « Commission hollando-belge pour l'étude des questions économiques relatives aux deux pays » qui a voulu jeter les bases d'une entente particulière, en cette matière, entre les deux nations, en vue de faire avancer « le principe de l'unification territoriale » ; la sous-commission hollandaise avait même rédigé l'avant-projet d'un nouveau traité littéraire, alors que la sous-commission belge avait tâché de « mettre au point » le vieux traité littéraire hollando-belge de 1858 en y introduisant, à titre de *nouveautés*, la reconnaissance du droit de traduction et du droit d'exécution et de représentation publique.

Tout en admirant le courage des auteurs de ces tentatives d'arrangements à part, nous avons cependant le sentiment très net que la Hollande ou bien fera maintenant le pas décisif vers l'Union, ce qui la dispensera du labeur de conclure des traités particuliers, ou bien restera stationnaire dans ce domaine. La première de ces solutions paraît la plus probable ; la période des petits avantages à obtenir entre pays isolés semble passée, lorsqu'un Etat européen est en jeu.

Nous tirons le même horoscope pour les pays suivants : l'*Autriche*, qui n'a pas encore ratifié son traité littéraire particulier conclu le 2 mars 1908 avec la Roumanie, et dont le mouvement offensif pour conclure des arrangements sur la base de la réciprocité matérielle paraît arrêté, tandis que les plaintes au sujet du « vol littéraire systématique exercé contre les auteurs dramatiques allemands par les théâtres tchèques » ne s'arrêtent pas et ont même trouvé leur écho au Reichstag allemand (v. *Droit d'auteur*, 1909, p. 39) ; en tous cas, le gouvernement austro-hongrois s'est déclaré disposé, en 1908, à entamer des négociations au sujet de la revision du traité littéraire conclu avec la France le 11 décembre 1866, traité qui date d'un autre âge ;

La *Bulgarie*, qui, élevée au rang de royaume, trouvera maintenant le loisir d'élaborer une loi intérieure sur le droit d'auteur, pour laquelle des travaux préparatoires ont été abordés ;

La *Roumanie*, représentée à Berlin, et qui ne demande que des temps plus propices pour reprendre le projet de loi très progressiste rédigé en cette matière ; en attendant, le Tribunal d'Ilfov vient de condamner de nouveau à de fortes amendes un groupe de contrefacteurs qui avaient exécuté et mis en vente, à des pris dérisoires, les contrefaçons de la *Petite Tonkinoise ;*

Enfin, la *Turquie*, où, comme le dit un journal de Constantinople, le premier venu peut réimprimer ce qu'il veut et où le manque d'une législation protectrice s'est fait sentir lorsque les forces intellectuelles ont pu prendre leur essor ; le gouvernement turc, pressenti par le gouvernement français au sujet de la conclusion d'un traité littéraire destiné à protéger contre la contrefaçon les œuvres françaises d'imagination fréquemment reproduites en Turquie, a toutefois décliné d'ouvrir des pourparlers à ce sujet, et cela en raison des difficultés politiques de l'époque actuelle. Mais, le groupe des Jeunes-Turcs entend doter le pays d'une législation en matière de propriété intellectuelle, et le Conseil d'Etat se serait déjà occupé de l'examen d'un projet de loi dans sa séance du 14 juin 1909 ; des hommes instruits y travaillent et visent nettement l'adhésion de leur pays aux deux Unions qui sauvegardent cette propriété, celle de Berne et celle de Paris (propriété industrielle).

***

En ce qui concerne l'*Amérique*, nous avons à signaler la mise en vigueur, à partir du 1er juillet 1908, de la Convention littéraire panaméricaine du 27 janvier 1902 aux *Etats-Unis* d'Amérique (Proclamation du président Roosevelt, du 9 avril 1908), et par là, dans les rapports entre cet Etat et les cinq républiques de l'Amérique centrale (Guatémala, Salvador, Costa-Rica, Honduras et Nicaragua), qui avaient déjà auparavant ratifié cette convention, appelée Convention de Mexico (le Mexique ne l'a pas approuvée lui-même) ; la portée de cet événement est restreinte, car il est de droit public aux Etats-Unis qu'une convention internationale n'y est pas applicable par elle-même, mais a besoin de l'intervention législative pour produire ses effets quant à celles de ses dispositions qui sont en contradiction avec les lois en vigueur ; or, comme la Convention de Mexico, qui a amélioré notablement la Convention de Montevideo de 1889, reléguée toujours plus à l'arrière-plan, dépasse en libéralité même la nouvelle loi américaine de 1909, elle est sans force sur tous les points où elle est en conflit avec cette loi (comparer : *Droit d'auteur*, 1909, p. 31).

***

En *Asie*, la reconnaissance du droit d'auteur progresse, grâce au système dit de la pénétration. Ainsi, les Etats-Unis d'Amérique et le Japon s'étaient engagés, par deux conventions littéraires du 19 mai 1908, à protéger réciproquement leurs citoyens ou sujets en Chine et en Corée, et, comme le Japon a mis les mains sur ce dernier pays, le gouvernement japonais avait promis d'y faire promulguer une législation en matière de propriété intellectuelle ; cette promesse, annoncée dans notre denière revue, a été tenue ; le 12 août 1908, quatre jours avant la mise en vigueur des conventions précitées (16 août 1908), le Japon a publié le texte des lois applicables en Corée en cette matière ; c'est tout simplement la législation japonaise qui, *mutatis mutandis* et avec quelques dispositions transitoires, a été mise en vigueur dans ce pays par l'ordonnance n° 200, du 12 août 1908. Par une seconde ordonnance du même jour (n° 201), la validité des droits d'auteur dont Japonais et Coréens jouissent au Japon est étendue aux Japonais et Coréens résidant dans la province de Canton et dans tous autres pays où le Japon pourrait exercer une juridiction extraterritoriale ; la validité des droits dont jouissent au Japon les citoyens ou sujets des pays étrangers, est étendue de la même manière, sous condition de réciprocité à accorder dans tous les pays à juridiction extraterritoriale et pourvu que ces pays étrangers renoncent à une telle juridiction en Corée.

Enfin, la Grande-Bretagne a étendu l'empire de ses lois littélaires au royaume de Siam, à la Chine et à la Corée, par deux ordonnances des 4 avril 1906 et 11 février 1907, en ce sens que tout acte qui serait illicite s'il était commis dans l'empire britannique, constituera une violation de l'ordonnance, s'il est commis par un sujet de cet empire dans lesdits trois pays et porte atteinte au droit, soit d'un Anglais, soit d'un étranger, soit d'un indigène, à la condition, toutefois, que tout pays étranger use de réciprocité en cas d'atteinte portée au droit d'un Anglais. Cela engagera certainement le Siam et la Chine à proclamer le principe de la réciprocité à l'égard des Anglais et à entrer ainsi dans la voie de la protection internationale dont ils se sont tenus éloignés jusqu'ici, la Chine en s'abstenant de se doter d'une législation sur la matière, malgré les engagements pris en 1903 à ce sujet envers le Japon et les Etats-Unis, le Siam en restreignant l'application de sa loi de 1901 sur le droit d'auteur aux livres publiés pour la première fois dans le royaume. Toutefois, il est juste de dire que la Chine a envoyé des délégués à la Conférence de Berlin et que ceux-ci se sont vivement intéressés à une matière nouvelle pour eux.

MOUVEMENT LEGISLATIF

Ce mouvement ne pouvait guère être remarquable dans les pays unionistes puisqu'on y attendait les résultats de la Conférence de Berlin afin de mettre, le cas échéant, la législation intérieure en harmonie avec le texte de la Convention de Berne revisée. Et, en fait, les événements saillants à signaler ici ont eu pour théâtre des pays non unionistes, qui ont été plus libres dans leurs allures.

Allemagne.

1. Au cours de la première délibération du projet portant approbation de la Convention de Berne revisée, le *Reichstag* a appris qu'il lui sera soumis, en automne 1909, un projet de loi appelé à mettre la législation intérieure allemande sur le droit d'auteur d'accord avec le nouveau pacte d'Union. Ce travail tâchera de résoudre surtout la question des instruments de musique mécaniques (système des licences obligatoires ou institution d'une Société commune de perception de tantièmes, effet rétroactif de l'article 13 de la Convention), celles de la cinématographie et de la presse périodique, peut-être aussi la question de la durée du droit d'auteur.

2. Les plaintes relatives aux difficultés d'application de l'article 18 de la loi du 19 juin 1901, article concernant la protection des matières insérées dans les journaux et revues, ne cessent pas et ont été portées même devant le Reichstag, à l'occasion de la discussion du budget du département impérial de justice. D'une part, on critique l'absence d'une protection efficace des nouvelles du jour, dépourvues de caractère littéraire, mais souvent très coûteuses, et qui sont abandonnées à la libre reproduction, sans qu'il soit même nécessaire d'en indiquer la source ; d'autre part, on s'élève contre l'interprétation trop large de la notion des travaux (*Ausarbeitungen*) de nature scientifique, technique ou récréative, qui sont protégés par ledit article 18, même s'ils ne sont munis d'aucune mention de réserve ; les tribunaux rangent parmi ceux-ci la plupart des comptes rendus judiciaires, même — ce que les adversaires de l'article 18 leur reprochent — lorsqu'ils ne reproduisent que de simples faits. Nous devons dire que, d'après notre manière de voir, basée sur la lecture d'un grand nombre de jugements, les tribunaux apportent, au contraire, à la juste interprétation doctrinale de la notice *Ausarbeitung*, un soin méticuleux et extrême. Quoi qu'il en soit, les récriminations formulées par les journaux mis en cause se dirigent tout particulièrement contre certains écrivains qui ont créé un véritable système d'exploitation, en réclamant la forte somme pour la reproduction de notices, et contre tous ceux qui, au lieu de se contenter de demander des honoraires et, en somme, la réparation d'un dommage subi, font agir le ministère public et intentent des actions pénales aux rédacteurs. Sans doute, ces derniers manquent souvent de bonne volonté et exaspèrent les auteurs réclamants ; mais il est avéré aussi qu'il existe parmi ceux-ci des amis de la chicane, des procéduriers et même des spéculateurs louches que les organes professionnels des écrivains (*Geistiges Eigentum*, etc.) ont eux-mêmes mis au pilori. Comme les auteurs et les éditeurs de publications périodiques ont décidé d'agir en commun pour l'élaboration d'un contrat-type de travail, il ne sera pas impossible de s'entendre aussi au sujet de ce problème épineux de la protection des travaux publiés dans les journaux et de faire fonctionner l'organisation de tribunaux d'arbitrage dont on parle déjà depuis quelque temps. Certains députés au *Reichstag*, épousant les revendications des journalistes, ont aussi demandé que des professionnels de la presse périodique fussent appelés à siéger dans les collèges officiels d'experts, institués par la loi.

3. Sur un autre point, les hostilités ont repris de plus belle. Dans plusieurs arrêts, le tribunal de l'empire avait consacré les principes suivants quant à la responsabilité des propriétaires ou tenanciers d'établissements en matière d'exécutions publiques d'œuvres musicales, lorsque ces auditions seraient organisées, non pour le compte des chefs de musique, mais pour le compte des propriétaires des salles : est responsable également, celui qui a pris l'arrangement général des exécutions ; cette responsabilité subsiste notamment quand il a été dûment averti du fait que des exécutions illicites ont eu lieu dans son établissement ; « c'est lui qui doit se porter garant du bon ordre de sa maison et qui a le droit, comme le devoir, d'empêcher chez lui tout acte illicite ; connaissant la *possibilité* d'une atteinte portée à des droits légitimes, il a l'obligation de s'y opposer au risque d'encourir une pénalité ».

A la suite de ces arrêts, les hôteliers semblaient reconnaître qu'ils ne pouvaient se soustraire aux obligations ainsi énoncées, en passant des traités avec les chefs de musique. Mais, dernièrement, dans les réunions tenues à Kiel et à Darmstadt (17 et 24 juin 1909), l'Union des Hôteliers allemands a décidé de ne plus entrer en négociations avec l'Institution du droit d'exécution musicale, fondée à Berlin par la Société coopérative des compositeurs allemands, mais de faire signer aux chefs de musique, en présence de témoins, l'engagement de ne jouer que des morceaux non soumis à la perception de tantièmes et de mentionner ce fait en tête des programmes. Les hôteliers prétendent que cette guerre leur est imposée par les exigences exagérées de l'Institution précitée ; cette dernière affirme qu'elle procède avec une grande modération et s'en tient strictement à la loi ; en tout cas, l'argument que les tantièmes recueillis servent seulement à enrichir des intermédiaires a pu être refuté victorieusement par la Société qui, malgré les frais considérables occasionnés par ces luttes judiciaires, a encaissé en 1908 la somme de 208,284 marks, dont 196,780 marks représentent des droits d'exécution, et dont 150,651, soit 76.5 0/0 ont été répartis aux compositeurs.

4. Cette lutte aura sa répercussion dans les discussions concernant la prorogation éventuelle du délai de protection de trente à cinquante ans *post mortem auctoris* ; cette dernière durée est le délai uniforme préconisé par la nouvelle Convention de Berne revisée. Il a été question, en passant, au *Reichstag*, d'une réforme semblable lors des débats relatifs à

la Convention d'union (séance du 13 mai 1909) ; mais, sauf un orateur favorable et un orateur qui a réservé son vote, les quatre autres orateurs représentant autant de partis, ont combattu cette prorogation. Les libraires-éditeurs lui sont hostiles dans leur grande majorité, et même parmi les marchands de musique allemands, qui lui sont favorables, il y a des dissidents qui ne veulent pas en entendre parler.

C'est qu'en Allemagne la question se complique du fait qu'en 1913 les œuvres de Wagner tomberaient dans le domaine public, si la durée fixée par la loi actuelle était maintenue ; aussi beaucoup de milieux amateurs de musique se réjouissent-ils d'avance du moment où le monopole de Bayreuth prendra fin, et où *Parsifal* pourra être représenté ailleurs. Cette perspective n'est, toutefois, pas sûre, car, le 8 mai 1909, les membres de la Société des théâtres allemands (*Deutscher Buhnenverein*) se sont engagés, à Dusseldorf, à ne pas jouer *Parsifal*, même après 1913, aussi longtemps que le théâtre de Bayreuth se trouverait sous la direction des héritiers de Wagner. La décision prise à Dusseldorf, qu'on considère, d'ailleurs, comme irréalisable, en raison des défaillances qui se produiront sûrement et des représentations qui seront organisées partout ailleurs qu'en Allemagne, n'est pas de nature à calmer les esprits ni à gagner des sympathies à la cause de l'extension du délai.

5. Une autre question a fortement agité les libraires saxons et allemands. Les deux Chambres du royaume de Saxe avaient été nanties de la proposition de rétablir le dépôt légal supprimé en 1870, en vue d'augmenter les bibliothèques publiques, notamment la Bibliothèque Royale de Dresde, dont les ressources sont réduites. Des flots d'encre ont coulé pour appuyer ou pour combattre cette proposition ; nous ne reproduirons pas ces arguments (v. *Droit d'auteur*, 1908, p. 103 et 104) ; nous ne relèverons qu'une donnée positive fournie par la grande maison Bruckmann, de Munich, qui, pour démontrer que le dépôt représente une charge fiscale très lourde, a calculé, d'après ses catalogues de vente, le prix des deux exemplaires de chacune de ses publications qu'elle a été obligée de déposer en Bavière, dans les dix-sept années de 1891 à 1907 ; ce prix s'élève à 53,597 marks 56, et équivaut dès lors à une prestation de 3,000 marks par an, si ces exemplaires avaient été vendus à des clients au lieu d'avoir été remis gratuitement à l'Etat. Aucun projet de loi n'ayant été élaboré par les autorités de

Saxe, les intéressés estiment que la prétendue réforme est ajournée, sinon abandonnée, et que Leipzig, métropole du commerce allemand des livres et de la musique, échappera à ce que le célèbre jurisconsulte de Liszt a qualifié d'institution irrationnelle, indigne du pouvoir souverain.

Espagne.

1. La loi espagnole de 1879 est une de celles qui ont réglé le plus minutieusement les formalités à remplir par l'auteur pour constituer son droit, et, comme de leur observation dépend la validité même de celui-ci, il est naturel que ces formalités, obligatoires sous peine de déchéance, donnent matière à beaucoup de démarches, de contestations et d'interventions consécutives du gouvernement. A cet égard, nous mentionnerons deux ordonnances royales plus récentes, celle du 12 août 1908, par laquelle l'enregistrement d'un recueil de lettres missives posthumes publiées sans l'autorisation préalable des héritiers du défunt — il s'agissait des lettres de l'illustre tribun Emilio Castelar — a été refusé, et celle du 10 avril 1909, par laquelle ordre a été donné de ne pas inscrire, comme « impropres à l'enregistrement », des actes de cession ou de vente relatifs à des œuvres non encore créées, mais dont la création est simplement promise et reste hypothétique.

2. Le formalisme étroit a aussi envahi la réglementation des transactions concernant les œuvres étrangères, et les libraires se sont plaints amèrement en 1908, au Congrès international des éditeurs de Madrid, par la voix de M. Gili, éditeur à Barcelone, des formalités onéreuses imposées aux publications et traductions d'œuvres étrangères (actes notariés d'autorisation à viser par le consul et à traduire par le bureau des traducteurs officiels ; paiement, au Trésor, des droits réels, etc.), et encore plus difficiles à remplir quand l'auteur de l'œuvre originale est décédé. Ces complications avaient tellement exaspéré les éditeurs qu'ils s'opposaient à toute extension du droit de traduction et que, grâce à leur résistance énergique, le gouvernement espagnol fit déclarer, à la Conférence de Berlin, qu'il formulerait des réserves quant à l'article 8 de la Convention de Berne revisée, qui prévoit la reconnaissance complète, débarrassée de tout délai d'usage, dudit droit.

Cette question devait être discutée par la première assemblée nationale des éditeurs et libraires, tenue à Barcelone du

7 au 9 juin 1909. Effectivement, cette réunion s'est occupée explicitement des modifications à apporter à la loi espagnole de 1879 ; elle demande même que les autorités acceptent, s'il n'est pas possible de produire un acte public de cession, des documents privés ou de simples déclarations faites sous la responsabilité du déclarant ; mais nous avons été fort heureux de constater qu'elle n'a pas pris de résolution conçue dans le sens de maintenir l'opposition signalée contre l'extension du droit de traduction ; cela n'aurait, du reste, changé que très peu la situation, puisque l'Espagne a consacré l'assimilation pleine et entière du droit de traduction au droit de reproduction dans les deux traités littéraires particuliers conclus avec les pays avec lesquels elle entretient les échanges littéraires les plus étendus, savoir : la France et la Belgique.

En revanche, la réunion précitée réclame un changement fondamental des bases de la loi en ce qui concerne le système des formalités ; celles-ci « ne doivent pas être obligatoires pour établir le droit de propriété, mais constituent seulement un moyen administratif destiné au développement des bibliothèques publiques et à la constatation des dates de publication ».

3. Des instances diplomatiques ont été faites par l'Espagne en vue d'obtenir une observation plus rigoureuse de la Convention de Montevideo de 1889, à laquelle elle a adhéré et pour laquelle elle a été reconnue comme partenaire par la République Argentine et le Paraguay. En attendant que ces pays élaborent des lois sur la matière, la Société des auteurs espagnols a réussi à faire soumettre à la perception de tantièmes les troupes espagnoles qui jouent sur les théâtres de Buenos-Aires, de Montevideo, au Brésil, à Costa-Rica et dans l'Equateur, et elle a perçu de ce chef en Amérique, au cours de l'année 1908, la somme de 260,051 *pesetas* sous forme de droits d'auteur et de location de pièces. La Société, qui est entrée en relations d'affaires avec les Sociétés similaires de France et d'Autriche, a su étendre dernièrement ses opérations aussi au Mexique ; c'est tout profit pour la littérature mexicaine, puisque les troupes espagnoles doivent jouer au Mexique au moins cinq œuvres originales d'auteurs mexicains par an, et que la Société s'engage à faire représenter aussi en Espagne les pièces mexicaines qui auront obtenu du succès.

Etats-Unis d'Amérique.

A la grande surprise de tout le monde, Américains et Européens, l'œuvre de codification des lois américaines sur le *copyright*, entreprise depuis plusieurs années, a été conduite à bon port avant la clôture de l'administration de M. Roosevelt ; au moment de déposer son mandat, celui-ci a pu signer, le 4 mars 1909, la nouvelle loi d'ensemble sur le droit d'auteur, portant cette même date, qui avait été adoptée presque sans discussion par le Sénat et la Chambre dans la nuit du 3 au 4 mars. Les travaux préparatoires avaient été dirigés par notre confrère Thorvald Solberg, chef du *Copyright-Office* de Washington, le *spiritus rector* de la réforme ; son avant-projet d'ensemble avait été ensuite examiné par un grand nombre d'hommes d'élite, auteurs, éditeurs, jurisconsultes, parlementaires, dont l'énumération serait trop longue ici (v. *Droit d'auteur*, 1909, p. 56 et 70 et suiv.). Le premier projet de loi fut présenté au Congrès le 31 mai 1906, et il n'y eut pas moins de vingt éditions successives jusqu'à ce que la commission réunie des brevets fût tombée d'accord, en février 1909, quant à un texte adopté à l'unanimité.

Dix-sept pays, parmi lesquels dix pays appartenant à l'Union internationale, se sont arrangés avec les Etats-Unis sur la base de la première loi américaine, qui eût permis de protéger les auteurs étrangers, savoir la loi du 3 mars 1891, et ils bénéficieront désormais, sous certaines conditions déterminées, de la législation nouvelle. L'importance de cette codification au point de vue international est donc si grande que son analyse aussi sommaire que possible s'impose et pourra rendre service à la plupart des lecteurs ou des clients de l'Association.

***

La nouvelle loi américaine codifiant le droit d'auteur et qui est entrée en vigueur le 1er juillet 1909 se compose de soixante-quatre articles, dont voici la substance :

I. — Durée de la protection.

Alors que le maximum du délai de protection, tel qu'il est fixé par la loi antérieure, est de quarante-deux ans (première période de vingt-huit ans et seconde période de quatorze ans), ce maximum s'élève, d'après la nouvelle loi, à cinquante-six ans. En effet, le délai se compose maintenant de deux périodes d'égale durée de vingt-huit ans chacune, dont la première court à partir de la publication de l'œuvre et non plus, comme jusqu'ici, à partir de l'enregistrement de celle-ci ; cette première période s'applique également aux œuvres anonymes et pseudonymes. En revanche,, l'œuvre n'entre dans la seconde période de protection que lorsqu'elle aura été enregistrée encore une fois dans la vingt-septième année après la publication, et lorsque la prorogation de la protection aura été sollicitée formellement. Ce nouvel enregistrement s'effectuera moyennant une taxe de 25 cents, sans nouveau dépôt. L'extension de la protection est accordée exclusivement en faveur de l'auteur, s'il vit encore, ou de sa veuve et de ses enfants, s'il est décédé, ou en l'absence de veuve ou d'enfants lui survivant, en faveur de l'exécuteur testamentaire ou, à défaut de testament, en faveur de ses proches parents.

Lorsqu'il s'agit d'une œuvre posthume, d'une publication périodique, d'une encyclopédie ou d'un recueil, ou enfin d'une œuvre éditée par une personne juridique, c'est le propriétaire qui pourra obtenir la prorogation précitée.

La protection prolongée sera également garantie aux œuvres déjà existantes et cela dans les mêmes conditions, pourvu qu'elles soient protégées aux Etats-Unis ; il y aura donc lieu de la solliciter également dans la vingt-septième année du premier délai de protection qui leur était applicable sous le régime antérieur.

II. — Œuvres protégées.

L'énumération des œuvres protégées est plus complète dans la loi nouvelle ; s'inspirant manifestement de la nouvelle Convention de Berne revisée et du catalogue plus explicite contenu dans les articles 2 et 3 de celle-ci, cette énumération comprend aussi, maintenant, les publications de la presse périodique et les recueils de tout genre, tels que les livres d'adresses, les dictionnaires, etc., ensuite les conférences, sermons et allocutions préparés en vue d'être édités, les œuvres dramatico-musicales, les œuvres d'art de tout genre (non spécifiées), les reproductions d'œuvres d'art, les dessins et ouvrages plastiques de nature scientifique et technique et les illustrations figuratives. En outre, sont protégées à part, indépendamment de l'existence ou de la non-existence de la protection à l'égard de l'œuvre originale, toutes les reproductions et tous les remaniements de seconde main ainsi que les œuvres contenant des matières nouvelles. Cependant, les traductions ne seront protégées que si elles sont faites d'après des œuvres tombées dans le domaine public ou si l'auteur de l'œuvre originale encore protégée a donné l'autorisation de traduire.

Sont exclus de la protection le texte original d'œuvres du domaine public ainsi que les publications du gouvernement américain.

III. — Personnes protégées.

Ont droit à la protection légale les auteurs et les propriétaires américains d'œuvres ainsi que leurs ayants cause (exécuteurs testamentaires, représentants, cessionnaires, etc.), personnes qui étaient déjà protégées sous le régime précédent ; la nouvelle loi ajoute les auteurs ou propriétaires étrangers domiciliés aux Etats-Unis au moment de la première publication de l'œuvre et la catégorie des auteurs étrangers, à la condition que l'Etat dont ils ressortissent traite les citoyens américains essentiellement sur la même base sur laquelle il traite ses propres citoyens ou sujets, ou qu'il leur accorde une protection égale, en substance, à celle garantie à l'auteur étranger par la nouvelle loi ou par un traité.

En outre, les propriétaires de recueils et publications périodiques sont investis à leur égard du droit d'auteur.

Enfin, le patron est considéré comme auteur par rapport à un ouvrage fait en louage de services.

IV. — Etendue du droit d'auteur.

Droit de reproduction et droits dérivés.

L'œuvre non publiée est protégée contre toute reproduction ou publication non autorisée d'après les principes du droit commun et de l'équité. L'acte par lequel une œuvre inédite est rendue publique ou utilisée d'une façon quelconque autorise la partie lésée à réclamer la réparation du dommage à lui causé.

La publication, par rapport à une œuvre reproduite, consiste dans l'édition de celle-ci.

Le droit de reproduction embrasse le droit exclusif d'imprimer, de réimprimer, de publier, de reproduire et de vendre l'œuvre, et celui de la compléter, de l'exécuter, de l'achever, s'il s'agit d'un modèle ou d'une esquisse pour une œuvre d'art

Le droit de reproduction implique en outre les droits dérivés suivants :

a) Le droit de traduction, reconnu dans sa plénitude ;

b) Le droit de remanier l'œuvre (droit de la dramatiser, de la novelliser, de l'arranger ou de l'adapter, s'il s'agit d'une œuvre musicale, etc.) ;

c) Le droit de débiter l'œuvre ou, plus exactement, le droit de débiter ou d'autoriser à débiter en public, pour en retirer profit, des œuvres orales protégées ;

d) Le droit de représentation publique à l'égard des œuvres dramatiques, ainsi que le droit de vendre l'œuvre dramatique non encore multipliée, sous la forme d'un manuscrit ou de toute autre transcription ; le droit de reproduire cette œuvre moyennant une transcription quelconque au moyen de laquelle elle pourra être représentée publiquement ; en outre, le droit de représenter des transcriptions semblables ; cette terminologie quelque peu compliquée vise surtout les reproductions et reproductions cinématographiques ;

e) Le droit d'exécution à l'égard des œuvres musicales, lorsque l'exécution est organisée en public, dans un but de lucre ; en revanche, seront libres les exécutions d'œuvres chorales si elles sont organisées sans but semblable, mais dans un but de bienfaisance ou d'éducation ;

f) Le droit de reproduire les œuvres musicales ou leur mélodie en un système quelconque de notation ou en toute autre forme de transcription propre à enregistrer la pensée de l'auteur ou à servir de moyen pour lire ou reproduire l'œuvre.

Par contre, les restrictions suivantes limitent le droit d'adaptation de ces œuvres aux instruments de musique mécaniques et reflètent, dès lors, les délibérations de la Conférence de Berlin en 1908 :

a) La loi du 4 mars 1909 n'a pas d'effet rétroactif ; elle s'applique dès lors seulement à l'utilisation des œuvres musicales publiées à partir du 1er juillet 1909 ;

b) La loi exige la réprocité légale ou conventionnelle de la part d'un Etat étranger, pour pouvoir être appliquée aux œuvres des ressortissants de cet Etat ;

c) Lorsqu'une utilisation quelconque d'une œuvre musicale aura été consentie par le titulaire du droit d'auteur à une tierce personne et que ce titulaire en aura averti le Bureau du droit d'auteur à Washington, toute autre personne pourra également utiliser l'œuvre pour l'adapter à des instruments mécaniques, mais à la condition d'en avertir à son tour le titulaire précité et de lui payer un tantième de deux cents pour toute pièce (disque, rouleau, etc.) fabriquée en vue d'être adaptée à l'instrument. Le paiement de ce tantième est assuré par des mesures spéciales prévues dans la loi ; il peut être aussi obtenu par voie judiciaire, mais seulement dans une action civile.

Le tantième n'est payé que pour la faculté de confectionner des reproductions. Le droit d'exécution d'œuvres au moyen d'instruments pareils reste réservé au compositeur dans tous les cas où l'exécution est organisée en public et dans un but de lucre. Toutefois, les instruments mus par l'introduction de pièces de monnaie ne seront tributaires en ce qui concerne le droit d'exécution que si un droit d'entrée est perçu pour l'admission à l'endroit où l'audition aura lieu.

Lorsque le titulaire du droit d'auteur aura omis de prévenir le Copyright Office, il perdra tout droit à la poursuite judiciaire du contrefacteur.

V. — CONDITIONS ET FORMALITÉS.

Les réformes réalisées dans ce domaine sont de nature incisive.

A. *Mention de réserve.* — Tous les exemplaires d'une œuvre à protéger doivent être pourvus d'une mention de réserve, mention qui a été beaucoup simplifiée. La formule encombrante qui devait être apposée sur les ouvrages écrits en une langue autre que l'anglais, conformément à la loi du 3 mars 1905 établissant une protection intérimaire, a été abandonnée. La mention apposée sur les œuvres littéraires consiste uniquement dans le mot « *copyright* » ou dans le mot abrégé « *copr.* », auquel il faut ajouter le nom du propriétaire, et, pour les œuvres littéraires, musicales ou dramatiques imprimées, l'indication de l'année de l'impression. Une seule mention suffit pour un recueil ou pour le numéro ou la livraison d'un journal ou d'une revue.

En ce qui concerne les œuvres d'art, il n'y a lieu d'y apposer que la lettre C entourée d'un cercle (C) et accompagnée des initiales, du monogramme, de la marque ou du signe du titulaire du droit d'auteur ; toutefois, son nom devra figurer sur une partie accessible de l'objet d'art, sur le support ou piédestal ou sur la matière sur laquelle cet objet est monté.

L'omission, par erreur ou par hasard, de la mention de réserve n'entraîne plus, comme sous le régime antérieur, la déchéance du droit d'auteur, mais seulement l'impossibilité d'obtenir la réparation du dommage de la part d'un reproducteur mis innocemment en erreur.

La nouvelle loi admet en principe que c'est par la publication de l'œuvre munie de la mention de réserve que le droit d'auteur prend naissance et qu'il dure sous les conditions ci-après.

B. *Demande d'enregistrement et dépôt.* — Le dépôt d'un exemplaire du titre de l'œuvre est supprimé ; il en est de même de la description de l'œuvre d'art qui devait être jointe à la demande d'enregistrement.

Cette dernière formalité ne doit pas non plus être opérée, comme jadis, avant la publication même de l'œuvre ou au plus tard le jour de la publication. Désormais, deux exemplaires complets de la meilleure édition de l'œuvre devront être déposés à Washington promptement (*promptly*) après la publication ; ces exemplaires devront être inscrits au registre du Bureau du droit d'auteur sur la base de ce dépôt et sur demande.

Pour les œuvres non multipliées ou les conférences, les discours, etc., il suffira de déposer une copie complète ; pour les articles de journaux à enregistrer isolément, le dépôt consistera dans un exemplaire du journal

En ce qui concerne les photographies, il y aura lieu de déposer une photocopie, et, en ce qui concerne les œuvres d'art, les œuvres plastiques ou les dessins, une photographie ou autre reproduction de l'œuvre. Lorsque celle-ci aura été reproduite ultérieurement en exemplaires destinés à la vente, deux de ces exemplaires devront être déposés après coup. Il sera expédié un certificat constatant l'enregistrement de toutes les œuvres déposées et cela contre une taxe d'un dollar (50 cents pour les photographies).

Aucune action en violation du droit d'auteur ne pourra être intentée sans enregistrement ni dépôt préalables.

Lorsque le dépôt n'aura pas été opéré peu après (*promptly*) la publication de l'œuvre, le Bureau du droit d'auteur à Washington pourra réclamer ce dépôt. Lorsque, dans les trois mois, s'il s'agit d'œuvres américaines, et, dans les six mois, s'il s'agit d'œuvres étrangères, il n'aura pas été donné suite à cette réclamation, le fautif encourra une amende de 100 dollars ; il aura à payer le double montant du prix fort des exemplaires réclamés, enfin, il verra son droit d'auteur tomber en déchéance.

C. *Clause de la refabrication.* — La condition de la refabrication obligatoire a été supprimée par rapport à tous les livres écrits en une langue autre que l'anglais. Cette suppression rend superflue la protection intérimaire d'une année, qui avait été sanctionnée par la loi du 3 mars 1905.

Par contre, l'obligation de fabriquer l'œuvre dans le pays même a été maintenue pour les livres américains paraissant aux Etats-Unis ainsi que pour les livres publiés en langue anglaise à l'étranger ; les œuvres dramatiques et les conférences ne sont, toutefois, pas comprises dans ces catégories.

Quant aux livres publiés en anglais à l'étranger, ils sont admis à jouir d'une protection intérimaire de soixante jours au maximum ; à cet effet, ils doivent être notifiés à l'enregistrement à Washington dans les trente jours à partir de leur publication au dehors et déposés en un seul exemplaire, après quoi le délai fixé pour déposer deux exemplaires de l'édition à confectionner aux Etats-Unis durera encore trente jours à compter du premier dépôt.

La clause de la *home manufacture* a été encore aggravée. Elle concerne maintenant toute fabrication quelconque par un procédé de typographie, lithographie, photogravure, et elle englobe même la reliure de l'édition indigène. En outre, en faisant enregistrer l'œuvre, le requérant ou son représentant, ou l'imprimeur, auront à affirmer l'observation intégrale de la condition de la refabrication, par une déclaration faite sous serment (*affidavit*) constatant le lieu, la date d'impression, ainsi que la date de l'apparition de l'œuvre. Toute déclaration fausse rendue à ce sujet constitue un délit punissable d'une amende allant jusqu'à 1,000 dollars et de la déchéance du droit d'auteur.

En revanche, les photographies sont désormais affranchies de l'obligation de la confection aux Etats-Unis.

En dehors des catégories précitées des livres américains ou anglais, la *manufacturing clause* subsistera encore pour les œuvres suivantes, qu'elles soient de provenance nationale ou étrangère : les lithographies ou photogravures isolées, ainsi que les illustrations insérées dans les livres et confectionnées par un procédé de lithographie ou de photogravure. Sont exceptées de cette obligation, c'est-à-dire affranchies de la clause de refabrication : les lithographies ou photogravures qui, représentant des sujets situés à l'étranger, ornent un livre scientifique ou reproduisent une œuvre d'art.

D. *Cession.* — Toutes les cessions de droits d'auteur devront être reconnues, si elles sont effectuées à l'étranger, par un agent consulaire ou un secrétaire de légation des Etats-Unis autorisé à cet effet. Toute cession semblable devra être enregistrée au Bureau du droit d'auteur à Washington contre paiement de taxes spéciales, et cela dans les six mois, si elle a été consentie en dehors des Etats-Unis, faute de quoi elle sera nulle à l'égard de tout acquéreur subséquent laissé sans avertissement et dont la cession aura été dûment enregistrée.

La cession de l'objet matériel n'implique pas en même temps cession du droit de reproduction, sauf stipulation contraire.

VI. — IMPORTATIONS.

Il est interdit d'une façon absolue d'importer des contrefaçons aux Etats-Unis ; les exemplaires d'éditions européennes d'œuvres américaines protégées aux Etats-Unis sont également exclues de l'importation. Toutefois, il est permis d'importer un exemplaire à la fois de l'édition étrangère s'il est destiné à l'usage privé et non à la vente, ainsi qu'un exemplaire destiné à une institution corporative, à des Sociétés scientifiques ou à des bibliothèques publiques.

La clause de la refabrication ayant été éliminée de la loi, autant qu'elle s'appliquait aux livres écrits en une langue autre que l'anglais, l'interdiction d'importer ces livres n'a plus de raison d'être.

Cette interdiction subsistera seulement pour les livres anglais à confectionner aux Etats-Unis, dans le cas où la protection en aura été obtenue grâce à la confection d'une édition américaine ; dans le cas où le livre anglais ne jouit d'aucune protection en Amérique, il pourra y être importé librement, mais contre paiement d'un droit d'entrée de 25 0/0 *ad valorem*.

VII. — DROIT TRANSITOIRE.

Il suffira de dire, en ce qui concerne cette matière toujours compliquée, que seuls les livres parus après le 1er juillet 1908 et pour lesquels la protection provisoire de la loi du 3 mars 1905 aura été obtenue, pourront bénéficier des avantages et des conditions libératrices de la nouvelle loi. En effet, ces livres, écrits en une langue autre que l'anglais et protégés provisoirement pendant une année, grâce à l'accomplissement des formalités prévues par ladite loi, n'auront plus besoin d'être éditées en une édition américaine ; il suffira d'en déposer deux exemplaires de l'édition européenne aussitôt que possible après le 1er juillet 1909, jour de l'entrée en vigueur de la nouvelle codification.

***

La nouvelle loi n'est pas parfaite et les critiques ne l'ont pas épargnée ; des obscurités et des lacunes ne manqueront pas de donner du fil à retordre aux commentateurs, mais les progrès réalisés par elle sont si nombreux et si évidents que l'impression favorable finira par l'emporter et par persister, surtout si l'on mesure, dans un esprit d'équité, le chemin parcouru depuis 1891. On peut regretter que le double délai de protection ait été maintenu et que la durée choisie n'ait pas été celle de cinquante ans *post mortem auctoris*, que la *manufacturing clause* ait été conservée et même aggravée par l'institution de l'*affidavit*, que le sort des œuvres écrites en anglais à l'étranger n'ait subi qu'une amélioration toute superficielle ; les éditeurs déploreront qu'ils ne possèdent pas le contrôle absolu sur le marché américain, à la suite des concessions faites aux Sociétés et bibliothèques pour l'importation libre d'exemplaires isolés des éditions étrangères (voir les critiques de M. Geo. Haven Putnam à ce sujet dans le *Droit d'auteur*, 1909, p. 57 et 58). Mais on constatera que le droit exclusif de l'auteur en matière de traduction, d'exécution et d'adaptation est vigoureusement sauvegardé et que la reconnaissance du droit du compositeur de pouvoir contrôler l'utilisation de ses œuvres sur des instruments mécaniques, bien que tempérée par le système du tantième légal, forcera même les pays européens, grâce à la clause de la réciprocité, d'abandonner le régime privilégié accordé à l'industrie desdits instruments. Etant donné le pas en avant fait par l'Amérique dans cette voie, la réforme préconisée par l'article 13 de la Convention de Berne revisée à Berlin s'implantera beaucoup plus aisément dans l'Union.

D'autre part, cette codification aura sûrement pour effet de rapprocher les Etats-Unis de l'Union et d'accélérer le moment où, grâce à la suppression des dernières restrictions qui s'opposent à leur adhésion à la Convention de Berne, ils se joindront à la grande famille unioniste.

En tout cas, nous souhaitons que la codification américaine, envisagée comme mesure législative, serve d'exemple et, par une sorte de contagion du bien, soit imitée bientôt en deçà de l'Océan.

France.

I. Le projet de loi portant approbation de la Convention de Berne, revisée à Berlin le 13 novembre 1908, a été déposé par le gouvernement à la Chambre déjà le 25 mars 1909. Les Sociétés intéressées, spécialement celles groupées dans le Syndicat pour la protection de la propriété intellectuelle à Paris, ont formulé contre le texte de la convention nouvelle certaines réserves et protestations qui ont trouvé leur écho au Congrès de Copenhague.

II. La proposition de loi de M. Couyba — article unique : « L'aliénation d'une œuvre d'art n'entraîne pas, à moins de stipulations formelles contraires, l'aliénation du droit de reproduction » — a été votée, après une déclaration d'urgence, dans la séance du 11 juillet 1909 par le Sénat et, transmise à la Chambre, a été renvoyée par celle-ci, dans la séance du 15 juillet, à la commission de l'enseignement et des beaux-arts. Cette réforme, qui est appelée à améliorer à fond la situation des artistes auxquels elle laisse en principe l'exploitation du droit de reproduction sur leurs œuvres, sera donc bientôt un fait accompli ; elle trouvera les artistes mieux organisés que par le passé, car la discussion publique, dans leurs réunions et dans les journaux, des divers projets relatifs à la perception de tantièmes sur la plus-value des ventes d'œuvres d'art (voir à ce sujet mes rapports de Liège et de Neuchâtel), bien qu'aucun de ces projets n'ait encore franchi le seuil parlementaire, a eu au moins ce résultat heureux de faire grouper les artistes, de leur donner conscience de leur force et de révéler leurs griefs.

III. Le 14 juillet 1909, a été promulguée la nouvelle loi sur les dessins et modèles industriels, destinée à perfectionner le régime de dépôt de ceux-ci, « sans préjudice des droits que les créateurs de dessins et modèles tiendraient d'autres dispositions légales et notamment de la loi des 19-24 juillet 1793, modifiée par la loi du 11 mars 1902. »

IV. Les renseignements concernant l'action toujours si vigilante et si éclairée entreprise par l'initiative privée (le Syndicat cité plus haut) et le gouvernement français en vue de l'extension de la protection internationale des auteurs sont fournis sous la rubrique des pays vers lesquels cette action s'est dirigée (voir Autriche, Italie, Turquie).

Grande-Bretagne.

I. A en juger par diverses questions posées aux ministres par des députés, ceux-ci entendent exercer un contrôle sérieux sur la ratification de la Convention de Berne revisée à Berlin et réserver à leur sanction tous les amendements qui impliqueraient un changement de la législation anglaise sur le *copyright* ; le gouvernement, à son tour, a promis de fournir aux intéressés l'occasion de faire valoir leurs vues sur cette matière avant toute décision officielle ; à cet effet, il a convoqué une commission extraparlementaire de dix-sept membres pour examiner sur quels points la loi intérieure doit être mise en harmonie avec la convention nouvelle avant la ratification de celle-ci ; cette commission a commencé ses travaux et se fait exposer par des représentants des Sociétés et par des particuliers les revendications des divers cercles intéressés. Les questions qui préoccupent ceux-ci de même que la presse périodique concernent surtout la prorogation du délai de protection et l'adoption du terme uniforme de cinquante ans *p. m. a.* ; l'extension du droit de traduction ; la suppression de la mention de réserve en matière de droit d'exécution musicale ; le droit d'adapter les morceaux de musique aux instruments mécaniques (problème des licences obligatoires ou du tantième légal) ; la cinématographie, enfin l'élaboration d'une législation codifiée qui, après entente avec les colonies et possessions, deviendrait applicable dans tout l'empire britannique.

II. Malgré les peines sévères qui frappent la contrefaçon musicale, les pirates sont de nouveau entrés en campagne (*on war path*), comme le prouvent les faits suivants : Le 5 février 1909, la police a saisi à Leeds, Sheffield, plus de 40,000 exemplaires contrefaits ; ensuite 32,173 exemplaires furent découverts dans une étable d'un sieur Martin, doublement récidiviste, qui s'est vu infliger, le 23 avril 1909, la peine d'un an de prison avec travaux forcés, conjointement avec d'autres délinquants condamnés pour avoir pris part à cette « conspiration ». Il s'agit vraiment d'un complot dont l'extirpation exige une vigilance continue et extrême.

III. L'obligation de la *Home manufacture* ayant été conservée dans la nouvelle loi américaine du 4 mars 1909 par rapport aux œuvres anglaises, certains milieux, qui redoutent un accroissement de l'importation de livres anglais imprimés en Amérique au grand détriment de l'industrie britannique du papier, de l'imprimerie et de la reliure, ont réclamé l'application de la loi du talion aux Américains : les livres anglais et américains ne devraient être protégés, d'après eux, en Angleterre que dans le cas où ils y seraient composés et imprimés.

Toutefois, les auteurs anglais se prononcent contre une politique semblable de représailles qui constituerait une mesure rétrograde sensible et provoquerait certainement une réaction dangereuse. Il vaudra infiniment mieux, au lieu d'imiter et de consolider encore cette mesure, s'allier avec les ennemis de la *manufacturing clause* qui existent en Amérique comme en Europe, et travailler en commun à l'abolition de ce vestige d'un industrialisme égoïste circonscrit aux Etats-Unis. C'est dans ce sens que l'Association Littéraire et Artistique internationale a toujours élevé la voix en se déclarant solidaire avec les auteurs anglais et leurs ayants cause ; elle continuera à protester contre ce traitement anormal infligé aux écrivains britanniques ; ceux-ci, à leur tour, feraient bien de s'unir dans ce but à l'Association et de seconder ses efforts si pratiques et si efficaces.

Grèce.

Il résulte des déclarations des deux délégués de ce pays à la Conférence de Berlin que le gouvernement grec est convaincu de la nécessité de procéder à une réforme complète de la législation intérieure sur le droit d'auteur qui est très rudimentaire et défectueuse ; c'est pourquoi il a chargé la commission annexée au ministère de l'intérieur et occupée depuis quelques années à la codification du droit civil, d'entreprendre aussi, à côté de ce travail fondamental, la rédaction d'un avant-projet de loi sur le droit d'auteur ; le gouvernement espère faire mettre la loi nationale au même diapason que la convention d'Union et « préparer ainsi le terrain pour une accession ultérieure de la Grèce. »

Ainsi qu'un article de M. Macris l'a exposé dans le *Monde hellénique*, on a en Grèce le sentiment très vif de l'opportunité de cette réforme qui paraît s'imposer en raison de l'état lamentable des lettres grecques, entravées dans leur développement par la concurrence des traductions étrangères, « la plupart infidèles et dépourvues de toute valeur littéraire », et par la mévente des œuvres indigènes, alors qu'il y aurait utilité incontestable, surtout au point de vue de l'épanouissement des idées nationales, de publier, à conditions égales, des productions originales grecques.

Italie.

I. La ratification de la Convention de Berne revisée a rencontré, sur un point, la résistance de l'*Associazione tipografico libraria italiana* ; celle-ci s'oppose à l'assimilation complète du droit de traduction au droit de reproduction, prévue par l'article 8 nouveau, et elle s'est adressée dans ce but au gouvernement pour qu'il maintienne, à cet égard, le *statu quo* de l'Acte additionnel de Paris. Mais le ministre de l'agriculture, de l'industrie et du commerce ne s'est pas déclaré favorable à cette requête.

Cela se comprend aisément. L'Italie n'a-t-elle pas conclu avec l'Allemagne un nouveau traité littéraire, du 9 novembre 1907, dans lequel, anticipant sur les progrès à réaliser dans l'Union par la Conférence de Berlin, la protection inconditionnelle du droit de traduction a été stipulée entre les deux pays ? Or, la France a pu réclamer le même traitement, plus favorable pour ses auteurs, grâce à la clause de la nation la plus favorisée, qui, accompagnée d'une condition de réciprocité, se trouve insérée dans le traité franco-italien de 1884 ; elle s'est empressée de revendiquer ce traitement, suggéré par le *Droit d'auteur*, 1908, p. 58, et M. Tittoni, ministre des affaires étrangères, paraît avoir reconnu, dans une lettre adressée à M. Barrère, ambassadeur de France à Rome (voir *Chronique* de la *Bibliographie de la France*, du 19 mars 1909), « qu'il est certain, en fait, que dorénavant les auteurs français jouissent en Italie des avantages accordés aux auteurs allemands ; que, notamment, ils ne soient plus astreints à réaliser la traduction de leurs œuvres dans le délai de dix ans à dater de la publication, et que le droit de traduction doit être désormais assimilé, d'une façon complète, au droit sur l'œuvre originale ; le gouvernement italien reconnaît qu'un simple échange de notes suffirait pour proclamer cette situation nouvelle. Cependant, on a cru préférable d'attendre la ratification du nouveau texte d'Union pour pouvoir concentrer alors les pourparlers au sujet d'un traité complémentaire sur les dispositions conférant aux auteurs des droits réellement plus étendus que ceux accordés par la Convention de Berne. La réforme combattue par les libraires-éditeurs italiens est donc déjà acquise dans les rapports avec les deux pays qui intéressent le plus l'Italie.

II. En février 1909 a été conclue une convention privée entre la Société des auteurs italiens, la Société des directeurs de théâtre et la Société des chefs de troupes, en vertu de laquelle les deux dernières Sociétés s'engagent à ne jouer que les pièces des auteurs groupés dans la première de ces Sociétés ou représentés par elle s'ils sont étrangers ; les tantièmes à percevoir pour les représentations organisées par des troupes italiennes en Italie ou à l'étranger sont fixés nettement, de même que la composition du répertoire dans lequel les pièces des dramaturges italiens doivent figurer pour un tiers par saison. Cette convention est vivement discutée dans la presse ; ses conséquences se révéleront plus tard.

Russie.

Le terme dans lequel la Russie s'est engagée par des traités commerciaux à ouvrir des négociations avec certains pays (Allemagne, Autriche, France) pour la protection du droit d'auteur est échu le 1er mars 1909 ; des pourparlers ont manifestement eu lieu, mais n'ont pas abouti.

La situation reste d'autant plus trouble que les dispositions essentielles contenues dans le projet de loi gouvernemental sur le droit d'auteur au sujet de la protection internationale en ont été retranchés par la Douma. Celle-ci s'est occupée de ce projet (voir *Droit d'auteur*, 1900, p. 2, 1907, p. 96) le 20 avril 1909 ; l'article relatif à la réciprocité, d'ailleurs peu clair, fut supprimé ; celui concernant le droit de traduction fut amputé. Voici dans quelles conditions ce dernier événement, décisif au point de vue des droits des étrangers, s'est produit : d'après ce projet de loi, le droit exclusif de traduction des œuvres russes allait être protégé pendant dix ans, pourvu qu'il fût réservé par une mention et qu'une traduction fût publiée dans le délai de cinq ans ; la Commission de la Douma, bien inspirée, proposait de supprimer cette condition, afin de pouvoir traiter les étrangers sur le même pied que les Russes, c'est-à-dire afin de prescrire également pour le régime intérieur la protection de l'article 5 de la Convention de Berne de 1886 (protection pendant dix ans) en vue de l'adhésion à cette Convention. Cette possibilité aurait été réservée par la disposition suivante : « Article 33. Les œuvres publiées à l'étranger peuvent être traduites en Russie en russe et en d'autres langues, *seulement si le contraire n'est pas stipulé dans les traités conclus par la Russie avec les puissances étrangères.* » Or, la Douma décida par une majorité de quelques voix que la seconde partie conditionnelle de la phase (imprimée en italique) devait être supprimée ; ce vote subsista dans la seconde et troisième lecture, qui eut lieu le 3 juin 1909. Ainsi la nouvelle loi, qui, — il est vrai, — ne deviendra exécutoire que si elle est sanctionnée par le Conseil de l'Empire et par l'empereur, proclame en termes crus la faculté absolue de traduire des œubres étrangères sans autorisation.

Ce vote regrettable a provoqué un désappointement général et des articles très vifs ont été publiés à cet égard dans la presse occidentale et surtout dans la presse française, qui continue à se montrer fort déçue.

Suisse.

En septembre 1908, la Société cantonale des chanteurs et la Société cantonale de musique vaudoises adressèrent au Conseil fédéral une pétition, conçue en termes très énergiques, pour demander, au nom des amateurs de musique, des chanteurs et instrumentistes, l'exemption des droits d'exécution pour les concerts, fêtes populaires, etc., lorsque le matériel imprimé serait acquis par achat, donc, en réalité, la supression du droit d'exécution publique et, subsidiairement, le maintien de l'article 9 de la Convention de Berne actuelle exigeant la mention de réserve dudit droit ; cette pétition était dictée par des griefs qu'avaient ces Sociétés contre les agents de la Société des auteurs, compositeurs et éditeurs de musique, griefs exposés dans la pétition et répétés plus tard, le 10 décembre 1909, au Conseil des Etats, lors de la discussion du budget du département de justice (rapporteur : M. le député Richard).

Ce courant négatif est sérieux, et, comme il est renforcé par la situation fort précaire de l'industrie des instruments de musique mécaniques, il inspire beaucoup d'appréhensions à ceux qui aimeraient que le remaniement de la première loi fédérale de 1883, rendu nécessaire par la revision de la Convention de Berne, fût entrepris dans un esprit progressiste et respectueux des droits légitimes des compositeurs. Dans ces conditions, il est indispensable qu'une transaction intervienne entre les titulaires du droit d'auteur et les consommateurs de musique en Suisse ; sans cela, ces derniers brandiront l'arme redoutable du *referendum*.

Mouvement juridique.

Ici nous pouvons être brefs. D'un côté, nous avons déjà mentionné plus haut certaines décisions judiciaires ; d'un autre côté, certaines autres font l'objet de rapports spéciaux, tel celui de M. Lobel sur les instruments de musique mécaniques et le rapport de Me Théry concernant la matière si captivante de la cinématographie (Tribunal civil de la Seine, 7 juillet 1908, et décision contraire de la 1re Chambre de la Cour d'appel, 12 mai 1909, dans l'affaire *Boubouroche*).

Puis, la jurisprudence à laquelle a donné lieu l'industrie des diverses machines parlantes, chantantes et de projection a été résumée dans une étude spéciale du *Droit d'auteur* (1908, p. 108 et suivantes) à laquelle il n'y a qu'à ajouter deux faits survenus depuis lors : l'arrêt de la Cour de cassation de Turin, du 5 décembre 1908, sanctionnant le droit des auteurs sur la reproduction de leurs œuvres par le gramophone, et la victoire du compositeur hongrois Kacsoh, remportée définitivement devant la Curie de Budapest (arrêt du 19 avril 1909) sur deux fabricants qui avaient reproduit, sans son autorisation, des chansons et airs d'une de ses opérettes sur des cylindres phonographiques et disques d'aristons.

CONCLUSION

Malgré l'étape brillante atteinte à la Conférence de Berlin, le moment actuel de notre évolution engendre un certain malaise général. Il s'est produit un arrêt aussi bien dans l'extension de l'Union que dans les concessions spontanées d'Etat à Etat. On calcule plus que de coutume. C'est là signe de faiblesse. Sous prétexte de défendre la véritable *réciprocité*, on cache des vues très étroites, dont l'étroitesse étonnera, d'ici à quelques années, ceux-là même qui les professent maintenant avec une parfaite bonne foi, sans doute. Y a-t-il vraiment des motifs pour être si ombrageux dans notre domaine qui devrait nous prédisposer pourtant à la générosité ? Cette générosité n'a-t-elle pas porté ses fruits dans les rapports avec les Etats-Unis, conduits par le bon exemple de l'Europe, sans guerre ni représailles, à marcher avec une ardeur juvénile dans la voie d'un progrès réel ? Sus à la méfiance ! Confiance.

ERNEST RÖTHLISBERGER.

Annexe II.

RAPPORT

SUR LA

PROTECTION DES MONUMENTS ET PAYSAGES

PAR M. RAOUL DE CLERMONT

Avocat à la Cour de Paris.

Vous avez bien voulu me charger, en 1905, d'un rapport sur la protection des monuments du passé, des paysages et des sites pour le Congrès de Liège (1).

Parmi les vœux votés au Congrès de Liège, il y en deux qui concernent particulièrement la protection des monuments du passé, des paysages :

1° Un vœu exprimé par la 5e Section de l'Art public :

Le Congrès émet le vœu que les pouvoirs publics prennent les mesures nécessaires pour assurer en même temps que la conservation des monuments du passé celle des sites et des paysages intéressants au point de vue artistique, scientifique, historique ou légendaire.

Ensuite, le Congrès de notre Association, réuni en séance générale avec celui de l'Art public, a voté que :

Dans chaque pays des commissions soient constituées par les délégués de toutes ces associations intéressées, pour l'étude d'une législation tendant à la protection des monuments du passé, des paysages et des sites.

Pour répondre à ces desiderata, je me suis mis immédiatement en rapport avec nos législateurs et, grâce à MM. Beau-

(1) En étudiant la législation comparée, j'ai trouvé plusieurs textes danois concernant cette intéressante question.

Tout d'abord, l'ordonnance de 1807, qui institue une Commission royale pour la conservation des antiquités, qui doit classer les monuments, qui sont alors déclarés nationaux ; pourtant, dans ce cas, la législation danoise ne va pas jusqu'à l'expropriation des immeubles classés et les propriétaires sont libres de conserver leurs droits sur leurs propriétés. En 1848, un crédit fut accordé à cette Commission pour l'entretien des monuments classés.

La loi du 19 février 1861 réglemente l'inspection des églises, leur restauration et la conservation de leur mobilier. Elle réserve pour les musées la faculté d'acquérir les objets hors d'usage.

quier, Dubuisson et Maurice Faure, les deux Chambres votèrent la loi du 21 avril 1906 pour la protection des sites et monuments naturels, loi universellement connue sous le nom de loi Beauquier.

Elle institue dans chaque département une commission chargée de dresser une liste des sites et paysages à classer et elle réglemente toute la procédure à suivre à cet effet.

LOI DU 21 AVRIL 1906

Organisant la protection des Sites et Monuments naturels, de caractère artistique

Art. 1er. — Il sera constitué dans chaque département une Commission des sites et monuments naturels de caractère artistique.

Cette Commission sera composée :

Du préfet, président ;

De l'ingénieur en chef des ponts et chaussées et de l'agent-voyer en chef ;

Du chef de service des eaux et forêts ,

De deux conseillers généraux élus par leurs collègues ;

Et de cinq membres choisis par le Conseil général parmi les notabilités des arts, des sciences et de la littérature.

Art. 2. — Cette Commission dressera une liste des propriétés foncières dont la conservation peut avoir au point de vue artistique ou pittoresque un intérêt général.

Art. 3. — Les propriétaires des immeubles désignés par la Commission seront invités à prendre l'engagement de ne détruire ni modifier l'état des lieux ou leur aspect, sauf autorisation spéciale de la Commission et approbation du ministre de l'instruction publique et des beaux-arts.

Si cet engagement est donné, la propriété est classée par arrêté du ministre de l'instruction publique et des beaux-arts.

Si l'engagement est refusé, la Commission notifiera le refus au département et aux communes sur le territoire desquels la propriété est située.

Le déclassement pourra avoir lieu dans les mêmes formes et sous les mêmes conditions que le classement.

Art. 4. — Le préfet, au nom du département, ou le maire, au nom de la commune, pourra, en se conformant aux prescriptions de la loi du 3 mai 1841, poursuivre l'expropriation des propriétés désignées par la Commission comme susceptibles de classement.

Art. 5. — Après l'établissement de la servitude, toute modification des lieux, sans l'autorisation prévue à l'article 3, sera punie d'une amende de cent francs (100 francs) à trois mille francs (3,000 francs).

Art. 6. — La présente loi est applicable à l'Algérie.

M. Beauquier, après avoir créé cette commission départementale, n'a pas voulu borner ses attributions à faire un inventaire des sites à classer. Par l'article 19 de la loi du 19 mai 1906, il réclame un examen, au point de vue de la protection des paysages, des projets d'utilisation des forces hydro-électriques.

Par toute une série de propositions, il complète la loi du 21 avril 1906 et constitue un véritable Code des paysages.

Pour donner satisfaction au vœu, voté à Liège en 1905, sur ma proposition, « que les pouvoirs publics, pour restreindre « l'abus de l'affichage, délimitent expressément les endroits où « il sera permis d'afficher et que l'affichage soit formellement « interdit sur et autour des sites et monuments à défendre, « qu'une pénalité vienne sanctionner cette décision », M. Beauquier a déposé la proposition de loi contre les abus de l'affiche-réclame, renvoyée à la commission de l'administration générale, départementale et communale (Annexe au procès-verbal de la séance du 28 janvier 1908, n° 1472, Chambre des députés, neuvième législature, session de 1908) :

ART. 1er. — L'affichage est interdit sur les édifices, monuments naturels et dans les paysages et sites classés.

Il l'est également autour desdits édifices, monuments, sites et paysages, dans un périmètre qui sera, dans chaque cas particulier, déterminé par un arrêté préfectoral sur avis conforme de la Commission départementale des sites.

ART. 2. — En dehors des cas prévus par l'article 1er, le préfet pourra, sur avis de la Commission départementale des sites, prendre un arrêté interdisant l'affichage, toutes les fois que l'exigera la beauté ou la conservation des édifices, monuments naturels, sites et paysages.

ART. 3. — Tout affichage contraire à l'arrêté préfectoral pris en conformité de la présente loi sera puni d'une amende de 100 à 3,000 francs.

ART. 4. — La présente loi est applicable à l'Algérie.

ART. 5. — Un règlement d'administration publique déterminera la procédure et les détails d'application de la présente loi (1).

Le Congrès de Liège avait également voté : « que des com-« missions de classement des arbres et des sites forestiers inté-« ressants au point de vue artistique, scientifique, historique ou « légendaire soient nommés par les pouvoirs publics ». Ce vœu a reçu satisfaction par la proposition de loi tendant à créer des réserves nationales boisées, en vue de l'hygiène et de

---

(1) Cf. pour l'exposé des motifs, *Bulletin de la Société pour la Protection des Paysages*, n° 25, 1908, janvier, p. 269 et rapport conforme de M. Cloarec, député (loc. cit. n° 30, 1909, 15 avril, p. 1, et *Officiel*, Chambre des députés, annexe au procès-verbal de la séance du 29 janvier 1909, Chambre des députés, 2e législature, 1909, n° 2272).

la conservation de la beauté des sites, présentée par M. Charles Beauquier, député, et renvoyée à la commission de l'agriculture (Annexe au procès-verbal de la séance du 6 juillet 1908, n° 1899, Chambre des députés, neuvième législature, session de 1908) :

ART. 1er. — Les parties, intéressantes au point de vue de la beauté du paysage et de l'hygiène publique, des bois et forêts dépendant du domaine de l'Etat, situés autour de Paris dans un rayon de 80 kilomètres, seront classés par la Commission départementale des sites, instituée par la loi du 21 avril 1906, en réserves nationales, et soumises à un aménagement forestier spécial qui sera déterminé par un règlement d'administration publique. Elles seront administrées par le service des eaux et forêts.

ART. 2. — Les bois et forêts possédés à titre particulier, classés en vertu de la loi du 21 avril 1906, deviendront des réserves nationales soumises à un aménagement forestier spécial, déterminé par un règlement d'administration publique, et à la surveillance de l'administration des eaux et forêts.

ART. 3. — Ces réserves nationales seront dispensées des servitudes résultant de la loi du 29 décembre 1892 sur les occupations temporaires (1).

Il est intéressant de signaler encore la proposition de loi ayant pour objet de réglementer les occupations temporaires sur des terrains classés parmi les sites ou monuments naturels à protéger (renvoyée à la commission de l'agriculture), présentée par M. Charles Beauquier, député (Annexe au procès-verbal de la séance du 10 juillet 1908, n° 1988, Chambre des députés, neuvième législature, session de 1908) :

ARTICLE PREMIER. — En aucun cas, une occupation temporaire ne pourra être autorisée sur les monuments naturels, sites et paysages classés. Il en sera de même autour desdits monuments naturels, sites et paysages, dans un périmètre qui sera fixé dans chaque département par la Commission départementale des Sites, créée conformément aux dispositions de la loi du 21 avril 1906.

ART. 2. — Tout exploitant qui modifiera l'aspect visible du sol sera tenu, aussitôt ses travaux achevés, et si possible, à mesure de leur achèvement partiel successif, de réparer le dommage causé à la beauté du paysage, notamment en faisant les plantations nécessaires à couvrir d'un manteau de verdure les excavations, déblais ou remblais qu'il laissera subsister d'une manière permanente.

ART. 3. — A défaut de se conformer au précédent article, il pourra y être contraint par autorité de justice.

ART. 4. — Un règlement d'administration publique réglera la procédure et les détails de la présente loi (2).

---

(1) Cf., pour l'exposé des motifs, *Bulletin de la Société pour la Protection des Paysages*, n° 27, juillet 1908, p. 41.

(2) Cf., pour l'exposé des motifs, *Bulletin de la Société pour la Protection des Paysages*, n° 28, octobre 1908.

Enfin une dernière proposition de loi ayant pour objet d'imposer aux villes l'obligation de dresser des plans d'extension et d'embellissement, présentée par M. Charles Beauquier, député, et renvoyée à la commission de l'administration générale, départementale et communale, des cultes et de la décentralisation (Annexe au procès-verbal de la séance du 22 janvier 1909, n° 2265, Chambre des députés, neuvième législature, session de 1909) :

ARTICLE PREMIER. — Dans un délai de cinq ans à dater de la promulgation de la présente loi, toute commune urbaine de plus de 10,000 habitants sera tenue d'établir un plan d'extension et d'embellissement.

ART. 2. — Le plan déterminera les emplacements des jardins publics, squares, parcs et espaces libres, fixera la largeur des voies, leur direction, le mode de construction des maisons, et d'une façon générale établira toute servitude hygiénique ou artistique en vue de l'embellissement et de l'assainissement de la ville.

ART. 3. — Ce plan, dressé par les soins des services municipaux, sera soumis à l'approbation du bureau départemental d'hygiène et de la Commission des Sites et Monuments naturels instituée dans chaque département en vertu de la loi du 21 avril 1906. En outre, il appartiendra à chacun de formuler les observations et oppositions qu'il jugera convenables. A cet effet, il sera ouvert pendant un délai d'un an, à la mairie de la commune intéressée, un registre public où ces observations seront consignées.

Le plan définitivement dressé sera reconnu d'utilité publique par décret en Conseil d'Etat.

ART. 4. — Si, pour une cause quelconque, dans le délai imparti par l'article premier de la présente loi, une municipalité n'avait point établi de plan d'extension et d'embellissement, il en serait dressé un sur l'initiative du Préfet du département. Ce plan serait rendu public par les moyens indiqués à l'article 3 et signifié à la municipalité.

ART. 5. — Le plan établi est exécutoire pendant une durée de trente années et renouvelable. Toute modification pourra y être apportée suivant les formes prescrites à l'article 3 (1).

Pour internationaliser ce mouvement en faveur de la conservation et la protection des sites, un Congrès a été organisé, qui doit avoir lieu à Paris dans le courant d'octobre, et M. le président Roosevelt se propose de provoquer la réunion de délégués de tous les pays qui, dans une conférence à La Haye, prendraient des mesures générales de protection.

Nous souhaitons de tout cœur la réussite de cet intéressant projet.

---

(1) Cf., pour l'exposé des motifs, *Bulletin de la S. P. P.*, n° 29, janvier 1909, page 89.

Annexe III.

ENQUÊTE

Sur les conséquences qu'a eues pour les Pays scandinaves l'adhésion à la Convention d'Union de Berne concernant la protection des œuvres littéraires.

PAR M. KLAUS HOEL

Chef de bureau au Ministère des Cultes et de l'Instruction Publique de Christiania.

La Norvège a, le premier entre les Pays scandinaves, adhéré à la Convention de Berne, le 13 avril 1896, soit à la veille de la Conférence de Paris. La Convention contenait alors, dans l'article 5, premier alinéa, la disposition suivante, concernant le droit de traduction :

« Les auteurs ressortissant à l'un des pays de l'Union, ou « leurs ayants cause, jouissent, dans les autres pays, du droit « exclusif de faire ou d'autoriser la traduction de leurs ouvra« ges jusqu'à l'expiration de dix années à partir de la publica« tion de l'œuvre originale dans l'un des pays de l'Union. »

La loi norvégienne du 4 juillet 1893, article 4, a la même disposition. Cette loi constitue un grand pas en avant dans la reconnaissance du droit de traduction. En 1896, le temps n'était pas envore venu d'amender la loi nationale, et le gouvernement norvégien avait donné à son représentant à la Conférence de Paris des instructions qui ne lui permirent pas de voter pour la nouvelle règle de l'article 5. En conséquence, la Norvège est restée sur la base de la Convention de 1886, tandis que tous les autres pays qui, à cette époque, étaient membres de l'Union ont adopté une protection plus étendue du droit de traduction.

Les propositions du gouvernement allemand pour la Conférence de Berlin ont réclamé l'assimilation complète du droit de traduction au droit de reproduction. Cet amendement serait pour la Norvège un plus grand changement dans la législation internationale que pour les autres pays de l'Union, signataires de l'article additionnel de Paris. Il fallait, d'avance, envisager toutes les conséquences d'un progrès si considérable, qui ne pouvait manquer de provoquer des hésitations chez une petite nation, désireuse de puiser à toutes les sources intellectuelles.

L'intérêt du progrès intellectuel de la nation a toujours été l'argument le plus efficace lorsqu'il s'est agi de combattre les revendications de protection, de la part des auteurs.

La situation du Danemark est, sur plusieurs points, analogue à celle de la Norvège. Mais le Danemark a, en 1903, adhéré à la Convention de Berne, y compris l'Acte additionnel de Paris. Et comme la plupart des traductions d'ouvrages étrangers sont confectionnées avant l'expiration du délai de dix années, le droit de traduction est, en Danemark, déjà assimilé, en réalité, au droit de reproduction.

En conséquence, il serait d'un intérêt particulier pour la Novège de savoir si le régime actuel en Danemark a causé des inconvénients, en augmentant le prix, en diminuant la vente ou en entravant la traduction par suite d'exigences trop élevées de la part des auteurs étrangers.

***

Chargé par le ministre norvégien des cultes et de l'instruction publique, de rassembler des renseignements sur ces points en Danemark, j'ai trouvé chez les éditeurs de Copenhague l'accueil le plus aimable ; ils m'ont fourni toutes les informations désirables. Voici les résultats :

Un éditeur qui s'est occupé de traductions avant et après 1903, année d'adhésion du Danemark à la Convention d'Union, m'a dit qu'il a payé, tout le temps, 5 à 10 livres sterling pour l'autorisation de publier l'édition danoise. Le prix n'a pas été plus élevé après l'entrée de son pays dans l'Union qu'auparavant.

Un autre éditeur paie ordinairement de 300 à 500 couronnes (1) pour un ouvrage étranger (y compris les frais de traduction), et, dans certains cas, un prix plus élevé.

Il a été payé à un auteur allemand 10 pfennigs par exemplaire, ou 250 marks pour 2,500 exemplaires, à un autre 200 marks pour 1,500 exemplaires ; dans les deux cas pour la seule autorisation de traduire. Dans des cas extraordinaires, on a payé des honoraires plus considérables lorsqu'on a pu prévoir une vente plus forte.

On m'a informé aussi que, s'ils sont un peu connus en Allemagne, les auteurs danois, après l'adhésion du Danemark à la Convention, obtiennent jusqu'à 300 couronnes de la part des éditeurs allemands pour la cession du droit de traduction.

(1) La couronne danoise vaut 1 fr. 39.

Ordinairement, les éditeurs danois achètent le droit exclusif pour le Danemark et la Norvège, ou même pour les trois Pays scandinaves. Le fait que la protection est d'une durée plus courte en Norvège et en Suède n'occasionne aucune diminution du prix.

Il résulte des informations obtenues que les exigences des auteurs étrangers sont ordinairement très modérées et s'adaptent bien au montant des tirages et au nombre du public intéressé dans les pays du Nord. Aussi l'adhésion du Danemark à l'Acte additionnel et à l'article 5 revisé de la Convention de 1886 concernant le droit de traduction, n'a-t-elle soulevé aucune plainte de la part des éditeurs. Maintenant, ils sont sûrs de n'avoir à subir aucune concurrence des éditeurs qui, auparavant, se faisaient une spécialité de la publication de traductions non autorisées.

***

En Norvège, les éditeurs paient ordinairement à l'auteur étranger, pour obtenir la permission de traduire un ouvrage, 5 livres sterling ou 100 marks. Mais il y a, dans les dernières années, une tendance prononcée chez les auteurs à augmenter le prix à 10 livres ou 200 marks. S'il s'agit de traductions du norvégien en suédois, et *vice-versa*, les prix sont souvent plus élevés ; un auteur suédois a obtenu 20 couronnes, un auteur norvégien 25 couronnes par feuille de 16 pages, les frais de traduction non compris.

Il s'est produit, dans les dernières années, en Norvège, une hausse du prix des livres, hausse évaluée de 10 à 20 0/0, et causée par l'augmentation des frais de tirage et de reliure. Mais cette hausse a frappé seulement les ouvrages originaux. Pour les traductions, les prix de vente n'ont guère changé, et ils restent un peu meilleur marché que les prix des ouvrages originaux.

Le président de l'Association des auteurs norvégiens, avec qui j'ai eu, à plusieurs reprises, de longs entretiens sur ces questions, a fortement insisté sur l'amélioration des conditions de travail des auteurs norvégiens, causée par l'adhésion à la Convention de Berne. Autrefois, il n'y avait rien à payer à l'auteur étranger ; l'éditeur pouvait confectionner la traduction, qui était mal faite, sur du mauvais papier, pour la vendre à bon marché, ou il pouvait faire une bonne édition à un prix plus élevé. Dans les deux cas, il gagnait plus que s'il s'était agi d'un ouvrage original, pour lequel il devait payer également l'auteur. Les traducteurs faisaient ainsi aux auteurs nationaux une concurrence qui souvent rendait la situation de ceux-ci très pénible.

Maintenant, tout cela a changé. La concurrence étrangère subsiste encore ; mais, au lieu d'être ruineuse pour les auteurs nationaux, elle stimule leur faculté de travail.

Autrefois, nos auteurs ne gagnaient rien à chercher un éditeur étranger pour une traduction ; aujourd'hui, ils prennent eux-mêmes l'initiative à cet égard, en entrant en pourparlers avec des éditeurs étrangers.

Une conséquence ultérieure est aussi que la littérature nationale profite de l'existence de la Convention. S'il coûte plus cher de traduire des ouvrages étrangers, on apporte plus de soin au choix des œuvres ; la concurrence avec la bonne littérature étrangère a un effet heureux en haussant le niveau de la littérature nationale, qui est, depuis de longues années, regardée par toute la nation comme une contribution à la culture contemporaine, dont notre race a raison d'être fière.

TABLE DES MATIÈRES

Paris. — Soc. an. de l'Imp. Kugelmann (L. Cadot, dir.), 12, rue de la Grange-Batelière

EXTRAIT DES STATUTS

I

L'Association littéraire et artistique internationale, fondée par décision du Congrès littéraire international, en date du 28 juin 1878, sous la présidence d'honneur de Victor Hugo, a pour objet la défense et la propagation des principes de la propriété littéraire et artistique internationale, et est chargée spécialement de l'organisation des Congrès littéraires et artistiques internationaux.

Elle défend les intérêts des écrivains et des artistes de tous pays et établit entre eux des liens de confraternité.

II

L'Association se compose : 1° d'un Comité d'honneur permanent ; 2° d'un Comité exécutif ; 3° de membres adhérents ; 4° de Sociétés affiliées.

III

Le siège de l'Association est à Paris. L'Association est administrée par le Comité exécutif, auquel chaque Congrès donne pouvoir jusqu'à la réunion du Congrès suivant.

EXTRAIT DU RÈGLEMENT

ART. 7. — Sont membres donateurs tous les adhérents aux statuts de l'Association qui ont fait un don d'au moins 500 francs.

ART. 8. — Sont membres de l'Association tous ceux qui, à quelque nationalité qu'ils appartiennent, adhèrent aux statuts et s'engagent à aider à l'exécution des décisions du Congrès et à fournir tous les renseignements de nature à faciliter l'œuvre du Comité exécutif.

Ils ont le droit d'assister à tous les Congrès et bénéficient des faveurs et diminutions de tarifs obtenues par l'Association.

ART. 9. — La demande d'admission doit être signée de deux parrains appartenant à l'Association. L'admission est prononcée par le Comité exécutif au scrutin secret et à la majorité des membres composant le Comité régulièrement assemblé. Le droit d'entrée est de 20 francs.

ART. 10. — La cotisation annuelle est de 20 francs. Elle peut être rachetée moyennant une somme de 300 francs une fois payée. Le Comité exécutif fixe chaque année le droit de Congrès.

ART. 11. — Les membres associés reçoivent les publications de l'Association, ont droit d'entrée au Congrès et peuvent réclamer le concours de l'Association dans tous les cas où il leur semble nécessaire, sous réserve de l'approbation du Comité.

ART. 12. — En ce qui concerne l'affiliation des Sociétés littéraires ou artistiques, la cotisation annuelle est de 100 francs et donne droit à l'admission de cinq membres, avec dispense de droit d'entrée.

Les Sociétés affiliées reçoivent les publications de l'Association et entretiennent avec elle un échange d'informations et de consultations relatives aux questions littéraires et artistiques.

Leurs membres ont les droits stipulés à l'article 9 ci-dessus pour leur participation aux Congrès annuels.

Ils n'ont pas à acquitter de droit d'entrée lorsqu'ils demandent à faire partie de l'Association.

CONGRÈS DE L'ASSOCIATION

1879 — Londres.
1880 — Lisbonne.
1881 — Vienne.
1882 — Rome.
1883 — Conférence de Berne.
1883 — Amsterdam.
1884 — Bruxelles.
1885 — Anvers.
1886 — Genève.
1887 — Madrid.
1888 — Venise.
1889 — Paris.
1889 — Conférence de Berne.
1890 — Londres.
1891 — Neufchâtel.
1892 — Milan.
1893 — Barcelone.
1894 — Anvers.
1895 — Dresde.
1896 — Berne.
1897 — Monaco.
1898 — Turin.
1899 — Heidelberg.
1900 — Paris.
1901 — Vevey.
1902 — Naples.
1903 — Weimar.
1904 — Marseille.
1905 — Liège.
1906 — Bucarest.
1907 — Conférence de Neuchâtel.
1908 — Mayence.
1909 — Copenhague.

Nous rappelons aux Membres de l'Association qu'il a été publié par les soins du Bureau une histoire complète des travaux de l'Association et des Congrès de 1878 à 1889. Cette histoire forme un volume in-18 cartonné, dont le prix est de 5 francs, rendu *franco*.

Un sommaire et index des rapports et mémoires publiés par l'Association de 1878 à 1900 a été publié en juillet 1900 comme Bulletin n° 11 (3e série) de l'Association.

Enfin, un rapport d'ensemble de Jules Lermina sur les travaux de l'Association jusqu'en 1903 a paru dans le Bulletin N° 16 comme annexe au compte rendu du Congrès de Weimar.

www.ingramcontent.com/pod-product-compliance
Ingram Content Group UK Ltd.
Pitfield, Milton Keynes, MK11 3LW, UK
UKHW021045200726
13857UKWH00003B/827

9 782012 857186